余英時文集——03

中國知識階層史論

古代篇

余英時——著

謹以此書獻給

先父　協中公（一八九九—一九八〇）

余英時文集編輯序言

聯經出版公司編輯部

余英時先生是當代最重要的中國史學者，也是對於華人世界思想與文化影響深遠的知識人。

余先生一生著作無數，研究範圍縱橫三千年中國思想與文化史，對中國史學研究有極為開創性的貢獻，作品每每別開生面，引發廣泛的迴響與討論。除了學術論著外，他更撰寫大量文章，針對當代政治、社會與文化議題發表意見。

一九七六年九月，聯經出版了余先生的《歷史與思想》，這是余先生在台灣出版的第一本著作，也開啟了余先生與聯經此後深厚的關係。往後四十多年間，從《歷史與思想》到他的最後一本學術專書《論天人之際》，余先生在聯經一共出版了十二部作品。

余先生過世之後，聯經開始著手規劃「余英時文集」出版事宜，將余先生過去在台灣尚未集結出版的文章，編成十六種書目，再加上原本的十二部作品，總計共二十八種，總字數超過四百五十萬字。這個數字展現了余先生旺盛的創作力，從中也可看見余先生一生思想發展的軌跡，以及他開闊的視野、精深的學問，與多面向的關懷。

文集中的書目分為四大類。第一類是余先生的**學術論著**，除了過去在聯經出版的十二部作品外，此次新增兩冊《中國歷史研究的反思》古代史篇與現代史篇，收錄了余先生尚未集結出版之單篇論文，包括不同時期發表之中英文文章，以及應邀為辛亥革命、戊戌變法、五四運動等重要歷史議題撰寫的反思或訪談。《我的治學經驗》則是余先生畢生讀書、治學的經驗談。

其次，則是余先生的**社會關懷**，包括他多年來撰寫的時事評論（《時論集》），以及他擔任自由亞洲電台評論員期間，對於華人世界政治局勢所做的評析（《政論集》）。其中，他針對當代中國的政治及其領導人多有鍼砭，對於香港與台灣的情勢以及民主政治的未來，也提出其觀察與見解。

余先生除了是位知識淵博的學者，同時也是位溫暖而慷慨的友人和長者。文集中也反映余先生**生活交遊**的一面。如《書信選》與《詩存》呈現余先生與師長、友朋的魚雁往返、詩文唱和，從中既展現了他的人格本色，也可看出其思想脈絡。《序文集》是他應各方請託而完成的作品，《雜文集》則蒐羅不少余先生為同輩學人撰寫的追憶文章，也記錄他與文化和出版界的交往。

文集的另一重點，是收錄了余先生二十多歲，居住於**香港期間**的著作，包括六冊專書，以及發表於報章雜誌上的各類文章（《香港時代文集》）。這七冊文集的寫作年代集中於一九五〇年代前半，見證了一位自由主義者的青年時代，也是余先生一生澎湃思想的起點。

本次文集的編輯過程，獲得許多專家學者的協助，其中，中央研究院王汎森院士與中央警察大學李顯裕教授，分別提供手中蒐集的大量相關資料，為文集的成形奠定重要基礎。

最後，本次文集的出版，要特別感謝余夫人陳淑平女士的支持，她並慨然捐出余先生所有在聯經出版著作的版稅，委由聯經成立「余英時人文著作出版獎助基金」，用於獎助出版人文領域之學術論著，代表了余英時、陳淑平夫婦期勉下一代學人的美意，也期待能夠延續余先生對於人文學術研究的偉大貢獻。

自序

這裏收集了四篇關於中國歷史上知識份子的研究論文。這四篇文字並不是一氣呵成的，撰寫的時間先後相去二十餘年。

第一篇「中國古代知識階層的興起與發展」成於一九七八年一月，是中央研究院歷史語言研究所主編的《中國上古史》中的一章。初稿曾刊於《中央研究院成立五十周年紀念論文集》（一九七八年七月）。第二篇「東漢政權之建立與士族大姓之關係」撰寫得最早，刊於《新亞學報》第一卷第二期（一九五六年二月出版）。第三篇「漢晋之際士之新自覺與新思潮」約九萬字，是全書中最長的一章，刊於《新亞學報》第四卷第一期（一九五九年八月）。最後一篇「名教危機與魏晋士風的轉變」則是最近寫成的，發表於《食貨月刊》復刊第九卷第七、八期合刊（一九七九年十一月）。這次彙集成書，多篇均經修訂增刪，但基本論旨並無改變。

本書雖非根據一預定計劃而撰寫，但各篇之間多少存在着內在的聯繫。二十多年來，知識份子的問題一直是我個人治史生涯中的一個重點。因此中國知識份子的歷史性格之形成及其流變便自然而然地構成了本書的中心系統。以研究的取徑而言，各篇大抵都偏重在社會史與思想史方面，尤着眼於兩者之間交光互影的所在。知識份子的主觀憑藉在思想與學術，其客觀功能則與社會結構密不可分。祇有主客兼攝才能使我們確切地把捉到中國知識份子的傳統特性之所在。

必須說明，本書並不是一部綜合性通論，所收各篇都是對每一時代最具關鍵性的問題作多方面的分析，以期凸顯中國知識份子在不同的歷史階段所表現的個別風貌。全書上起春秋戰國，即知識階層的形成期，中論漢代，是知識階層的定型期，下迄魏晉，則爲知識階層的轉變期。現在讓我對這一概略的分期稍作說明。

所謂形成期，是指周代封建秩序解體之後，知識份子從古代那種嚴格的身份制度中游離了出來，形成一具有社會自覺的階層。整體地說，這一階層已成爲文化傳統的承擔者，但其中個別份子的社會位分則仍具有高度的流動性。知識份子在當時號稱「游士」確是十分恰當的。

知識階層的第一次社會定型發生在秦漢時期。隨着統一帝國的出現，知識階層在新的社會結構中逐漸取得了明確而穩定的地位。一般而言，這一階層在經濟方面趨向恒產化，在社會方面走上宗族化，在政治方面則通過鄉舉里選的制度而建立了正規的入仕途徑。知識份子不再是「游士」，他們已成爲具有深厚的社會基礎的所謂「士大夫」了。不遲不早地，「士大夫」恰好在兩漢之際逐漸演變爲知識份子的社會專稱，這是很值得注目的現象。

魏晉南北朝是中國史上一個重大的轉變時代；以知識階層的歷史發展而言，尤其是如此。從社會史的觀點看，知識份子在這個時代已成爲最有勢力的特權階級；其中所謂高門不但壟斷了知識，並且也獨占了重要的仕途。這是兩漢以來知識階層定型以後的一種自然的發展：恒產化導致大莊園的興起，宗族化衍生了門第制度，鄉舉里選變爲九品中正，家學的遠源則在漢代的累世傳經。極其所至，終於造成了一個所謂「士大夫非天子所命」的時代。

從思想史的角度去觀察，知識階層在這三個歷史階段中也各有不同的精神面貌，但個別份子所表現的理想主義的傾向却並不必然是他們的社會地位所能完全限定的。因此社會發展與思想發展之間儘管息息相關，然而却不是吻合無間的。我們必須分別以觀。

中國知識階層自春秋戰國初出現於歷史舞台之時卽已發展了一種羣體的自覺，而以文化傳統的承先與啓後自任。這就是當時思想家所說的「道」。從此以後，「道」不但是中國知識份子批判現實的根本依據，而且也成爲中國思想史上各種理想主義的托身之所。故所謂「道尊於勢」或道統高於政統的觀念早在孔子的時代便已呼之欲出了。到了漢代，董仲舒一方面論「道」，說「道之大原出於天，天不變道亦不變」；另一方面論朝代興替，則強調「五德終始」。兩相對照，道統之當凌駕乎政統之上，是顯而易見的。兩漢奏議最爲古今傳誦，其中不少正是知識份子持「道」論「政」的具體表現。

在漢代統一帝國的格局之下，知識份子所最關懷的基本上是怎樣建立並維持一種合理的羣體秩序。但隨着漢末政治社會危機的加深，知識份子在精神上也發生了深刻的變化。從思想史的總趨勢來說，這一變化是由外馳而轉向內斂。漢晋之際的知識份子對以前有關羣體秩序的一切思想無不一一重加評估。這種敢於懷疑一切流行價值與觀念的批判精神充分地說明知識份子在個體自覺方面已發展到了十分成熟的境界。比較而言，如果說漢代儒生的持「道」論「政」尚是站在知識階層的共同立場上發言，那末魏晉談士的「如心揣度，以決然否」（王充語）則可以說是更能代表個人的判斷與反省。不但如此，漢儒的批判往往著眼於客觀社會方面的種種事務，但於主觀方面所持的批判標準——所謂「道」——則視爲天經地義，而不復置疑。魏晉清談由外轉內，批判的鋒鋩有時竟直接指向「道」的本身。秦漢以來，知識階層所共同遵信的文化理想因此遂面臨着一次最嚴厲的挑戰。這是當時所謂名教與自然之爭的中心意義之所在。通過名教批判，中國思想史上出現了一個反傳統的新源頭，其影響之深遠是無可估計的。

本書所以名爲《中國知識階層史論——古代篇》，因爲所論斷自魏晉。但這裏「古代」一詞所表示的並不是任何嚴格的歷史分期，而是我個人的一點願望，卽準備以後對魏晉以下多代續有所論而已。

余英時

一九八〇年八月廿日於臺北

目錄

東漢政權之建立與士族大姓之關係

古代知識階層的興起與發展

知識階層的興起是中國古代社會演進史上的一件大事，但在追溯這一段歷史發展的過程之前，我們必須先對「知識階層」這個觀念加以檢討。

「知識階層」是西方近代的名詞，它最初源於俄國的所謂"intelligentsia"。至於現在英文中的"intellectual"這個字，則起源甚遲，據學者考證，它大概是由法國「老虎總理」克雷門梭（G. Clemenceau）在一八九八年首次使用的（intellectuel）[1]。另一方面，俄國的"intelligentsia"

1 見 J. P. Nettl, "Ideas, Intellectuals, and Structures of Dissent," in Philip Rieff, ed., *On Intellectuals*, New York: Doubleday, 1970, p. 95, note 45.

也是一個相當新的觀念，它出現於一八六〇年代中[2]。不過俄國「知識階層」的遠源可以追溯到十八世紀的貴族階級[3]。

由於「知識階層」的觀念起源很晚，以往一般的社會學家和史學家頗傾向於把這個社會階層認作一個近代的現象。他們當然並不否認，在近代以前的每一歷史階段中都存在着一個「知識階層」(intellectual stratum)。但是，據他們的分析，這種生活在近代以前的靜態社會中的知識階層，其功能與近代的動態社會中的知識份子截然不同。前者如古代印度的婆羅門或歐洲中古的僧侶，乃是壟斷當時教化權力的特殊階級，其主要的功能是在爲當時流行的世界觀提供理論的根據，爲當時的政治、社會秩序作辯護士。因此，這一階層在思想上是和日常的生活現實脫節的，他們的主要興趣是爲自己的武斷思想作系統化的努力。歐洲中古的經院哲學(scholasticism)便是這個階層思想的典型代表。

與此相反，近代的自由知識份子既不復具有壟斷教化的權力，因而也就不能成爲一個特殊的階級。近代的知識份子來自各種不同的社會階級，他們已沒有一個組織嚴密的中古教會作後臺

2　見 Michael Confino, "On Intellectuals and Intellectual Traditions in Eighteenth and Nineteenth-Century Russia," S. N. Eisenstadt and S. R. Graubard, *Intellectuals and Tradition*, Humanities Press, 1973, Part I. p. 117.

3　I. Berlin, "A Marvellous Decade, 1838-1848: The Birth of the Russian Intelligentsia," *Encounter*, 4 (June, 1955); Richard Pipes, "The Historical Evolution of the Russian Intelligentsia," *Daedalus* (Summer, 1960); Marc Raeff, *Origins of the Russian Intelligentsia: The Eighteenth-Century Nobility*, New York, 1966, "Introduction".

了。爲了爭取社會上各種不同的集團的支持，他們現在只有在學術思想的領域內從事於公平而自由的競爭[4]。

近代的知識階層與中古以及古代的知識階層，在性格上有顯著的不同，這是無可置疑的。但上面所刻劃的古今對比則未免略有簡化之嫌。所以最近已有社會學家從比較長遠的歷史過程中去分析知識份子的問題。知識份子並不是工業革命以後的新事物，每一個社會都有其知識階層，因而也各有其特殊的知識份子的問題[5]。而另一方面看，知識階級雖有中外古今之異，但未嘗不具備若干通性。以目前的研究業績來說，史學家和社會學家（特別是知識社會學家）的注意力依然是偏重在近代方面，尤其是近代西方的知識階層。因此對於通性方面，尚不能遽下「結論」[6]。

---

4 Karl Mannheim, *Ideology and Utopia: An Introduction to the Sociology of Knowledge*. tr. by Louis Wirth and Edward Shils, New York: Harvest Books, 1936, pp. 10-13.

5 此點可看 Talcott Parsons ("The Intellectual: A Social Role Category") 及 Edward Shils ("The Intellectuals and the Powers: Some Perspectives for Comparative Analysis") 對「知識份子」所作的理論方面的研究。兩文皆收入上引 Rieff 所編 *On Intellectuals*。

6 例如 Confino 所列舉的近代俄國知識階層的五項特徵：一、深切地關懷一切有關公共利益之事；二、對於國家及一切公益之事，知識份子都視之為他們個人的責任；三、傾向於把政治、社會問題視為道德問題；四、有一種義務感，要不顧一切代價追求終極的邏輯結論(ultimate logical conclusions)五、深信事物不合理，須努力加以改正。（上引文 p. 118.）以上五特徵是研究俄國知識階層的專家所共同承認的，其中第四項之求真精神，事實上乃是西方知識份子的一般特性；如 Karl Mannheim 謂德國特別有一種極端的傾向，把邏輯的論據推至其終極的結論。("a tendency to go to extremes in pushing logical arguments to their ultimate conclusions." 見 *Essays on Sociology and Social Psychology*, London: Oxford University Press. 1953, p. 79. 按：此點乃 Confino 本人所指出，見原文註 2, p. 144.）其餘四項則在以天下國家為己任的中國傳統知識份子的身上都同樣找得到清楚的痕跡。由此可見我們恐不易將知識階層嚴格地劃分為傳統型與近代型，或西方型與中國型。關於這個問題的複雜性，並可參考 Benjamin I. Schwartz, "The Limits of 'Tradition versus Modernity' as Categories of Explanation: The Case of Chinese Intellectuals," 亦收在 *Intellectuals and Tradition* 一書的 Part I 中。

在這種情形下，研究近代以前非西方社會的知識階層便更顯得是當務之急了。

一　近代有關「士」之起源諸說

知識階層在中國古代的名稱是「士」，但「士」卻不是一開始就可以被認作知識階層。「士」之變爲知識階層，其間有一個重要的發展過程。本文論知識階層的興起卽在追溯這一過程。

近代研究「士」的起源問題的學者每好從文字訓詁下手，更喜引甲骨、金文爲證。眞所謂家異其說，令人無所適從。其較早者：徐中舒斷定士、王同字，皆象人端拱而坐，不過一爲帝王，一爲官長而已，其說頗受注目。劉節則謂「士」爲西方之周所特有，卽「卿士」與「太史」之官，日本學人亦有類似的見解。至於解「士」爲周代官名之中，又可分祭祀官或理官兩派[7]。本文在取徑上不擬從訓詁的基礎上進行推測，因此對於「士」的初義的問題，存而不論。相反地，我們將以一項已知的歷史的事實作爲討論的起點，卽古代知識階層始於春秋、戰國之交的孔子時代。亞里斯多德早已指出，事物的本質須由其屬性（attributes）見之；對於歷史研究而言，這不失爲一種比較可靠的辦法。

7　徐中舒「士王皇三字之探源」，《中央研究院歷史語言研究所集刊》，第四本第四分（一九三四），頁四四一—四四六，劉節「辨儒墨」收在他的《古史考存》中（香港太平書局，一九六三，特別是頁二二〇—二二一）。日本學者河地重造「先秦時代『士』の諸問題」，《史林》第四二卷第五號（一九五九，九月）對近代論「士」的起源問題有較詳細的檢討，第一節卽專論徐中舒之說。關於金文中「士」字之解說可看周法高主編《金文詁林》（香港中文大學出版，一九七四）第一冊，「士」字條。頁三〇〇—三一〇。

但是我們在下文一開始時還是要徵引兩個訓詁的解釋。其中第一個是傳統的，第二個是最近新起而受到重視的。徵引的目的是爲了說明單靠訓詁不足以解決歷史的問題。本節其餘的部份則將介紹近代最流行的一個關於知識階層之起源的理論。

《說文解字》說：

> 士，事也。數始於一，終於十，從十一。孔子曰：推十合一爲士。段玉裁注曰：引申之，凡能事其事者稱士。《白虎通》曰：士者事也，任事之稱也。故《傳》曰：通古今，辨然否，謂之士[8]。

許愼以「事」訓「士」，自然是於古義有據。但若「事」字泛指一切之事，則我們仍無從知道「士」究竟是做什麼的。段注引《白虎通》「通古今，辨然否」之說，則祇可視爲漢代的通義，因爲劉向《說苑》也說：

> 辨然（疑脫「否」字），通古今之道，謂之士[9]。

至於所謂「推十合一爲士」，大概也是漢人從《論語》「聞一知十」、「舉一反三」等說法中推衍出來的。無論是「通古今，辨然否」也好，或「推十合一」也好，都可以說是對於中國古代知識份子在性格方面的一種描寫。但是我們必須記得，這些描寫僅適用於已發展至定型階段的士，

---

8 《說文解字注》（臺北藝文印書館影印經韻樓本），一上，頁三九下—四〇上。《白虎通義》引「王制」之文見卷一「爵」篇，（萬有文庫，陳立疏證），頁一三。

9 《說苑》（四部叢刊初編縮本），卷十九「脩文」篇，頁八八。

而不是士的原始義。

近人吳承仕（檢齋）曾對《說文》「士，事也」的界說加以限定。他說：

> 士，古以稱男子，事謂耕作也。知事爲耕作者，《釋名》「釋言語」云：「事，倳也；倳，立也，青、徐人言立曰倳。」……《漢書》「蒯通傳」曰：「不敢事刃於公之腹者。」李奇注曰：「東方人以物臿地中爲事。」事字又作菑。……《漢書》「溝洫志」注云：「菑亦臿也。」……蓋耕作始於立苗，所謂插物地中也。士事菑古音並同，男字从力，依形得義，士則以聲得義也。事今爲職事事業之義者，人生莫大於食，事莫重於耕，故臿物地中之事引申爲一切之事也。

楊樹達更據甲骨文加以補充道：

> 樹達按：士字甲文作⊥，一象地，|象苗插入地中之形，檢齋之說與古文字形亦相吻合也[10]。

據吳、楊兩氏之說，則士最初是指農夫而言的。

但是這一原始意義的「士」恐怕是存在於非常古遠的時代。因爲就現存的古代文獻而言，一

---

10 楊樹達，《積微居小學述林》，（中國科學院，一九五四），卷三「釋士」條，頁七二。楊向奎，《中國古代社會與古代思想研究》（上海，一九六二，上册，頁六八）曾節引此文，認為合乎「士」之原義，並舉《禮記》「少儀」篇：「問士之子長幼。長則曰能耕矣，幼則曰能負薪」，以證明士不脫農業生產。（按：所引《禮記》之文見卷十，頁一六上，四部備要本。）徐復觀，《周秦漢政治社會結構之研究》（香港新亞研究所，一九七二，頁八六—八八）亦節引「釋士」條，惟誤以吳承仕之說歸之楊樹達本人。

方面我們很難證明「士」字可以單獨地解爲農夫[11]；而另一方面，遠在商、周的士如文獻中的「多士」、「庶士」已可能指「知書識禮」的貴族階級而言了。大體言之，根據古代文獻上關於「士」的各種用法，參以「士」訓「事」的舊誼，我們似乎祇能說，「士」在古代主要泛指各部門掌事的中下層官吏。過此以往，便不易再作更精確的推斷了[12]。

從歷史的觀點討論士的起源問題，多數近代學者都認爲「士」最初是武士，經過春秋、戰國時期的激烈的社會變動然後方轉化爲文士。顧頡剛先生「武士與文士之蛻化」一文，言之最詳。茲先摘其主要之點於下，以爲進一步討論之基礎。

---

11 按：《禮記》「曲禮」上：「四郊多壘，此卿大夫之辱也；地廣大荒而不治，此亦士之辱也。」（卷一，頁一六下）鄭注云：「辱其親民不能安」，但呂思勉，《先秦史》（香港太平書局，一九六二）解此條云：「蓋卿大夫初為軍帥，士則戰士，平時肆力於耕耘，有事則執干戈以衛社稷者也」（頁二九三）。呂說得到楊寬的支持。楊寬和楊向奎一樣，亦引《禮記》「少儀」之文為旁證。（見《古史新探》，中華書局，一九六五，頁一六四），按「少儀」之文是否可以解為所謂原始「士」義之殘除痕跡，殊成問題。「曲禮」下：「問士之子，長曰能典謁矣，幼曰未能典謁也」。其下庶人之子始言「能負薪」，「未能負薪」（卷一，頁二七下），已與「少儀」不同。春秋末葉以來，士為邑宰者甚衆，孔子弟子中子路，冉有先後為季氏宰，子游為武城宰，子羔為費宰，子夏為莒父宰，皆是其例。邑宰受命於卿大夫以治其邑，監農民耕作與點收田地收穫當為主要職責之一（參看瞿同祖，《中國封建社會》，上海商務印書館，一九三五，頁二八八）。因此對於「曲禮」：「地廣大荒而不治，此亦士之辱也」，我還是傾向於接受鄭注。關于士與家宰之間的淵源，可看杜正勝，《周代城邦》（聯經出版事業公司，台北，一九七九），頁一五〇—一五六。

12 陳夢家，「西周文中的殷人身份」，《歷史研究》，一九五四，六月，頁八八—九〇；H. G. Creel, *The Origins of Statecraft in China*, (Chicago, 1970) 表示懷疑。Creel 以「士」在西周為官名，如「卿士」之類。（見頁三三一—三三三）關于「士」為掌事之官，請參讀本文附錄饒宗頤先生「審查報告」。

吾國古代之士，皆武士也。士爲低級之貴族，居於國中（卽都城中），有統馭平民之權利，亦有執干戈以衞社稷之義務，故謂之「國士」以示其地位之高。……謂之「君子」與「都君子」者，猶曰「國士」，所以表示其貴族之身分，爲當時一般人所仰望者也。

孟子曰：「設爲庠、序、學、校以敎之。……『序』者射也。」其實非特「序」爲肄射之地，他三名皆然。「校」卽校武之義，今猶有「校場」之稱。庠者，「王制」言其制曰：「耆老皆朝於庠；元日，習射上功」，是「庠」亦習射地也。學者，「靜𣪘銘」曰：「王令（命）靜嗣（司）射學宮」，……知所謂「學」者卽射，學宮卽司射之地耳。……「周官」大司徒以鄉三物敎民，「三曰六藝：禮、樂、射、御、書、數」，而禮有大射、鄉射，樂有騶虞、貍首，御亦以佐助田獵，皆與射事發生關聯。其所以習射於學宮，馳驅於郊野，表面固爲禮節，爲娛樂，而其主要之作用則爲戰事之訓練，故六藝之中，惟書與數二者乃治民之專具耳。

儒家以孔子爲宗主，今試就孔子家庭及其門弟子言之……足見其時士皆有勇，國有戎事則奮身而起，不避危難，文、武人才初未嘗界而爲二也。

自孔子歿，門弟子輾轉相傳，漸傾向於內心之修養而不以習武事爲急，寖假而羞言戎兵，寖假而惟尚外表。……以與春秋之士較，晝然自成一格局，是可以覘士風之丕變矣。……

講內心之修養者不能以其修養解決生計，故大部分人皆趨重於知識、能力之獲得，蓋戰國時有才之平民皆得自呈其能於列國君、相，知識旣豐，更加以無礙之辯才，則白衣可以立取公卿。公卿縱難得，顯者之門客則必可期也……甯越不務農，蘇秦不務工、商，而惟以讀書爲專業，揣摩爲手腕，取尊榮爲目標，有此等人出，其名曰「士」，與昔人同；其事在口舌，與昔人異，於是武士乃蛻化而爲文士。

然戰國者，攻伐最劇烈之時代也，不但不能廢武事，其慷慨赴死之精神且有甚於春秋。故士之好武者正復不少。彼輩自成一集團，不與文士溷。以兩集團之對立而有新名詞出焉：文者謂之「儒」，武者謂之「俠」，儒重名譽，俠重義氣。……古代文、武兼包之士至是分歧爲二……。

儒俠對立，若分涇、渭，自戰國以迄西漢殆歷五百年。……及漢代統一旣久，政府之力日強，儒者久已盡其潤色鴻業之任務，而游俠猶不馴難制，則惟有執而戮之耳，故景帝誅周庸，武帝族郭解，而俠遂衰；舉賢良，立博士，而儒益盛。……范曄作史，不傳游俠，知東漢而後遂無聞矣[13]。

顧氏在這裏所勾勒的歷史輪廓，大體可信。但他對於士的轉化卻未能提出合理的解釋。他把這一轉變歸之於孔門弟子「漸傾向於內心之修養」一點，是根本不能成立的。「內心修養」不但文士需要具備，武士也同樣不能缺少。孟子論養氣特別指出北宮黝之養勇，「不膚撓、不目逃」似子

---

13 顧頡剛，《史林雜識初編》，中華書局，一九六三，頁八五—九一。士為武士說，張蔭麟也有系統的解釋。見《中國史綱上古篇》，（台北，正中書局，一九五一），第二章第六節，頁四二—四六。

夏；孟施舍之養勇，「視不勝猶勝」似曾子，足爲明證[14]。而且顧氏又說，文士講修養無以爲生，最後竟不得不走上以揣摩來獵取富貴的道路，這更是自相矛盾之論了。所以爲了比較深入地瞭解中國知識階層的出現及其發展過程，我們的討論必須從「士」的歷史和社會背景開始。

二　「封建」秩序的解體與士階層的興起

顧頡剛說「士爲低級之貴族」，這是正確的論斷。孟子答北宮錡問周室班爵之制曰：

> 君一位、卿一位、大夫一位、上士一位、中士一位、下士一位，凡六等[15]。

《禮記》「王制」曰：

> 諸侯之上大夫卿、下大夫、上士、中士、下士，凡五等[16]。

「王制」撇開了孟子的「君一位」，其「上大夫卿」卽孟子之「卿一位」，其「下大夫」卽孟子

---

14 《孟子》「公孫丑」上，（《四書集注》，萬有文庫本），第三冊，頁三四。《韓非子》「顯學」篇也說：「漆雕之議，不色撓，不目逃」。見陳奇猷，《韓非子集釋》，中華書局，一九七四，卷十九，下冊，頁一〇八五。

15 「萬章」下，《四書集注》，第四冊，頁一三七。

16 《禮記》卷四，頁一上。

之「大夫一位」，故說「凡五等」。事實上這兩種班爵之制並無不同[17]。至於大夫與士之間在祿之制上的差異。《孟子》說：

> 大夫倍上士、上士倍中士、中士倍下士；下士與庶人在官者同祿，祿足以代其耕也[18]。

綜合《孟子》及「王制」所記來看，我們可以確知「士」是古代貴族階級中最低的一個集團，而此集團中之最低的一層（所謂「下士」）則與庶人相銜接，其職掌則爲各部門的基層事務。孟子自稱於周制僅「聞其略」，所以我們對他的記述決不能看得太認眞。但大體而言，孟子的說法可以代表戰國時人對於周制的認識。

《左傳》桓公二年（公元前七〇九年）晉大夫師服說：

> 吾聞國家之立也，本大而末小，是以能固，故天子建國，諸侯立家，卿置側室，大夫有貳宗，士有隸子弟，庶人工商各有分親，皆有等衰[19]。

這裏所透露的春秋早期的階級結構正可以證實《孟子》與「王制」之文爲有據，關於「士有隸子弟」一點，杜預注說：

---

17 按：「王制」爲漢文帝時博士所作，其言祿制即本之《孟子》。見孫詒讓，《周禮正義》（國學基本叢書本），第四冊，卷五二，頁三—五。又《白虎通義》卷一「爵」篇引「王制」之文曰：「上大夫、下大夫、上士、中士、下士，凡五等」（頁一四）。尤可證此處之「上大夫」即是「卿」。至於歷史上周制的卿是否與上大夫爲一事，則是別一問題。此處不能詳論。

18 「萬章」下，頁一三八。這種比例無論在方千里、百里、七十里、或五十里之國皆同。參看《禮記》「王制」，頁一下—二上。

19 竹添光鴻，《左氏會箋》（台北，鳳凰出版社影印本，一九七四），卷二，頁二四—二六。

士卑，自以其子弟爲僕隸也。

竹添光鴻《會箋》云：

士卑祿微，不足及其宗，故自役使其子弟。子弟者對父兄稱之也。魯語：「子之隸也」，注：「隸，役也」。旣夕禮：「童子執帚卻之」，注：「童子，隸子弟。」曲禮：「問士之子。長曰能典謁矣；幼曰未能典謁也。」皆是爲隸之證[20]。

這是「士」爲貴族階級中之最低層的具體說明。士的下面便緊接着是庶人了。《國語》「晉語」四記晉文公元年（公元前六三五年）的政治措施有云：

公食貢，大夫食邑，士食田，庶人食力，工商食官，皂隸食職，官宰食加，政平民阜，財用不匱[21]。

這段記載從經濟生活上說明了士是處在大夫與庶人之間，與上引師服之言可以互證。下逮春秋晚期，趙簡子於公元前四九三年（魯哀公二年）伐鄭誓詞也說：

克敵者，上大夫受縣，下大夫受郡，士田十萬，庶人工商遂，人臣隸圉免[22]。

可見此時軍功行賞依然是遵照傳統的階級區分。

士的地位在大夫與庶人之間，不但見於史籍，而且也見於金文。「邾公牼鐘」有云：

20 同上，頁二六。

21 《國語》（萬有文庫本），卷十，頁一三三。

22 《左氏會箋》卷二九，頁一三—一五。杜預注「遂」爲「得遂進仕」。竹添《箋》則以遂卽爲進，「言能克敵則進之於朝也」。「免」：杜注「去廝役」。

　　台（以）樂其身，台匽（宴）大夫，台喜者（諸）士[23]。

邾公牼卽邾宣公，《春秋》記其卒於襄公十七年（公元前五五五年）二月庚午。而「邾公華鐘」則云：

　　台樂大夫，台宴士庶子[24]。

邾公華爲邾悼公，卽悼宣公之子，《春秋》記其卒於昭公元年（公元前五四〇年）六月丁巳。楊樹達再跋「邾公牼鐘」，駁翁同書釋「諸士」爲「都士」之說，曰：

　　銘文言以樂其身，邾公自謂也，次言以宴大夫，次言以喜諸士，則諸士自謂大夫士之士，非泛稱都人士也。「邾公華鐘」云「台樂大夫，台宴士庶子」，士庶子者士庶人也，文以與上文忌祀下文舊字爲韻，故變人言子耳。此邾宣公、悼公父子二人之器，而彼文以士與庶子連言，以彼證此，決知此文之士乃大夫士之士也[25]。

「邾公華鐘」的士庶人連言似乎特別值得注意。一方面，這可以看作庶人的社會地位的上昇[26]，而另一方面，則也未嘗不是表示士的身份有流動的跡象，卽士有時也可以下儕於庶人了。楚昭王

---

23 郭沫若，《兩周金文辭大系》（增訂本，一九五七），頁一九〇上。
24 同上，頁一九一上—下。
25 楊樹達，《積微居金文說》，（中國科學院，一九五二），卷一，頁四〇—四一。
26 西周康王時器「大盂鼎」云：「易（錫）女（汝）邦辭亖（四）白（伯）人鬲自馭至于庶人六百又五十又九夫」，《兩周金文辭大系》，頁三四上。庶人可以被賞賜，其地位應當是相當低的。參看楊寬，「人鬲、訊、臣是否卽奴隸？」《古史新探》，頁一〇二—一一〇。

時（公元前五五一——四八九年）大夫觀射父論祭祀曾兩次以士庶人連言。其一曰：

> 古者先王日祭月享，時類歲祀，諸侯舍日，卿大夫舍月，士庶人舍時。

其二曰：

> 天子徧祀羣神品物。諸侯祀天地三辰及其土之山川，卿大夫祀其禮，士庶人不過其祖[27]。

韋昭注「舍時」爲「歲乃祭」，注「不過其祖」爲「祖至父」。無論如何，這種記載多少顯示士與庶人在宗教上有趨於平等之勢[28]。觀射父之說不但可以與稍早的「邾公華鐘」之文互證，而且也和一個世紀後孟子所謂「下士與庶人在官者同祿」遙相呼應。傳統的「封建」秩序已經到了解體的階段了。

現在讓我們接着討論士階層在春秋戰國時代所發生的變化。這種變化的一個最重要的方面是起於當時社會階級的流動，即上層貴族的下降和下層庶民的上升。由於士階層適處於貴族與庶人之間，是上下流動的滙合之所，士的人數遂不免隨之大增。這就導使士階層在社會性格上發生了基本的改變[29]。

---

27 均見《國語》卷十八「楚語下」，頁二〇五—二〇六。士與庶人自然並不是完全平等，此文上句有「士食魚炙，祀以特牲；庶人食菜，祀以魚」。士庶之別顯然存在。

28 此與「王制」所言「士一廟，庶人祭於寢」（《禮記》卷四，頁八下）並非同一事，不過此處士與庶人之間差異顯然。「王制」為漢儒整理之作，或係根據較早的文獻，或對古制加以整齊化，今不易確知。

29 限於史料，我們現在尚不能用統計數字來支持此一論斷。下文的討論將可使我們對士階層擴張的事實有一較清楚的瞭解。參看許倬雲「春秋戰國間的社會變動」，《歷史語言研究所集刊》第三十四本（一九六三，十二月），頁五五九—五八七及 Cho-yun Hsu, *Ancient China in Transition* (Stanford, 1965), Chapter 2, "Changes in Social Stratification"。

《左傳》昭公三年（公元前五三八年）叔向論晉國公室和貴族衰落的情況最值得注意。他說：

> 雖吾公室，今亦季世也。戎馬不駕，卿無軍行，公乘無人，卒列無長，庶民罷敝……欒、郤、胥、原、狐、續、慶、伯、降在皁隸。（杜注：八姓，晉舊臣之族也；皁隸，賤官也。）

他又說：

> 晉之公族盡矣，肸聞之，公室將卑，其宗族枝葉先落，則公室從之，肸之宗十一族，唯羊舌氏在。肸又無子，公室無度，幸而得死，豈其獲祀[30]。

這是對春秋晚期貴族衰敗的一段最具體的報導。其中包括了十八個大族。「降在皁隸」也許是一種誇張，不是說這些人都已淪爲奴隸。故杜注以「賤官」說之。其中至少有一部份人應當是下降到「士」的階層中來了。

《左傳》昭公三十二年（公元前五〇九年）史墨對趙簡子說：

> 社稷無常奉，君臣無常位，自古以然。故《詩》曰：「高岸爲谷，深谷爲陵」。三后之姓於今爲庶。主所知也。（杜注：「三后，虞、夏、商」）[31]。

這也是有感於世變而云然，不是泛論。「三姓之后」當然應該從廣義去瞭解，即包括春秋以來一切亡了國的公族子孫。又《國語》記竇犨答趙簡子「人不能化」之問云：

---

30 《左氏會箋》卷二十，頁五三—五五。
31 同上，卷二十六，頁五二。

夫范、中行氏不恤庶難，欲擅晉國，令其子孫將耕於齊。宗廟之犧爲畎畝之勤，人之化也，何日之有？[32]

晉之趙氏與范氏、中行氏爭權，此時范氏、中行氏失敗奔齊，所以竇犫要說他們的子孫將不免淪爲庶人了。

貴族衰敗，「自古以然」。朝代興替之際常有貴族淪爲皁隸，並不限於某一特殊時代。但是古代封建階級制度的根本崩壞則顯然發生在春秋的晚期。我們在前面所徵引的幾條有關材料竟全集中在公元前六世紀和五世紀之交，這是十分值得注目的現象。「邾公華鐘」之「台宴士庶子」，楚觀射父論祭祀以士庶連言，晉叔向對公室和貴族衰落的感慨，以至史墨、竇犫與趙簡子的對答，先後都不出五、六十年之內，（范、中行之亂結束於公元前四九一年，即魯哀公五年。）這決不是偶然的巧合。事實上，各國內部的劇烈政爭正是促使階級制度崩壞的原因之一。前面所舉趙簡子伐鄭之事便是起於鄭國幫助范、中行氏。誓詞「克敵者，士田十萬，庶人工商遂」云云，雖然利用了原有的階級制度的形式，但是卻恰恰破壞了封建階級的固定性，爲士、庶人的上升敞開了門戶。而另一方面，政爭中失敗的貴族如范、中行氏則淪降爲士、庶，甚至皁隸了[33]。

貴族下降爲士不僅可從一般的歷史趨勢推知，而且還有具體的例案可考。孔子弟子中顏回和曾點、曾參父子的家世最便於說明這一點。顏回是最著名的貧士，但是從他的遠祖邾武公（字伯

32 《國語》卷十五「晉語九」，頁一七八。

33 齊思和說：「晉趙氏與范氏、中行氏戰，許其屬克敵者上大夫受縣，下大夫受郡，士田十萬，庶人商遂，人臣隸圉免，是為階級之大破壞」。所見甚確。（見「戰國制度考」，《燕京學報》第二十四期，一九三八，十二月，頁一七九）

顏）爲魯附庸改稱顏氏以後，十四世皆仕魯爲卿大夫。至顏回的祖父則已降爲「邑宰」，可能已是「士」了[34]。

《說苑》「建本」篇說「曾子（參）藝瓜，而誤斬其根。曾晳（點）怒，援大杖擊之」[35]。「立節」篇又說「曾子衣弊衣以耕」[36]。曾氏父子顯然都是庶人。然《世本》卻說曾晳是鄫太子巫之孫。明儒陳士元遂據此謂曾氏「四世皆賢，不仕于魯，以取鄫故」[37]。則曾氏正是史墨所謂「三后之姓，於今爲庶」的一個絕好例證。至於孔子本人從「三后之姓」（殷）淪爲「吾少也賤，故多能鄙事」的士，那更是盡人皆知的了。

庶人的上升對傳統的「士」階層所造成的激盪更爲嚴重。到了春秋末葉，士庶的界限已經很難截然劃分了[38]。上引趙簡子「庶人工商遂」及「邾公華鐘」的「台宴士庶子」之文都說明春秋

34 陳士元，《論語類考》卷六，引自趙紀彬，《論語新探》（第三版，一九七六）上冊，頁一五七—一五八。

35 《說苑》卷三，頁一二。

36 同上，卷四，頁一六。

37 引自趙紀彬前引書，頁一五八。

38 唐蘭說：「『士』在春秋時期是介於貴族與平民之間的。他們有的是出身於貴族家庭的，有的則是從平民中上升的。他們可以上升為卿大夫，也可以『降在皁隸』。他們有的屬於王公，有的屬於卿大夫，就是所謂私家。……但是春秋時代平民階級正在起變化，『士』逐漸由戰士變為文士。另一方面，他們往往變得很貧窮，他們沒有奴隸就只好用自己的子弟，所以說『士有隸子弟』，而更窮一些的就只好自己去耕田，也有一些人開始去經商。另一方面，庶人工商逐漸解放，士和庶人工商的界限，到春秋末年時實際上已經打得很亂了。」見「春秋戰國是封建割據時代」，《中華文史論叢》第三輯（一九六三），頁二八—二九。唐氏所言士庶流動的情形很可信。唯唐氏相信「四民」起於齊桓公之世，似稍早。（見下文。）又唐氏謂「士」由戰士變為文士，則仍與顧頡剛的「蛻化」說同，亦可商。

晚期庶人已有正式的上升之途。但庶人之上升並不盡由於戰功，至少下逮春秋、戰國之交，庶人以學術仕進者已多其例。《呂氏春秋》「尊師」篇說：

> 子張，魯之鄙家也，顏涿聚，梁父之大盜也，學於孔子；段干木，晉國之大駔也，學於子夏；高何、縣子石，齊國之暴者也，指於鄉曲，學於子墨子；索盧參，東方之鉅狡也，學於禽滑黎。此六人者，刑戮死辱之人也。今非徒免於刑戮死辱也，由此爲天下名士顯人，以終其壽，王公大人從而禮之。此得之於學也[39]。

此六例證是否完全可靠是另一問題，但它們所顯露的時代通性則不容置疑。《韓非子》「外儲說左上」云：「中章、胥己仕，而中牟之民棄田圃而隨文學者邑之半」[40]。據《呂氏春秋》「知度」篇，這是趙襄子（公元前四七四——四二五年）時代的事，正值春秋戰國之交[41]。「民棄田圃而隨文學者邑之半」當然有很大的誇張，但卻不是毫無根據的話。《呂氏春秋》「博志」篇說：

> 甯越，中牟之鄙人也，苦耕稼之勞。謂其友曰：「何爲而可以免此苦也？」其友曰：「莫如學。學，三十歲則可以達矣。」甯越曰：「請以十歲。人將休，吾將不敢休；人將臥，吾將不敢臥。」十五歲而周威公事之。（高誘注：「威公，西周君也；師之者以

39 《呂氏春秋》卷四，（四部叢刊初編縮本），頁二六。

40 陳奇猷，《韓非子集釋》卷十一，下册，頁六一七。

41 《呂氏春秋》說：「趙襄子之時，以任登為中牟令，上計言於襄子曰：中牟有士曰膽胥己，請見之。襄子見而以為中大夫」。（卷十七，頁一七五）此卽《韓非子》之「中章、胥己」一事之異聞。趙襄子年代見《先秦諸子繫年》第三篇「趙簡子卒年考」。

甯越爲師也」[42]。）

錢賓四師「甯越考」推斷周威公立爲西周君在威烈王十二年（公元前四一四年），其時甯越約三十歲（卽生於公元前四四五年），並說：「游仕漸得勢，故甯越亦苦耕稼而從學問。其事雖微，足徵世變」[43]。又《呂氏春秋》「不廣」篇高誘注，說甯越是「趙之中牟人」[44]。茲姑定甯越棄稼向學在十五歲左右，卽約當公元前四三〇年，其時上距趙襄子之卒不過五、六年。這樣看來則甯越及其友人正是聞中章、胥己之風而起者，韓非的話可謂「信而有徵」了。

春秋、戰國之際農人可以上升爲士，尙可證之於《管子》和《國語》。《管子》「小匡」篇在「農之子常爲農」之下說道：

> 樸野而不慝（注：農人之子朴質而野，不爲姦慝。）其秀才之能爲士者則足賴也。（注：農人之子有秀異之材，可以爲士者，卽所謂生而知之，不習而成者也。故其賢足可賴也。）故以耕則多粟，以仕則多賢。是以聖王敬畏戚農。（注：以農民能致粟，又秀材生焉。故聖王敬畏農而戚近之。[45]）

42 《呂氏春秋》卷二四，頁一七五。

43 《先秦諸子繫年》，頁一六九。

44 《呂氏春秋》卷一五，頁九八。

45 《管子》（萬有文庫本）第一冊，頁一〇一。《國語》卷六「齊語」，頁八〇，所言與此略同，但少「故以耕則多粟」以下兩句。按：近人考論《管子》書，往往把各篇年代定得太低。如羅根澤「管子探源」卽以「小匡」篇乃漢初人所撰。（見《諸子考索》，香港學林書店，一九六七，頁四五六—四六〇。）其實《管子》各篇大抵皆有先秦的依據，可視爲戰國時代的材料。最近出土的古籍如臨沂銀雀山漢墓的「王兵」篇，長沙馬王堆三號漢墓的「伊尹」、「九主」和「經法」等，頗有可與《管子》互校者。（參看《經法》，文物出版社，一九七六；《文物》一九七四年，十一期，頁二一—二七；《文物》，一九七六年，十二期，頁三六—四三）。

這裏顯然是說農民之秀出者可以上升爲士。而且此所謂士，已不是武士，而是「仕則多賢」的文士了。

現在我們要追問，這種變遷究竟是不是發生在公元前七世紀上葉的齊桓公時代？要解答這個問題我們必須檢證一下所謂士、農、工、商的「四民」說。顧炎武《日知錄》中有「士何事」一條恰可作爲討論的起點。顧氏說：

> 士、農、工、商謂之四民，其說始於《管子》（原注：《穀梁》成公元年傳亦云。）。三代之時，民之秀者乃收之鄉序，升之司徒而謂之士。固千百之中不得一焉。大宰以九職任萬民，五曰百工，飭化八材，計亦無多人爾。武王作「酒誥」之書曰：「妹土嗣爾股肱，純其藝黍稷，奔走事厥考厥長。」此謂農也，「肇牽車牛，遠服賈，用孝養父母。」此謂商也。又曰：「庶士有正，越庶伯君子，其爾典聽朕教。」則謂之士者大抵皆有職之人矣，惡有所謂羣萃而州處，四民各自爲鄉之法哉！春秋以後，游士日多。《齊語》言桓公爲游士八十人，奉以車馬衣裘，多其資幣，使周遊四方，以號召天下之賢士，而戰國之君遂以士爲輕重，文者爲儒，武者爲俠。嗚呼！游士興而先王之法壞矣！[46]

顧氏的觀察十分敏銳，他深知在古代封建制度之下，士都是有職之人，不得與農、工、商同列爲四民，同時「民之秀者」要上升爲士，縱非絕不可能，也是難得的例外。他更明白地指出，士成

46 《日知錄集釋》（萬有文庫本）卷七，第三冊，頁五一－五二。

爲四民之首，是戰國游士旣興以後之事。他雖引《管子》和《齊語》之文，但卻未必卽相信其爲齊桓公與管仲之事。故謂其說始於《管子》之書而非管仲其人，又在「桓公遣游士」一節上明著「《齊語》言」三字，這種態度是十分謹愼的。

我們不敢說《管子》與《齊語》所記四民之事完全沒有歷史的根據。但是我們可以斷言，其中縱有春秋初期的事實背景，也已經淹沒在戰國時代作者的傳述之中了。換句話說，《齊語》和「小匡」篇的作者是通過階級制度崩壞以後的現象去瞭解桓公和管仲的措施的。試看《齊語》載管子答桓公的話：

> 四民者勿使雜處，雜處則其言哤，其事易。（注：哤，亂貌。易，變也）[47]。

這正是針對「雜處」以後的亂象而發的，《戰國策》「齊策」一，蘇秦說齊宣王道：

> 臨淄之中七萬戶，臣竊度之，下戶三男子，三七二十一萬矣。……臨淄甚富而實，其民無不吹竽鼓瑟，擊筑彈琴，鬪鷄走犬，六博蹹踘者。臨淄之途車轂擊，人肩摩，連衽成帷，舉袂成幕，揮汗成雨。家敦而富，志高而揚[48]。

這裏所描寫的是公元前四世紀末葉齊國的最大都會。它不折不扣地是一個「四民雜處」、「其言哤，其事易」的社會。而這樣一個龐大而複雜的城市也決不是短時期內可以發展得起來的，所以齊國的四民混雜大概可以上推至春秋、戰國之際。《齊語》的記述似乎正是有這樣一種「雜處」

47 《國語》卷六，頁七八。

48 《戰國策校注》（四部叢刊初編縮本）頁七六；參看瀧川龜太郎《史記會注考證》（臺北宏業書店影印）卷六九，頁二六。關於「四民不雜處」的政策與齊臨淄的關係，可看松本民雄「四民不雜處考」一文，刊於《集刊東洋學》三十三至三十四號（一九七五）。

的社會作爲它的背景。《齊語》和「小匡」主張四民各自爲鄉，主要是希望士、農、工、商都「少而習焉，其心安焉，不見異物而遷焉。」這好像也是針對着戰國的社會而發的，和孟子所謂民無恒產，則無恒心，消息相通[49]。

四民社會的成立必須以士從最低層的貴族轉化爲最高級的庶民爲其前提。這一前提是到了春秋晚期以後才存在的。《穀梁傳》成公元年條云：

上古者有四民：有士民、有商民、有農民、有工民[50]。

《穀梁》著帛較晚，自是四民制度成立以後的見解。值得注意的是這裏出現了「士民」這樣一個新的名詞，把士的社會身份正式地確定在「民」的範疇之內，這是春秋晚期以來社會變動的結果。由於貴族份子不斷地下降爲士，特別是庶民階級大量地上升爲士，士階層擴大了，性質也起了變化。最重要的是士已不復如顧炎武所說的，「大抵皆有職之人」。相反地，士已從固定的封建關係中游離了出來而進入了一種「士無定主」的狀態[51]。這時社會上出現了大批有學問有知識的士人，他們以「仕」爲專業，然而社會上卻並沒有固定的職位在等待着他們。在這種情形之

49 「梁惠王」上，《四書集注》第三冊，頁一三。

50 《春秋穀梁傳注疏》（十三經注疏本，臺北藝文印書館影印），卷十三，頁一二八。值得注意的是《穀梁傳》的四民次序是士、商、農、工，商在第二位，似乎是戰國時代的價值觀。後世士、農、工、商的確定是漢代初年的事。見陳登原，《國史舊聞》第一分冊，（三聯書店，一九五八）頁二二八—二二九。至於「士民」一詞戰國晚期已常見於文獻，《韓非子》、《呂氏春秋》皆有之。見河地重造，前引文，頁三三—三四。

51 《日知錄集釋》卷十三，「周末風俗」條，第五冊，頁三八。

下，於是便有了所謂「仕」的問題。「仕」的問題並不是單純的就業問題，至少對於一部份的士而言，其中還涉及主觀的條件和客觀的形勢。子夏說：

> 學而優則仕，仕而優則學[52]。

「學而優」是「仕」的主觀條件。主觀條件不具備是不應該「仕」的，所以孔子使漆彫開仕，漆彫開對曰：「吾斯之未能信。」孔子聽了很高興[53]。因為漆彫開度德量力，學而未優不肯就仕。孔子又贊歎道：

> 君子哉蘧伯玉！邦有道，則仕；邦無道，則可卷而懷之[54]。

有道、無道則構成「仕」的客觀形勢。孟子也非常重視「仕」的問題：

> 周霄問：「古之君子仕乎？」孟子曰：「仕。《傳》曰：『孔子三月無君則皇皇如也，出疆必載質』。公明儀曰：『古之人三月無君則弔。』」「三月無君則弔，不以急乎？」曰：「士之失位也，猶諸侯之失國家也……」「出疆必載質何也？」曰：「士之仕也，猶農夫之耕也，農夫豈為出疆，舍其耒耜哉！」曰：「晉國亦仕國也，未嘗聞仕如此急；仕如此其急也，君之難仕，何也？」曰：「……古之人未嘗不欲仕也，又惡不由其道。不由其道而往者，與鑽穴隙之類也。」[55]

52 《論語》「子張」篇，《四書集注》第二冊，頁一四三。
53 同上，「公冶長」篇，頁二八。
54 同上，「衛靈公」篇，頁一一四。
55 《孟子》「滕文公」下，《四書集注》第三冊，頁七九—八〇。

這裏特別值得指出的是前半段說「士之失位，猶諸侯之失國家」乃指古代封建制度下「大夫士」的「士」，而「士之仕也，猶農夫之耕」則已指四民之首的新「士」了。所以合孔、孟的言論而觀之，我們可以肯定地說「仕」縱使不是春秋戰國之際才產生的新觀念[56]，它至少是伴隨着「士民」而來的新問題。「士民」的出現是中國知識階層興起的一個最清楚的標幟[57]。

三　士的文化淵源

前引顧頡剛「武士與文士之蛻化」一文，說古代祇有武士，至孔子歿後才逐漸有文士的興起，所以文士是從武士蛻化而來。這個說法在今天已差不多成爲定論了。但細按之，其中問題仍然不少。首先，顧氏此文即陷入嚴重的自相矛盾，因爲他接着又說戰國之世「士之好武者正復不少。彼輩自成一集團，不與文士溷」。這就是所謂「儒」和「俠」的對立。儒、俠對立又是怎樣產生的呢？顧氏說：

古代文、武兼包之士至是分歧爲二，惲用力者歸「儒」，好用力者爲「俠」，所業既

56　羅根澤謂《論語》以前的舊籍中無「仕」字，偶有亦爲後世訛文。見《諸子考索》，頁四五五。馮友蘭指出士農工商之士爲孔子以前所未有，《管子》與「齊語」所記不是齊桓公、管仲時代的事，其說可從。見「孔子在中國歷史中之地位」，《古史辨》（香港太平書局影印，一九六二），頁二〇七—二〇八。

57

專，則文者益文，武者益武，各作極端之表現耳[58]。

這裏顯然與前文有兩重矛盾：第一、文士與武士既屬分途發展，則自然不能說武士蛻化爲文士了。第二、此處云「古代文、武兼包之士」和開始的「古代之士皆武士」更顯然不能並存。俠的問題不在本篇討論範圍之內，但就文士的起源而言，顧氏的後一種說法倒是比較接近眞實的。由於這個問題也是古代知識階層之興起的一個環節，我們必須對它加以澄淸。

以古代之士皆武士，其最有力的根據是說古代的學校爲軍事訓練的所在。顧氏所引金文及其他先秦資料都是從這一觀點出發的，這個觀點近來更因楊寬關於古代大學的研究而加強。楊氏認爲「西周大學的敎學內容以禮樂和射爲主要」，他說：

> 當時貴族生活中必要的知識和技能，有所謂「六藝」：禮、樂、射、御、書、數，但是，因爲「國之大事，惟祀與戎」，他們是以禮樂和射御爲主的[59]。

接着他更舉證說明，西周大學敎師稱「師氏」，卽因最初的大學敎師是由稱爲「師氏」的高級軍官擔任之故，不但如此，古時敎師尊稱爲「夫子」也是起源於「千夫長」、「百夫長」之類的軍官名稱。所以西周大學是以軍事訓練爲主，其目的在於培養貴族軍隊的骨幹[60]。

---

58 《史林雜識初編》，頁八九。馮友蘭以儒、俠對立卽儒、墨之對立，因墨卽出於俠，見「原儒墨」，現收入《中國哲學史》（香港太平洋圖書公司影印本，一九七〇）之補編中，頁三二—四〇。駁論見錢穆「釋俠」，收入《中國學術思想史論叢》(二)，（臺北東大圖書公司，一九七七）頁，三六七—三七二。

59 楊寬，「我國古代大學的特點及其起源」，《古史新探》，頁二〇七。

60 同上書，頁二一二—二一七。

楊氏的說法並不算錯，但顯然沒有能夠從全面來考慮問題。我們固不必相信後世「周尚文」之說，但孔子已明言「周監於二代，郁郁乎文哉！吾從周」[61]。周代雖然不能不重視武力，但其特色正在能「文之以禮樂」。以古代之士皆武士者都特別看重「射禮」，其時「射」在周代決不完全是軍事訓練，其中含有培養「君子」精神的意味。所以孔子說：

> 君子無所爭，必也射乎！揖讓而升，下而飲。其爭也君子[62]。

又說：

> 射不主皮，爲力不同科，古之道也[63]。

「射」爲禮樂教育的一部份，不是軍中的武射，這是很明白的。而且孔子明說這是「古之道」，可見並不是春秋時的事，西周想已如此[64]。因此我們決不能因周代學校有習射之事而斷定其必爲軍事訓練之地。總之，周代貴族子弟的教育是文武兼備的，以具體科目言，則六藝之說大體可信。《禮記》「王制」云：

> 樂正崇四術、立四教。順先王詩、書、禮、樂以造士，春秋教以禮樂，冬夏教以詩

---

61 《論語》「八佾」，《四書集注》第二册，頁一七。

62 同上，頁一四—一五。

63 同上，頁一七。

64 孫詒讓引凌廷堪之說曰：「又考《論語》射不主皮，為力不同科，孔子稱為古之道者，蓋時至春秋之末，鄉射但以不貫不釋為重。而容禮比於禮，節比於樂，不復措意。故孔子歎之，以為古禮仍有不主皮之射也」。《周禮正義》卷二一，第六册，頁五四。

書[65]。

「王制」雖出漢代儒者之手，且所言亦過於理想化，但此條卻有其先秦的根據。《左傳》僖二十七年條記晉文公「作三軍，謀元帥」之事云：

> 趙衰曰：「郤縠可。臣亟聞其言矣，說禮樂而敦詩書。詩書，義之府也；禮樂，德之則也；德義，利之本也。夏書曰：賦納以言，明試以功，車服以庸。君其試之。」乃使郤縠將中軍[66]。

晉文公要找一位元帥，趙衰竟推薦「說禮樂而敦詩書」的郤縠去擔任，而晉文公也毫不遲疑的接納了。這個例子最足以說明古代貴族所受的教育是文武合一的。縱使統領三軍的元帥也必須精於詩、書、禮、樂，這更是「郁郁乎文哉」的具體表現。

春秋是古代貴族文化的最後而同時也是最高的階段。顧炎武論春秋與戰國之不同，說道：

> 春秋時猶尊禮重信，而七國則絕不言禮與信矣。春秋時猶宗周王，而七國則絕不言王矣。春秋時猶嚴祭祀、重聘享，而七國則無其事矣。春秋時猶論宗姓氏族，而七國則無一言及之矣。春秋時猶宴會賦詩，而七國則不聞矣。春秋時猶有赴告策書，而七國則無有矣[67]。

65 《禮記》卷四，頁一二上。
66 《左氏會箋》卷七，頁四—五。
67 《日知錄集釋》，第五冊，頁三八。

顧氏所說的春秋時代這些特色其實都可以用禮樂兩個字來包括。春秋時代一方面是所謂「禮壞樂崩」，一方面卻又是禮樂愈益繁縟。這正是一事之兩面，所以雖在戰陣之上也不能不講究禮樂。宋襄公「不重傷、不禽二毛、不鼓不成列」固然成爲後世的談柄，但卻正是當時尊禮重信的一個最極端的例子[68]。所有這些禮樂，都和詩書有不可分割的關係。而顧氏所舉的「宴會賦詩」更說明當時國際政治必須具備高度的文化教養。根據近人統計，《左傳》引詩共一百三、四十處，其中關於卿大夫賦詩的共三十一處[69]。故春秋時倘非深於詩、書之教的人是不敢在國際宴會的場合出現的。晉文公流亡時代和秦伯相會的一幕便是最好的例證。史稱秦伯將享重耳，

> 子犯曰：吾不如趙衰之文也，請使衰從。公子賦「河水」，公（秦伯）賦「六月」。趙衰曰：重耳拜賜。公子降一級而辭焉。衰曰：君稱所以佐天子者命重耳，重耳敢不拜[70]。

我們在前面看到趙衰推重郤縠的文化修養，現在我們知道趙衰本人也是一位對詩、書、禮、樂極有造詣的專家，子犯推重趙衰之「文」，決非普通客套，而是因爲此會足以決定重耳未來的政治命運。則「文」在實際政治上的重要性，可以想見。

春秋早期的禮樂遠不如後期的複雜，所以貴族中尚不乏文武兼資之人。後期則貴族中已多不知禮之人了，《左傳》昭七年條云：

68 《左氏會箋》卷六，頁二四。

69 夏承燾，「采詩和賦詩」，《中華文史論叢》第一輯（一九六二），頁一七五—一七六。

70 《左氏會箋》卷六，頁三八—三九。按：《國語》「晉語四」記秦伯與重耳相會事遠較《左傳》為詳，可參看。卷十，頁一二八—一二九。

孟僖子病不能相禮，乃講學之，苟能禮者從之。及其將死也，召其大夫曰：禮，人之幹也，無禮無以立。吾聞將有達者曰孔丘，聖人之後也……我若獲沒，必屬說與何忌於夫子。使事之，而學禮焉以定其位。故孟懿子（卽何忌）與南宮敬叔（卽說）師事仲尼[71]。

像孟僖子父子這樣的貴族居然已不能知禮，而必須向「士」階層中的孔子去學禮了，可見得貴族時代已到了曲終雅奏的時候了。由於孔子「少賤，故多能鄙事」，遂成爲當時的博文知禮的專家。又由於孔子「有教無類」，他遂將古代貴族所獨佔的詩書禮樂傳播到民間。但孔子已無法做文武兼資的通材了。《左傳》哀十一年云：

孔文子之將攻大叔也，訪於仲尼。仲尼曰：胡簋之事則嘗學之矣；甲兵之事，未之聞也[72]。

這個故事透露出知識階層興起的時代背景。所以，嚴格地說，文士並不是從武士蛻化而來的，他們自有其禮樂詩書的文化淵源。關於這一點，在下節「哲學的突破」中可以獲得充份的說明。

---

71 《左氏會箋》卷二一，頁六七—七〇。

72 同上，卷二九，頁七一—七二。按此事與《論語》衛靈公問陳一事極相似，但竹添光鴻則以為當是兩事。其言曰：「蓋君臣各有此問，而《論語》主明道，故載靈公之問；左氏主記事，故錄孔文子之訪耳」。亦可備一說。英時案：本節論士與禮樂之淵源甚為簡略，蓋本文僅為《中國上古史待定稿》第四本中之一章，故不能詳細討論古代文化傳統的問題。讀者可參讀陳槃「春秋時代的教育」（《上古史待定稿》第四本第十五章）中論「貴族教育」及「學齡與科目」兩節。該文已刊於《歷史語言研究所集刊》第四十五本第四分（民國六十三年六月），頁七三二—七四〇；七六七—七七七。

四 「哲學的突破」

以上我們從社會根源上清理了古代士階層興起的一些問題。我們的歷史追溯工作大體上止於孔子出現的前夕。以下論士階層的發展將始於孔、墨學派的建立，而終於秦代的統一。古代知識階層的興起並不能完全從社會變遷的方面獲得理解。顧名思義，知識階層的主要憑藉自然是它所擁有的「知識」。因此我們必須從古代學術思想的發展上來討論這個問題。

春秋、戰國的「禮壞樂崩」是「百家爭鳴」的前奏。而禮樂則是章學誠所謂官師政教合一的古代王官之學，也就是古代學術的總滙。論中國古代知識階層的思想背景，首先必須着眼於此。《莊子》「天下」篇論古之「無乎不在」的「道術」分散爲諸子百家，最能得其眞相。「天下」篇說：

> 古之人其備乎？配神明，醕天地，育萬物，和天下，澤及百姓。明於本數，係於末度，六通四辟，小大精粗，其運無乎不在。其明而在數度者，舊法世傳之史，尚多有之。其在詩、書、禮、樂者，鄒、魯之士，搢紳先生多能明之。……其數散於天下而設於中國者，百家之學時或稱而道之。天下大亂，聖賢不明，道德不一，天下多得一察焉以自好。譬如耳目鼻口，皆有所明，不能相通。猶百家衆技也，皆有所長，時有所用。雖然

不該不徧，一曲之士也。……天下之人，各爲其所欲焉以自爲方。悲夫，百家往而不反，必不合矣。後世之學者，不幸不見天地之純，古人之大體，道術將爲天下裂[73]。

「天下」篇的作者一方面正確地指出了古代道術由合而分的歷史趨勢，但另一方面則對這一趨勢抱有不勝惋惜之情。這是和莊子思想的精神深相契合的。《莊子》內篇「應帝王」之末有一段寓言，說南海之帝儵與北海之帝忽謀報中央之帝渾沌之德，爲渾沌鑿七竅。「日鑿一竅，七日而渾沌死。」「應帝王」所言與「天下」篇雖非一事，但其賞原始之統合而傷後世之分裂則精神上殊無二致。戰國以降諸子百家之「多得一察焉以自好」，借「應帝王」的譬喻來說，正是鑿古代王官之學的七竅。渾沌既鑿，古代的道術便不能不爲天下裂了。從現代社會學的觀點看，這一「道術爲天下裂」的過程正是古代文明發展史上一個最重要的關鍵，即所謂「哲學的突破」（"philosophic breakthrough"）。

「哲學的突破」的觀念可以上溯至韋伯（Max Weber）有關宗教社會學的論著之中[74]。但對此說爲最清楚的發揮者，則當推美國當代社會學家派森思（Talcott Parsons）。派氏的說法大致

---

73 王先謙，《莊子集解》，（中華書局，一九五四），卷八，頁九六—九七。《莊子》「天下」篇可能遲至漢初始成，但它確是對古代思想發展作總結的一篇早期文獻。就這一點說，其史料價值是很高的，此篇開始第一節即將古代王官之學，儒家詩書禮樂之傳統，及戰國諸子之學，劃分為三個歷史階段。參看侯外廬等，《中國思想通史》第一卷（一九五七），頁二一—二二所論。

74 見 T. Parsons 的 "Introduction" in Max Weber, *The Sociology of Religion* (tr. by Ephraim Fischoff, Boston: Beacon Press, 1964)，頁 XXXiii-XXXV; IXii-IXiii.

如下：

在公元前一千年之內，希臘、以色列、印度、和中國四大古代文明都曾先後各不相謀而方式各異地經歷了一個「哲學的突破」的階段。所謂「哲學的突破」卽對構成人類處境之宇宙的本質發生了一種理性的認識，而這種認識所達到的層次之高，則是從來都未曾有的。與這種認識隨而俱來的是對人類處境的本身及其基本意義有了新的解釋。以希臘而言，此一突破表現爲對自然的秩序及其規範的和經驗的意義產生了明確的哲學概念。從此希臘的世界不復爲傳統神話中的神和英雄所任意宰制，而是處在自然規律的支配之下了。蘇格拉底、柏拉圖、和亞里斯多德的出現是希臘的「哲學的突破」的最高峯。整個西方文明中，理性認知的文化基礎由此奠立，哲學、科學、以至神學都跳不出它的籠罩。

以色列「哲學的突破」是以早期經典《舊約》及摩西的故事爲其歷史背景，而突破的具體方式則是「先知運動」（Prophetic movement）。這個運動清晰地突出了上帝爲創造主的普遍觀念。上帝不但創造了整個宇宙，並且還按照他自己的形象創造了人類，以爲實現其計劃的工具。超越的上帝主宰所有人類的觀念，以及人類的兩重性的觀念，（卽一方面完全依賴上帝而另一方面又承擔着推行上帝旨意的責任），從此便貫穿於猶太敎、基督敎、以至伊斯蘭敎的基本敎義之中。此種觀念與基督敎中的希臘因子相混合終於構成了西方文明的主要文化基礎。

印度的突破產生了知識階層間的一種宗教哲學，其中心觀念爲業報與靈魂轉世，並視經驗世界、實際人生爲「虛幻」。隨之而來的則是印度敎和佛敎中種種極端的解脫之說。

「哲學的突破」在中國表現得最為溫和，因為中國的傳統寄托在幾部經書之中。此一傳統經過系統化之後，在宇宙秩序、人類社會、和物質世界，幾個方面都發展出一套完整而別具一格的看法[75]。

派氏認為古代四大文明都曾經過「哲學的突破」，這是不成問題的。他又認為每一「突破」都有其特定的歷史淵源，故所表現的方式與內涵皆各異，這也是一個有效的論斷。但由於派氏對古代東方的歷史知識缺乏深度的了解，因此他對希臘和以色列的解說甚為明確，而言及印度與中國之處則不免失之籠統，而尤以中國的部份為然。儘管他對古代中國的「哲學的突破」沒有提出任何具體而確定的解說，他所提供的比較觀點卻有助於我們對歷史發展脈絡的整理。

我們已指出，中國的「哲學的突破」是針對古代詩、書、禮、樂所謂「王官之學」而來的。最先興起的儒、墨兩家，便是最好的說明。孔子一方面「述而不作」，承繼了詩、書、禮、樂的傳統，而另一方面則賦予詩、書、禮、樂以新的精神與意義。就後一方面言，孔子正是突破了王

---

75 T. Parsons, "The Intellectual: A Social Role Category," pp. 6-7. 與「哲學突破」的觀念極為相近的還有「超越的突破」("transcendent breakthrough")之說，最近頗受思想史家的重視。此說最初由存在主義哲學家雅斯培 (Karl Jaspers) 在其 *The Great Philosophers*, vol. I(New York, 1962) 中正式提出。他也認為上述四大古代文明均經歷了一個「樞紐時代」("axial age")，即從人類學家所謂原始階段突入高級文化的階段。四大古文明的宗教與哲學便在此「樞紐時代」各有突破性的發展，而形成其特殊文化傳統。最近關於「超越的樞紐突破」的討論，見 *Daedalus* 雜誌一〇四卷第二期 (spring, 1975) 的 "Wisdom, Revelation, and Doubt: Perspectives on the First Millenium B.C." 專號。其中 Benjamin I. Schwartz 一文專論中國古代 "Transcendence" (PP.57-68)，尤可與本文所論相參證。

官之學的舊傳統。墨子最初也是習詩、書、禮、樂的[76]，但後來竟成爲禮樂的批判者。就其批判禮樂言，墨子的突破自然遠較孔子爲激烈[77]。其餘戰國諸家也都是鑿王官之學之竅而各有其突破。故劉歆說：

今異家者各推所長，窮知究慮，以明其指，雖有蔽短，合其要歸，亦六經之支與流裔[78]。

劉歆的九流出于王官說，分別以察，雖多不可通，但滙合以觀則頗有理據，和「天下」篇所云「道術將爲天下裂」者，正相通流。我們今天必須從「哲學的突破」的觀點來重新體會其涵義[79]。

派森思謂中國古代的「哲學的突破」最爲溫和，主要是針對着儒家而言。儒家守先以待後，寓開來於繼往，所以斧鑿之痕最淺。無論就「突破」的過程或「哲學」的內涵而言皆然。事實上，其他各家的突破，與儒家相較雖甚激烈，但全面地看，仍然是相當溫和的。這種溫和的性格至少一部份源於諸子立言所採取的「托古」的方式[80]。

76 墨子出於六藝傳統，受儒者之業，其說見于《淮南子》「主術訓」與「要略」，馮友蘭《中國哲學史》已引之，見頁一〇七。

77 《老子》一書頗有激烈的反「禮」思想，但其書晚於孔、墨，已無可疑。若就傳統中孔子問禮於老聃之老子說，則仍是一王官學之保守者，故本文不談老子與「突破」的關係。

78 王先謙，《漢書補注》（藝文印書館影印本），卷三十，頁五一下。

79 胡適「諸子不出於王官論」（《古史辨》第四册，頁一—八）為近代最先發難之文字。自此以後九流不出王官幾已成定論。案：某家出於某官之說確不能成立，但諸子各就一端對古代王官學為「突破」則是另一種看法。參看傅斯年「戰國子家叙論」，《傅孟真先生集》第二册，（臺北，一九五二）中編丙，頁九—一二。

80 此點可看康有為，《孔子改制考》（臺灣商務印書館影印，一九六八）卷四所引諸子「托古」的言論。

「哲學的突破」與古代知識階層的興起有極密切的關係。因爲突破的結果是派森思所謂的「文化事務專家」（specialists in cultural matters）在社會上形成了一個顯著的集團。他們可以說是「知識份子」的最初型態[81]。韋伯曾鄭重地指出亞洲幾個主要大宗教的教義都是知識份子創造出來的。這些知識份子也像希臘各派的哲學家一樣，不但社會地位較高而且具有類似希臘哲學家的學術訓練。他們是宗教（如印度）或倫理（如中國）的教義的承擔者，但他們的活動主要是學術性的，如「柏拉圖學院」之例。對於當時的官方宗教，他們的態度是不即不離的；或者不加理會或賦以哲學的新義。另一方面，官方宗教對這些知識份子所發展的新教義也往往有所簡別，有的被尊爲正統，有的則被斥爲異端[82]。

上引社會學家的一般性的討論可以歸納爲互相關涉的三點：第一、「哲學的突破」爲古代知識階層興起的一大歷史關鍵，文化系統（cultural system）從此與社會系統（social system）分化而具有相對的獨立性。第二、分化後的知識階層主要成爲新教義的創建者和傳衍者，而不是官方宗教的代表。第二、「哲學的突破」導致不同學派的並起，因而復有正統與異端的分歧。這三點都足以使我們對中國古代士階層的發展在理論上有進一步的瞭解。

第一點說明王官之學轉變爲諸子百家在古代文明的進程上有其通性，我在本節開始已據「天下」篇加以分疏，不需再贅。但必須一提的是，本文上篇曾從史實上指出古代「士」階層的出現

81 Parsons, "The Intellectual", pp. 7-8.
82 Weber, *The Sociology of Religion*. pp. 120-121.

自有其禮、樂、詩、書的傳統，並非從武士轉化而來。現在我們更可以看出，武士蛻化爲文士之說在理論上也是無法成立的。第二點使中國古代士階層「以道自任」的精神在比較文化史上得到印證。但由於歷史傳統的不同，「道」的內容自然不能不因之而異。此層影響到中國古代士階層的性格，下文將再加討論。第三點則涉及何以諸子並興而儒家後來獨居正統的問題。茲略予闡釋以爲本節的結束。

前引「天下」篇曾說：「其明而在度數者，舊法世傳之史，尚多有之，其在詩、書、禮、樂者，鄒、魯之士、搢紳先生多能明之。」因此有人疑心這種論斷出於後世儒家的手筆[83]。我們當然不能完全排除此一可能性。事實上，遠在宋代，王安石便已特別注意到這一段推崇儒家和六經的話。他說：

> 先六經而後各家，莊子豈鄙儒哉！[84]

但是「天下」篇究竟是那一派人的作品，在此並非關鍵之所在。關鍵在於「天下篇」作爲一篇古代學術思想史總結的文獻而言，其價值從來是大家公認的。這就是說，儒家因爲與六經有密切的關係，而且在諸子之中又屬最先興起，其所佔據的中心地位是一個客觀的歷史事實。

近代學者曾追問過「儒家學說何以適應於秦、漢以來的社會」的問題[85]。這個問題當然不能

---

83 見任繼愈，「莊子探源之二」，《莊子哲學討論集》（中華書局，一九六二），頁二一五—二一八。

84 引自錢穆《莊子纂箋》（香港增訂四版，一九六二），頁二七〇。

85 見《古史辨》第二冊，頁一四三—一六一。

有簡單的答案。我們現在不妨換一個問題，即孔子曾對傳統的禮樂賦予新的解釋，何以並沒有引起當時魯國貴族的強烈反感？而孟僖子還特別要他的兒子去向孔子學禮？我們認為這一點是和上面所說的中國「哲學的突破」的溫和性格分不開的。但此中的關鍵尚不僅在於孔子個人之善於融合新舊，而更在於三代以來所謂王官之學的禮樂傳統一直是在因革損益中演進的。孔子曾說：

殷因於夏禮，所損益可知也；周因於殷禮，所損益可知也。其或繼周者，雖百世可知也。（《論語》「為政」）

周監於二代，郁郁乎文哉！吾從周。（「八佾」）

孔子對於中國古代文化發展所作的斷案，現在依然有效。夏代的歷史雖然至今仍不能說已得到地下資料的充份證明，但考古學家中已頗有人採信夏、商、周三代一脈相承之說了[86]。孔子一方面「從周」，一方面又說「其或繼周者雖百世可知」，這種溫和的「突破」在性格上恰與三代不斷損益的文化傳統若合符節。當這一傳統面臨「禮壞樂崩」的危機時，儒家的「維新」路線為它提供了一個最容易適應的變革方式。相反地，墨家否定禮樂的激烈態度則與此傳統最為格格不入。

86 見張光直，「殷商文明起源研究上的一個關鍵問題」，《沈剛伯先生八秩榮慶論文集》（臺北聯經出版事業公司，一九七六）；殷瑋璋，「二里頭文化探討」，《考古》，一九七八，一月；鄒衡，「鄭州商城即湯都亳說」，《文物》，一九七八，二月。最近報導，陝西周原地區發現了周初甲骨共一萬七千餘片。其中有一片卜甲，記述了周文王祭祀文武帝乙（紂之父）的事；另一卜甲記求佑於太甲。其他尚有「殷王田」，「成唐（湯）」等文字，當在武王克商之前。這一重要發現更加強了「周因於殷禮」的斷案。見陝西周原考古隊，「陝西岐山鳳雛村發現周初甲骨文」，《文物》，一九七九年，第十期，頁三八——四二。

所以在先秦諸子之中，儒、墨雖一度並號「顯學」，但在長程的競爭之下儒家終於取得「正統」的待遇，而墨家卻被擯於「異端」之列了[87]。

五　「士志於道」——兼論「道」的中國特性

「哲學的突破」造成王官之學散爲百家的局面。從此中國知識階層便以「道」的承擔者自居，而官師治教遂分歧而不可復合。先秦諸學派無論思想怎樣不同，但在表現以道自任的精神這一點上是完全一致的。章學誠說得最清楚：

> 蓋官師治教合，而天下聰明範於一，故卽器存道，而人心無越思；官師治教分，而聰明才智不入於範圍，則一陰一陽入於受性之偏，而各以所見爲固然，亦勢也。夫禮司樂職，各守專官，雖有離婁之明、師曠之聰，不能不赴範而就律也。今云官守失傳，而吾以道德明其教，則人人皆自以爲道德矣。故夫子述而不作，而表章六藝，以存周公之舊典也，不敢舍器而言道也。而諸子紛紛則已言道矣……皆自以爲至極，而思以其道易天

87　Weber 說古代宗教與哲學「突破」運動往往起於社會身份較高的知識階層。但墨子起於下層社會，自稱「賤人」（見《墨子閒詁》卷十二「貴義」篇，萬有文庫本，第三冊，頁二三）。而「天下」篇復說墨子「其道不與先王同，毀古之禮樂」。（《莊子集解》頁九七）則其教在當時統治者眼中或較儒家為激烈而具危險性。此或亦墨流不能大暢之一端也。

下者也[88]。

章氏站在儒家的立場上特別偏袒孔子，說「夫子述而不作」，「不敢舍器而言道」。其實孔子也是喜歡「言道」的，和其他諸子並無顯著的分別。我們在這裏可以看到，中國歷史上的「道統」觀念遠在古代「哲學的分裂」之際已露其端倪，雖則當時尚沒有「道統」這個名詞。

知識份子以道自任的精神在儒家表現的最爲強烈。孔子說：

> 篤信善學，守死善道。危邦不入，亂邦不居。天下有道則見，無道則隱。邦有道貧且賤焉，恥也；邦無道，富且貴焉，恥也。（《論語》「泰伯」）

這番話當然是以士爲對象而說的，因爲他在別的場合還說過：

> 士志於道，而恥惡衣惡食者，未足與議也。（同上「里仁」）
>
> 士而懷居，不足以爲士矣。（同上「憲問」）
>
> 君子謀道不謀食。耕也，餒在其中矣；學也，祿在其中矣。君子憂道不憂貧。（同上「衛靈公」）

這些說法意思都相通，都是在強調士的價值取向必須以「道」爲最後的依據。所以中國知識階層剛剛出現在歷史舞臺上的時候，孔子便已努力給它貫注一種理想主義的精神，要求它的每一個分子——士——都能超越他自己個體的和羣體的利害得失，而發展對整個社會的深厚關懷。這是一

88 章學誠，《文史通義》（古籍出版社，一九五六）「原道」中，頁四〇。

種近乎宗教信仰的精神[89]。後來的士是否都能作到這一點當然是另外的問題，但由於孔子恰處在士階層興起的歷史關頭，他對這一階層的性格形成的影響，是不容忽視的。他的弟子曾參便曾發揚師教，對「士志於道」的精神從正面加以闡釋。他說：

> 士不可以不弘毅，任重而道遠。仁以為己任，不亦重乎？死而後已，不亦遠乎？（《論語》「泰伯」）

宋儒「曾子傳道」之說，雖不足採信，但他們之所以爲此說則正是根據上引曾子這一類的議論[90]。

儒家的理想主義到了孟子的手上更獲得進一步的發展。孟子把士與道的關係扣得更緊密。他說：

> 天下有道，以道殉身；天下無道，以身殉道。未聞以道殉乎人者也。（《孟子》「盡心」上）

舊題孫奭疏云：「《論語》云：天下有道則見，無道則隱，同意」[91]。疏語大體不誤，但孟子的說法似乎比《論語》原文更爲積極了。孟子論士和道的關係見於下面一節文字：

---

89 Richard Hofstadter, *Anti-intellectualism in American Life* (New York: Vintage, 1963) pp. 27-29.

90 朱子注《論語》「先進」篇「從我於陳、蔡者」章，引程子云：「四科乃從夫子於陳、蔡者耳。門人之賢者固不止此。曾子傳道而不與焉，故知十哲，世俗論也」。（卷六，頁七五）可見是以曾參為傳孔子之道者也。

91 十三經注疏本，卷十三，頁一一下；劉寶楠，《論語正義》（萬有文庫本，第二冊，頁六九）卽從此說。按：《朱子集注》解「以身殉道」之「殉」為「殉葬之殉，以死隨物之名」（頁一九三），恐未審，但表示宋代理學家陳義之高。趙岐注「殉」為「從」，當為正解。此章有三「殉」字，不當「以人殉道」之「殉」字獨訓為「以死隨物」也。朱子此處也可能受到《論語》「守死善道」（「泰伯」）一章的暗示。從來注經家皆解「守死」為「以死殉道」之意。其實從下文來看，「守死」似是教人不輕死，卽守住死，故曰：「危邦不入，亂邦不居」，而下一句「有道則見，無道則隱」則正是說「善道」也。

> 王子墊問曰：「士何事？」孟子曰：「尚志。」曰：「何謂尚志？」曰：「仁義而已矣。殺一無罪，非仁也；非其有而取之，非義也。居惡在？仁是也；路惡在？義是也。居仁由義，大人之事備矣。」（同上）

這番話也是對上引孔子「士志於道」章及「述而」篇「志於道」一語作更細密的發揮[92]。仁義為儒家之道，故志於仁義卽是志於道。

孟子既扣緊孔子士與道合一之敎，因此對於士的進退出處的大節，所論亦益能入細。他說：

> 故士窮不失義，達不離道。窮不失義故士得己焉；達不離道，故民不失望焉。古之人，得志，澤加於民；不得志，修身見於世。窮則獨善其身，達則兼善天下。（「盡心」上）

士能不論窮達都以道為依歸，則自然發展出一種尊嚴感，而不為權勢所屈。所以他說：

> 古之賢王好善而忘勢，古之賢士何獨不然？樂其道而忘人之勢，故王公不致敬盡禮，則不得亟見之。見且由不得亟，而況得而臣之乎？（同上）

孟子在這裡已正式揭出道尊於勢的觀念，後來理學家講理尊於勢便是繼承了孟子的精神[93]。孟子

---

92 參看楊樹達，《論語疏證》（科學出版社，一九五五）卷七，頁一一〇—一一一。

93 明儒呂坤云：「故天地間惟理與勢為最尊。雖然，理又尊之尊也。廟堂之上言理，則天子不得以勢相奪。卽奪焉，而理則常伸于天下萬世。故勢者，帝王之權也；理者，聖人之權也。帝王無聖人之理則其權有時而屈。然則理也者，又勢之所恃以為存亡者也。以莫大之權，無僭竊之禁，此儒者之所不辭，而敢于任斯道之南面也。」見明呂坤《呻吟語全集》（臺北，俟象麟重印本，一九七五）卷一之四，頁一二上。按：呂氏之說，不但說明了「勢」何以需要「道」，而且更點破了兩千年來中國「道」與「勢」之間的緊張之源。明、清兩代為君主專制的極盛時代，亦是「道」屈於「勢」的時代，呂氏之說蓋有其時代背景。此後清代之專制因異族入主而益甚，故清儒自乾隆、嘉慶以下不但不復能作斯語，抑且不敢聞此論。高明如焦循，在其「理說」一文中卽曾引呂氏之文而痛斥之，以其大逆不道也。（見《雕菰集》卷十，頁一五上。蘇州文學山房印本。）

所謂「古之賢士」其實也並不甚古，因爲這種以道自任的士是「哲學的突破」和知識階層興起以後的新人物。古代封建制度之下的「士」大抵都是「有職之人」，豈能有所謂王公「不得而臣」之事哉！[94]

在「仕」的問題上，孔子已強調知識份子所當考慮的乃是「道」的得失而不是個人的利害。此即所謂「謀道不謀食」，「憂道不憂貧」。下逮孟子之世，仕的問題更爲普遍而迫切，因此孟子對於士的去就便定下了一套明白而具體的規範。在答覆「古之君子何如則仕」的問題時，他說：

> 所就三，所去三。迎之致敬以有禮，言將行其言也，則就之。禮貌未衰，言弗行也，則去之。其次，雖未行其言也，迎之致敬以有禮，則就之。禮貌衰，則去之。其下，朝不食，夕不食，饑餓不能出門戶，君聞之，曰：「吾大者不能行其道，又不能從其言也，使饑餓於我土地，吾恥之。」周之，亦可受也，免死而已矣。（「告子」下）

事實上，孟子最注重的祇是第一項的去就，即「致敬有禮，將行其言」與否。第二項已經是面對當時的現實，在原則上打了折扣，不過仍希望保住士的起碼尊嚴罷了。至於最後一項則根本談不上「就」。接受君主的暫時周濟，以免於餓死，終究還是要「去」的。所以顧炎武解釋此句：

---

94 趙岐注「不得而臣之」句引伯夷、伊尹及「作者七人」為例，恐未必是孟子心目中的「古之賢士」。按：「萬章」下兩言及魯繆公與子思之關係，均與「盡心」篇此章符合，此或即「古之賢王」與「古之賢士」之所指。至於「不得而見之」句，孟子論及段干木、泄柳兩人，即說「古者為臣不見」。（「滕文公」下），皆可證。詳見本文「君主禮賢下之不治而議論」一節。

免死而已矣，亦則不久而去矣。故曰：所去三。[95]

孟子是一個樂觀而積極的人，他對新興的士階層的理想主義抱有極大的信念。他毫不遲疑地說：

無恒產而有恒心者，唯士爲能。（「梁惠王」上）

我們知道，「恒」是孔子所非常重視的一種德性，因爲它是很難得的，故說：「得見有恒者，斯可矣。」（《論語》「述而」）又說：「南人有言曰：『人而無恒，不可以作巫醫』，善夫！」（「子路」）現在孟子則認爲祇有士可以擺脫個人經濟基礎的限定而發展他的「恒心」。這可以看到孟子對當時新興的士階層的期待之高。孟子的看法並不是沒有根據的，近代社會學家也曾指出，由於知識階層不屬於任何一個特定的經濟階級，因此它始能獨持其「思想上的信念」（"intellectual convictions"）[96]。這一「思想上的信念」之說正好是孟子所謂「恒心」的現代詮釋。

荀子是先秦儒家的最後一位大師，讓我們看看他對士與道的問題的意見。首先必須指出，在荀子的時代，儒家與其他各派在政治上的競爭已達到白熱化的程度，因此他之推崇儒家與排斥諸子，也是着眼於現實政治，而與孟子之僅在思想層次上距楊、墨者有所不同。他在「解蔽」篇中批評了各家皆「蔽於一曲」之後，獨許孔子爲得「道」之全。其言曰：

95 《日知錄》卷七「所去三」條，第三冊，頁五一。其他孟子有關「仕」之議論，見「公孫丑」下「孟子去齊」章，「滕文公」下答彭更之問，「萬章」下「仕非為貧」及「士之不託諸侯」兩章。

96 Karl Mannheim. *Ideology and Utopia*, p. 159.

孔子仁知且不蔽，故學亂術足以爲先王者也。一家得周道，舉而用之，不蔽於成積也。故德與周公齊，名與三王竝，此不蔽之福也[97]。

然則孔子之「道」的功用如何呢？他說：

曰心知道，然後可道。可道然後能守道以禁非道。以其可道之心取人，則合於道人而不合於不道之人矣。以其可道之心與道人論非道，治之要也[98]。

可證荀子論「道」歸之於「治」，並且主張在政治上「禁非道」，即孔子以外之各種「道」。荀子希望用儒家之道來壟斷政治，其意又見於「儒效」篇。「儒效」篇說：

聖人也者，道之管也，天下之道管是矣，百王之道一是矣；故詩、書、禮、樂之歸是矣。……天下之道畢是矣。鄉是者臧，倍是者亡。鄉是如不臧，倍是如不亡者，自古及今，未嘗有也[99]。

楊倞注此段，說「是」皆謂「儒」也，是不錯的。「儒效」篇的主旨是要說明「儒者在本朝則美政，在下位則美俗」。由於荀子處在大一統政府建立的前夕，知識份子多少已感到政治上的低氣壓，所以荀子對「道尊於勢」的觀念似不及孟子所持之堅。但他並沒有喪失儒家的基本立場，故仍以儒者之所以可貴即在於其所持之道。更重要的，他雖偶有敷衍世主的尊君之說，然論及君臣

97 王先謙，《荀子集解》（萬有文庫本）第四册，頁六。按：「故學亂術」之「亂」字，王氏引郝懿行曰：「亂者，治也；學治天下之術。亂之一字包治亂二義」。此即錢鍾書所謂一字之「背出分訓」也，見《管錐編》（中華書局，一九七九年）第一册，頁二。

98 同上，頁六—七。王氏引俞樾說，謂開首「曰心知道」之「曰」是衍字。

99 同上，第二册，頁四〇—四一。

關係卻一再強調「從道不從君」的原則[100]。這仍然可以看作是「道尊於勢」的觀念在一種新的政治形勢之下的委婉表現。

荀子對於士當以道自任與自重一點，也依然守住了儒家傳統。「大略」篇有云：

> 古之賢人，賤為布衣，貧為匹夫。食則饘粥不足，衣則豎褐不完。然而非禮不進，非義不受。……子夏貧，衣若縣鶉。人曰：「子何不仕？」曰：「諸侯之驕我者，吾不為臣；大夫之驕我者，吾不復見[101]」。

「大略」篇是弟子雜錄荀子之語，則荀子平時的持論可想而知。「堯問」篇則借周公之口曰：

> 夫仰祿之士，猶可驕也，正身之士不可驕也。彼正身之士舍貴而為賤，舍富而為貧，舍佚而為勞，顏色黎黑而不失其所。是以天下之紀不息，文章不廢也[102]。

楊倞注云：「賴守道之士不苟徇人，故得綱紀文章常存也。」更可見荀子於士與道不可須臾離之義，守之甚嚴。

---

100 見「臣道」篇（《集解》第三冊，頁一五）及「子道」篇（第四冊，頁九〇）。按：荀子立論稍異孔子，乃由於時勢不同。荀門弟子已言及之，「堯問」篇末略曰：「為說者曰：孫卿不及孔子。是不然。孫卿迫於亂世，鰌於嚴刑；上無賢主，下遇暴秦；禮義不行，教化不成。仁者絀約。天下冥冥，行全刺之，諸侯大傾。當是時也，知者不得慮，能者不得治，賢者不得使。故君上蔽而無覩，賢人距而不受。然則孫卿懷將聖之心，蒙佯狂之色，視（示？）天下以愚。詩曰：既明且哲，以保其身，此之謂也」。（《集解》第四冊，頁一〇六）論荀子的政治思想者不可不注意其「明哲保身」之一面。

101 《集解》第四冊，頁八〇。

102 同上，頁一〇五。

王侯不得驕士之說，在戰國晚期甚爲流行，大概是當時游士極力宣傳以自抬身價的結果[103]。這裏特別值得注意的是荀子把士分爲「仰祿之士」與「正身之士」兩類，並說王侯不妨對前者驕傲。這是士階層高度分化的一種反映。士階層的分化可以說是自始卽然，早在孟子的時代已有「與民並耕而食」的許行（「滕文公」上），也有以「以順爲正、妾婦之道」的公孫衍和張儀。（「滕文公」下）但到了荀子之世，不講原則而一意獵取富貴的游士在數量上更是龐大了[104]。荀子所謂「仰祿之士」正是指着這種人而言的。因此孟子尚籠統地講「士」，而荀子卻不能不對「士」作進一步的劃分。王先謙曾正確地指出，荀子之書分士、君子、聖人爲三等，「修身」、「非相」、「儒效」、「哀公」諸篇都足爲證[105]。換句話說，根據荀子對知識份子的分類系統，「士」乃是最低的一級。故普通的「士」尚不足以盡「道」[106]。足以擔當「道」者必須是「君子」或「士君子」[107]。「致士」篇說：

103 《史記》「魏世家」中有一個最有名的故事，卽田子方對文侯太子擊所說的貧賤者驕人，富貴者不能驕人一段話，見《史記會注考證》卷四四，頁七—八。瀧川氏考證曰：事又見《韓詩外傳》九，《說苑》「尊賢」篇。其流傳之廣可知。

104 戰國晚世，士之人數激增，見下文「私門養客」節中。《荀子》「堯問」篇載周公得三士於千有餘人之中，這個故事自然是戰國末期的產品。王安石以此痛斥荀子之好妄，責其「生於亂世，而遂以亂世之事量聖人」。（見「周公」篇，《臨川先生文集》，中華書局，一九五九，卷六四，頁六七七—六七八）足見荊公亦以此故事反映戰國晚世的士風。

105 王先謙注見「勸學」篇「始乎為士，終乎為聖人」句下，《集解》第一冊，頁七。

106 因此他假孔子之口，說：「所謂士者，雖不能盡道術，必有率也」。（見「哀公」篇，《集解》第四冊，頁九七）。

107 「士君子」一詞見「修身」篇（第一冊，頁一七）及「子道」篇，（第四冊，頁九七）按：此名詞墨子常用之，幾為墨家之專利品。

> 無土則人不安居，無人則土不守，無道法則人不至，無君子則道不舉。故土之與人也，道之與法也者，國家之本作也；君子也者，道法之總要也，不可少頃曠也。得之則治，失之則亂；得之則安，失之則危；得之則存，失之則亡。故有良法而亂者，有之矣，有君子而亂者，自古及今，未嘗聞也[108]。

我們試把此處「君子也者，道法之總要」之語和「儒效」篇「聖人也者，道之管」一段連繫起來看，便可知荀子所謂「君子」決非一般的知識份子，而是特指有學問、有修養的「儒士」。總之，由於所處的時勢不同，荀子筆下之「士」，其流品已甚雜，不可與孔子所言「士志於道」之「士」等量齊觀，祇有荀子所說的「君子」或「士君子」才與孔、孟所稱道的「士」約略相當。明乎此義而反求之荀子之書，則可知荀子仍守孔子「士志於道」之見而未變。所不同者，荀子之世，儒家因與其他學派在政治上的爭持正烈，故「士志於道」的觀念也相應而變得高度地政治化了。

以上我們通過儒家的文獻對古代士階層的行爲規範作了一個大體的勾劃。我們這樣做，一方面固然是因爲孔子及其門徒對中國士階層的性格的形成，影響較大，另一方面，則是因爲受了資料本身的限制——古代儒家的著作保存得比其他學派都完備。但上述的行爲規範卻不是儒家的專利品，它可以一般地適用於當時新興的士階層。墨子的若干議論便足以證實這一點。

墨子是主張「尙同」的，即要人人上以天子之是非爲是非，因爲唯有天子「壹同天下之義」

108 《集解》第三冊，頁二一一—二一二。

之後，天下才能大治。[109] 依照這個理論，則「道」與「勢」必須是合一的，因而自不能容許儒家那種「道」、「勢」兩分的說法，更不必說什麼「道尊於勢」了。但此在墨子亦不過是就究極之義言之，墨子並不承認當時實際上已有一位「壹同天下之義」的天子。所以，「尙同」說和孔子所謂「天下有道，則庶人不議」最多也不過是程度上的不同而已。認眞地說，在墨子的心目中，祇有接受了他所承繼的「先王之道」的「天子」才有資格「壹同天下之義」。在這位「天子」不曾出現以前，墨子和孔子一樣，是把「道」承擔在自己的身上的。「尙同」下說：

> 天下之所以治者，何也？唯而以尙同一義爲政故也。天下旣已治，天子又總天下之義，以尙同於天。故當尙同之爲說也，尙用之天子，可以治天下矣；中用之諸侯，可而治其國矣；小用之家君，可而治其家矣。是故大用之，治天下不窕；小用之，治一國一家而不橫。（按：孫詒讓注：「窕，不滿也；橫，充塞也。」）若道之謂也。……意獨子墨子有此，而先王無此其有邪？（孫詒讓曰：「疑當作『無有此邪』，『其』字衍。」）則亦然也。聖王皆以尙同爲政，故天下治。何以知其然也？於先王之書也[110]。

這段話最足以證明墨子的「尙同」之道本是他所「獨有」，不過他托古於「先王」而已[111]。

---

109 孫詒讓，《墨子閒詁》第一册，頁四五—四六。

110 同上，頁五八。

111 汪中嘗辨墨子之道乃自創，不出於禹，曰：「墨子質實，未嘗援人以自重，其則古昔，稱先王，言堯、舜、禹、湯、文、武者六，言禹、湯、文、武者四，言文王者三，而未嘗專及禹。」（「墨子後序」，見《述學》內篇卷三，頁一八。四部叢刊初編縮本）。墨子未嘗專及禹，或如汪氏所說，但「未嘗援人以自重」，則可商。此條言「尙同」，卽明引先王之言以自重也。

墨子另一有名的理論是「尚賢」。其實「尚賢」卽是「尚士」，「賢」與「士」在《墨子》可以互訓。故「親士」篇開宗明義卽云：

> 入國而不存其士，則亡國矣；見賢而不急，則緩其君矣。非賢無急，非士無與慮國。緩賢忘士，而能以其國存者，未曾有也[112]。

怎樣才能得賢士呢？什麼樣的人才配稱作賢士呢？墨子說：

> 譬若欲衆其國之善射御之士者，必將富之、貴之、敬之、譽之，然后國之善射御之士將可得而衆也。況又有賢良之士，厚乎德行，辯乎言談，博乎道術者乎？此固國家之珍，而社稷之佐也。亦必且富之、貴之、敬之、譽之，然后國之良士亦將可得而衆也[113]。

可知得賢之道便是在政治上重用他們，而所謂「賢」便是有道德、學問、技能的人才，也就是當時新興的士。

墨子主張士人大量地參政，其着眼點也在於「道」的實現，固與儒家立場相去不遠。所以他說：

> 故士者所以爲輔相承嗣也。（按：據孫詒讓引孔廣森云：「承，丞也」。）故得士則謀

---

112 《墨子閒詁》卷一，第一冊，頁一。孫詒讓云：「此篇所論大抵『尚賢』篇之餘義，亦似不當為第一篇，後人因其持論尚正，與儒言相近，遂擧以冠首耳。以馬總《意林》所引校之，則唐以前已如此矣」。所論可備參考。大體言之，儒、墨兩家重士之意並無大異。「親士」篇列為卷首既在唐以前已然，則或卽戰國晚期士氣高漲時代墨門弟子編纂《墨子》書所訂之次序。

113 同上，卷二「尚賢」上，第一冊，頁二五—二六。

> 不困，體不勞。名立而功成，美章而惡不生，則由得士也。是故子墨子言曰：得意，賢士不可不舉，不得意，賢士不可不舉。尚欲祖述堯、舜、禹、湯之道，將不可以不尚賢。夫尚賢者，政之本也[114]。

士既爲道的承擔者，則士之進退出處亦不可不慎。儒、墨兩家在這種大關鍵上並不是背道而馳的。《墨子》中「脩身」與「貴義」兩篇便是針對士的立身處世而發的。「貴義」篇云：

> 子墨子曰：世之君子，欲其義之成，而助之修其身則慍，是猶欲其墻之成，而人助之築，則慍也。豈不悖哉！子墨子曰：古之聖王，欲傳其道於後世，是故書之竹帛、鏤之金石，傳遺後世子孫，欲後世子孫法之也。今聞先王之遺（按：「道」之誤）而不爲，是廢先王之傳也[115]。

同篇並記載了一個很有意義的故事：

> 子墨子仕人於衞。所仕者至而反。子墨子曰：何故反？對曰：與我言而不當。（孫詒讓云：「當」疑作「審」）曰：待女以千盆，授我五百盆，故去之也。子墨子曰：授子過千盆，則子去之乎？對曰：不去。子墨子曰：然則非爲不審也，爲其寡也[116]。

這個故事也許是後起的，但至少表示墨家主張士之仕當以義爲根據，不當爭待遇之多寡。這和孟

---

114 同上，頁二八。

115 同上，卷十二，第三冊，頁二五。

116 同上，頁二六—二七。

子論去就，義相足而不相悖。「公孟」篇也有一個故事說：

有遊於子墨子之門者，身體強良，思慮徇通。欲使隨而學子墨子曰：姑學乎，吾將仕子。勸於善言。而學其年，（「其」卽「期」字）而責仕於子墨子。子墨子曰：不仕子。……今子爲義，我亦爲義。豈獨我義也哉，子不學則人將笑子。故勸子於學[117]。

這正與孔子所謂「三年學，不志於穀，不易得也。」（《論語》「泰伯」）如出一轍。儒、墨兩家先後興起，導夫諸子之先路，所言之「道」不同，而所表現「士志於道」的精神則一。這是很可玩味的。

如上所陳，先秦的士以「道」自任而他們之受到時君的尊重主要也是由於他們所代表的「道」（參看下文）。因此我們現在必須追問，他們的「道」，從比較文化史的觀點看，究竟具有何種特性？我們強調「比較文化史的觀點」，是因爲就本文的宗旨說，我們對先秦諸家之「道」毋須分求其異，但當總觀其同，以凸顯其與其他古代文化中之「道」的分歧所在。中國知識階層的特殊性格，以及中國思想進程所採取的獨特路向，都多少可以由此而獲得說明。

由於中國古代「哲學的突破」是以「王官之學」爲其背景，而且「突破」的方式又復極爲溫和，因此諸家論「道」都強調其歷史性，卽與以往的文化傳統之間的密切聯繫。《韓非子》「顯學」篇云：

世之顯學，儒、墨也。……孔子、墨子俱道堯、舜，而取舍不同，皆自謂眞堯、舜。

---

117 同上，頁三五—三六。

堯、舜不復生，將誰使定儒、墨之誠乎[118]？

儒、墨兩家最先起，而皆自溯其「道」至遠古[119]。這一點最可表示儒、墨在「王官之學」解體之後，極力要爭取「道統」上的正宗地位。他們並不承認「道」是他們創建的，換言之，他們的「道」都是「法先王」而來的[120]。不但先起的儒、墨兩家如此，其他各家之「道」也無不強調其歷史性。《淮南子》「脩務」篇說：

世俗之人多尊古而賤今，故爲道者必託之於神農、黃帝，而後能入說。亂世闇主，高遠其所從來，因而貴之[121]。

《淮南子》之說一方面指出諸家之「道」皆「托古」以爭正統，另一方面，更透露出戰國君主重

---

118 陳奇猷，《韓非子集釋》，下冊，頁一〇八〇。

119 按：《墨子》「公孟」篇，墨子謂儒者公孟曰：「且子法周而未法夏也，子之古非古也」。畢沅注云「墨氏之學出于夏」。（《閒詁》第三冊，頁三一）。又《淮南子》「要略」云：「墨子學儒者之業，受孔子之術，以為其禮煩擾而不說，厚葬靡財而貧民，（久）服傷生而害事，故背周道而用夏政」。（劉文典，《淮南鴻烈集解》，臺灣商務印書館，一九七五，卷二十一，頁八上—下）。近代學人本此諸條，謂儒道出于周，墨道出于夏。由此言之，孔、墨似非「俱道堯、舜」。其實韓非所言堯、舜即古代之意，不可拘執以求解也。

120 從這一點看，康有為說諸子「托古」尚微有語病。「托古」有明知非古而故說為古之意，這至少對「述而不作，信而好古」（《論語》「述而」）；按康氏一派則以此八字乃劉歆偽作，竄入《論語》者）的孔子來說，是不恰當的。墨子曾駁儒家「述而不作」之說。（見「非儒」下篇，《閒詁》第二冊，頁六一—六二）但所駁專在器用制作的一方面，這或許與墨子出身下層社會有關。至於「信而好古」，則墨子亦未能盡免。而且墨子說過「祖述堯、舜、禹、湯之道」的話（「尚賢」上），可見在「道」的方面，他仍是「述而不作」。前引汪中論「墨子質實」之說雖未可全信，但墨子「托古」或亦有不自覺的成份。孔子、墨子以後，「托古」已成風氣，則後來諸子誠有如康有為之所論者。

121 劉文典，《淮南鴻烈集解》卷十九，頁一六下。

視諸家之「道」的一個原因便在於它源自古代的傳統。我們有理由相信，戰國時代的各國君主多少都感到需要一套具有歷史淵源的理論（卽所謂「道」）來強化他們的政治權威的合法性。這顯然對當時諸子的「托古」頗具激勵的作用[122]。甚至戰國時一般的游士也都以「托古」爲干祿的手段。漢初的司馬季主說：

> 公見夫談士、辯人乎？慮事定計，必是人也。然不能以一言說人主意，故言必稱先王，語必道上古。慮事實計，飭先王之成功，語其敗害，以恐喜人主之志，以求其欲。多言誇嚴（按：王念孫云「嚴」讀爲「譀」卽「誕」也。），莫大於此矣[123]。

122 我們可以用商鞅說秦孝公的故事來說明這種情形。史載商鞅先說孝公以帝道、王道，皆不售。最後進以霸道，始得孝公之意，商鞅答景監曰：「吾說君以帝王之道，比三代，而君曰：久遠，長不能待。且賢君各及其身顯名天下，安能邑邑待數十百年以成帝王乎？故吾以強國之術說君，君大說之耳。然亦難以比德於殷、周矣。」（《史記會注考證》卷六八，頁四—五）這個故事當然不可全信為事實，不過確能反映戰國游士「托古」的風氣。「比德殷、周」在當時仍是一個具有號召力的口號。至於秦孝公所以不肯接受三代帝王之道，除求霸心切外，尚有其歷史背景。秦處西陲，與春秋以來所謂「諸夏」之國有別，卽不在中國文化主流之內，王官學的傳統不深，故不似東方齊、魯、三晉諸國之易為「古」所動也。

又考「商君列傳」云：「衛鞅曰：治世不一道，便國不法古。故湯武不循古而王，夏、殷不易禮而亡。反古者不可非，而循禮者不足多。孝公曰：善。以衛鞅為左庶長，卒定變法之令」。（頁七）這仍是以夏、商、周三代之道解釋「變法」的合法性，不過逆而用之耳。政治權力與合法性的問題，卽「勢」與「道」的關係，可以說普遍地存在於「哲學突破」後一切古代文化之中，現代比較宗教學的研究往往能給我們以新的啓發。參看 Robert Bellah, "Religious Evolution" 一文，現已收入 William A. Lessa & Evon Z. Vogt 所編 *Reader in Comparative Religion*, (Second Edition, New York, Evanston & London, 1965), 特別是關於 "Historic Religion" 一節的討論，pp. 80-82。

123 《史記會注考證》卷六七，頁九—一〇。

中國古代「道」的歷史性，從比較文化史的觀點看，是非常富有特色的。我們都知道，古代印度人的歷史觀念極淡薄，這和他們把世界視爲「虛幻」的觀念是分不開的。古以色列的「先知運動」一方面突出了「超越的創造主」的觀念，另一方面又將耶和華從一位民族神轉化爲全人類的上帝。這樣一來，以色列一族一地的歷史自然不能在其教義中具有任何意義了。古希臘人對歷史的看法也和中國人大異其趣。整個古希臘思想中便存在着一種「反歷史的傾向」，西方史家之祖希羅多德（Herodotus）的出現，有人甚至詫爲意外[124]。「哲學的突破」給希臘人帶來了追求普遍性規律和永恒性理念的要求，柏拉圖在這一方面尤其具有代表性。[125] 從這個觀點看，歷史現象既是變動不居的又是獨特而無從歸類的，因此沒有研究的價值。亞里斯多德總結古希臘的學術，但卻不曾給史學留下任何地位。在他的眼中，史學的重要性遠在詩學之下[126]。這和中國古代的學術總滙於「史」的情形恰好形成強烈的對照[127]。

中國古代「道」的另一特性，我想稱它爲「人間性」[128]。這裏所謂「人間性」當然也是從比較文化史的觀點來說的。印度和以色列的宗教傳統雖然也離不開世間的問題，但是世間問題在這

124 R. G. Collingwood, *The Idea of History* (Oxford University Press, 1946), pp. 20-21.

125 Henry Bamford Parkes, *Gods and Men, The Origins of Western Culture* (New York, 1959), p.151.

126 Aristotle, *Poetics*, 1451b, 5-8（見 Richard McKeon, ed., *The Basic Works of Aristotle*, New York: Random House, 1941, pp. 1463-4).

127 中國古代的「史」自有特殊的文化歷史涵義，此處但就大體言之。參看劉師培「古學出于史官論」及「補古學出于史官論」兩文，《左盦外集》卷八，《劉申叔先生遺書》（臺北華世出版社影印）第三冊，頁一七二〇——一七二五。

128 「人間性」是現代日本名詞，但《莊子》早有「人間世」之篇。

種傳統中畢竟是以超世間的形態出現的。換句話說，便是「把世間的問題變成神學的問題」[129]。希臘思想在「哲學的突破」的前後曾表現出一定程度的「人間性」，即辯者（Sophists）和蘇格拉底將希臘人的哲學興趣從自然界轉移到人生界。但希臘的哲學傳統究竟是從對自然界的好奇與探索開始的，這一向自然界追求永恒規律的訓練不可避免地影響到思想家對人生問題的處理方式。當他們的目光轉移到人生問題時，他們同樣要在人的內在宇宙中尋找不易之則。這就不免將人生界客觀化而與自然界同成爲科學研究的對象了。因此柏拉圖的倫理學與政治學都是模仿當時的醫學而建立起來的[130]。

相形之下，中國古代之「道」，比較能夠擺脫宗教和宇宙論的糾纏。中國沒有古希臘那種追究宇宙起源的思辯傳統。孔子以前中國有講吉凶禍福的「天道」觀[131]，那是一種原始的宗教思想。但是這個天道觀在「哲學的突破」前夕已經動搖了。《左傳》昭公十八年（公元前五二三年）載：

裨竈曰：不用吾言（按：指欲用瓘斝禳火。）鄭又將火。鄭人請用之，子產不可。……

---

129 K. Marx, "On the Jewish Question," in *The Early Texts*, ed. D. McLellan (Oxford, 1971), p. 91.

130 參看 Werner Jaeger, *Paideia: The Ideals of Greek Culture*, vol. 1 (Oxford University Press, 1945), pp. 152-153。據 Jaeger 的看法，如果我們不把希臘思想限於自然哲學之一隅，而擴大視界至文學、政治、倫理等領域，則希臘文化並不是只重自然而忽視人生的。關於柏拉圖與當時醫學的關係，見同書 vol. III, pp. 21-26。

131 錢大昕已指出，古書言「天道」皆主吉凶禍福言，與天命之性自是兩事。見《十駕齋養新錄》（國學基本叢書本）卷三，「天道」條，頁四五。關於原始天道觀，可參看郭沫若，「先秦天道觀之進展」，收入《青銅時代》（一九五四版），頁一—六五；池田末利，「天道と天命」，《廣島大學文學部紀要》二八卷一號（一九六八年十二月），頁二四—三九；同書二九卷一號（一九七〇年三月），頁一—一八。

曰：天道遠，人道邇。非所及也，何以知之？竈焉知天道？[132]

這是一個最有名的故事，正可用來說明在中國古代「哲學的突破」的過程中，從「天道」轉向「人道」是一個關鍵性的發展。孔子「未知生，焉知死」的態度便是從這裏濫觴出來的。墨子好言「天志」，這是古代的原始宗教思想。但是我們細讀「天志」三篇，卽可見墨子的注意力仍在人間的「兼愛」，其中並無「天國」的觀念。他不過是假傳統的舊「天道」以加強他的新「人道」而已。後起的道家系統地發展了嶄新的宇宙論[133]，稍有提高「天道」的傾向，故荀子說：「莊子蔽於天而不知人。」（「解蔽」篇）但莊子仍有「人間世」和「應帝王」之作，不但不離乎人間，並且不忘情於政治[134]。所以，全面地看，中國古代之「道」的人間性是非常明顯的。

中國「道」的人間性更有一個特點，卽強調人間秩序的安排。司馬談說得最明白：

夫陰陽、儒、墨、名、法、道德，此務爲治者也[135]。

---

132 《左氏會箋》卷二四，頁二。近人對此事的討論，可看關鋒、林聿時，《春秋哲學史論集》（一九六三年），頁二六二—五。池田末利以爲子產並不否定天道，仍是孔子「敬鬼神而遠之」的意思，其說甚合理。見「春秋合理主義の再檢討—無神論への疑問」，《廣島大學文學部紀要》，二七卷第一號（一九六七年十二月），頁二一一—二二。

133 錢穆，「莊、老的宇宙論」，《莊老通辨》（香港，一九五七），頁一三三—一七九。

134 有人曾懷疑「人間世」是否莊子所作，但論據並不充份。參看關鋒，《莊子內篇的譯解和批判》，（中華書局，一九六一）頁三一四—三一八。嚴復論「人間世」曰：「然而人間不可棄也。有無所逃於天地之間者焉，是又不可以不講，故命曰：人間世。一命一義，而寓諸不得已。是故莊者非出世之學也」。見《侯官嚴氏評點莊子》（臺北藝文印書館影印本，一九七〇）卷一，頁一下眉批。又由於莊子有嚴重的不可知論的傾向，他對宇宙起源問題並不肯窮追到底。故「齊物論」曰：「六合之外，聖人存而不論；六合之內，聖人論而不議」。（《莊子集解》，頁一三）。

135 《史記會注考證》卷一三〇，頁七。

可見先秦諸子，包括講「堅白異同」的名家在內，最後都歸結到治國、平天下之道上去[136]。「道」足以安排人間的秩序，這又是當時的有「道」之士所以受到各國君主的禮遇的另一個重要原因[137]。

六　君主禮賢下的「不治而議論」

現在我們可以接着討論戰國君主禮賢的問題了。戰國君主中最先以禮賢著聞的是魏文侯（公元前四四六——三九五年），同時而稍後則有魯繆

---

136 《漢書》「藝文志」名家「毛公九篇」條下，顏師古注引劉向《別餘》曰：「論堅白同異，以為可以治天下」。《漢書補注》卷三十，頁四二下。

137 這一點又與「道」之歷史性有關聯。戰國、秦、漢以來，思想家論人間秩序的源起，多強調其為古代聖王的「制作」。上自「制禮作樂」下至「觀象制器」都表現出此一中心觀念。在「哲學的突破」的前夕，人間秩序乃「天」所建立的思想尚頗普遍。《左傳》僖十四年師曠曰：「天生民而立之君，使司牧之，勿使失性。有君而為之貳，使師之，勿使過度」。（《左氏會箋》卷十五，頁五七），這仍是古代「天生烝民，有物有則」，（《詩》大雅，「烝民」）「天佑下民，作之君，作之師」（《書》「泰誓」）等觀念的延續。但隨「天道遠，人道邇」而來，安排與維持人間秩序的責任便逐漸移到人的身上，特別是少數聖王。後來儒家尊孔子為「素王」，說他為漢立法，更是這一系思想的最高發展。道家《淮南子》之書亦自詡曰：「若夫劉氏之書，觀天地之象，通古今之事，權事而立制，度形而施宜」。（《淮南鴻烈集解》卷二十一，頁九下—一〇上）這是思想史上一大關鍵性問題，尚待詳細研究。（關於諸子社會國家之起源論的簡單介紹，可看梧軒，「戰國諸子的歷史哲學」，《清華週刊》第三九卷第八期（一九三三年四月），頁七五五—七七八；關於「觀象制器」可看顧頡剛的考證，《古史辨》第二冊，上編，頁四五—六九）。

公(公元前四一五——三八三年)[138]。讓我們考察一下早期禮賢的性質。《史記》「魏世家」說：

> 文侯受子夏經藝，客段干木，過其閭未嘗不軾也。秦嘗欲伐魏。或曰：魏君賢人是禮，國人稱仁，上下和合，未可圖也。文侯由此得譽於諸侯。

「世家」又載李克答翟璜之言曰：

> 且子安得與魏成子比乎？魏成子以食祿千鍾，什九在外，什一在內。是以東得卜子夏、田子方、段干木。此三人者君皆師之。子之所進五人者，君皆臣之。子惡得與魏成子比也[139]。

《呂氏春秋》「下賢」篇云：

> 魏文侯見段干木，立倦而不敢息。反見翟璜踞於堂而與之言。翟璜不說。文侯曰：段干木官之則不肯，祿之則不受。今女欲官則相位，欲祿則上卿。旣受吾實，又責吾禮，無乃難乎？[140]

《淮南子》「脩務訓」云：

> 段干木辭祿而處家，魏文侯過其閭而軾之。其僕曰：君何爲軾？文侯曰：段干木在是，以軾。其僕曰：段干木布衣之士，君軾其閭，不已甚乎？文侯曰：段干木不趨勢利，懷

---

138 年代從錢穆，《先秦諸子繫年》。魏文侯與魯繆公禮賢之詳情，見《繫年》四〇「魏文侯禮賢考」及四八「魯繆公禮賢考」。

139 《史記會注考證》卷四四，頁八——一一。

140 《呂氏春秋》卷十五，頁九五。

君子之道。隱處窮巷，聲施千里。寡人敢勿軾乎？段干木光於德，寡人光於勢；段干木富於義，寡人富於財。勢不若德尊，財不若義高。干木雖以己易寡人不爲。吾日悠悠慚於影，子何以輕之哉！141

必須指出，以上所引幾段材料都出秦漢以下，顯然經過戰國晚期以來游士的潤飾和誇張，所以個別故事的眞實性都値得懷疑。尤其據《呂覽》所言，魏文侯已完全接受了「道尊於勢」之說，這決不是當時信史。但這些材料卻共同透露出一個重要的消息，卽魏文侯對於賢士分爲兩類，而禮遇的方式不同。一類是肯居官受祿之士，如翟璜、李克諸人，他們和文侯是正式的君臣關係。一類是不肯居官受祿之士，如子夏、田子方、段干木三個人，他們和文侯的關係則在師友之間142。這一個大分別在先秦材料中得到印證，則是可信的。《孟子》云：

費惠公曰：吾於子思，則師之矣；吾於顏般，則友之矣；王順、長息，則事我者也。（「萬章」下）143

141 《淮南鴻烈集解》卷十九，頁五下—六上。

142 《呂氏春秋》卷十九「擧難」篇載白圭對孟嘗君之言曰：「文侯師子夏，友田子方，敬段干木，此名之所以過（齊）桓公也。」（頁一四一）則文侯對此三人之禮遇仍微有分別。

143 王應麟謂費惠公之「費」乃「魯季氏之僭」，（萬蔚亭《困學紀聞集註》，臺北中華叢書本，一九六○，卷八上，頁七上）閻若璩，《四書釋地續》「費惠公」條，指出王伯厚同時之金仁山亦有斯說。百詩更博考而證成之，殆可視爲定論。（見《四書釋地》，萬有文庫本，頁五○—五一）惟持異說者尚有毛奇齡，惠士奇諸家。詳見焦循，《孟子正義》所引。（萬有文庫本，第六册，頁二三）。

孟了出於子思學派[144]，此說縱有特別突出子思之嫌，但所言之大體分類絕不可能是嚮壁虛造的。足見戰國時君主與士之關係確有師友與君臣之兩類，雖然其間的分別未必即如記載所言的那樣清楚。

魯繆公禮賢的情形也與魏文侯有相似之處。《孟子》曰：

> 繆公亟見於子思曰：古千乘之國以友士，何如？子思不悅。曰：古之人有言曰：事之云乎，豈曰友之云乎。子思之不悅也，豈不曰：以位，則子君也，我臣也，何敢與君友也；以德，則子事我者也，奚可以與我友。千乘之君求與之友而不可得也，而況可召與？（「萬章」下）

這條記載可分爲兩個部份：前一部份敘述事實，卽魯繆公表示要和子思爲友，而子思不悅，因爲他要以師自居。後一部份君臣、德位之說則是孟子的借題發揮。發揮的部份可以不論，就事實的部份說，好像繆公與子思之間略有衝突。繆公自以爲禮賢下士，故不視子思爲臣，而欲與之友。子思卻並不以此爲足，堅持正師弟之誼。孟子又告訴我們另一個故事：

> 繆公之於子思也，亟問，亟餽鼎肉。子思不悅。於卒也，摽使者出諸大門之外。北面稽首再拜而不受。曰：今而後知君之犬馬畜伋。蓋自是臺無餽也。（「萬章」下）

---

144 《史記》謂孟子「受業子思之門人」，而趙岐則謂孟子親師子思。故王劭以《史記》「人」字為衍文。崔東壁，《孟子事實錄》卷上推斷孟子與子思年不相及，必無受業子思之事。崔氏更據《孟子》「予未得為孔子徒也，予私淑諸人也」語，謂孟子之學恐不僅得之一人。其說良是。（《崔東壁遺書》本，頁四）故本文所引孟子論子思之事數則，亦不宜以門戶之私視之。

趙岐注有云：

從是之後，臺不持餽來，繆公慍也。慍，恨也。[145]

更可知這兩個人之間確因師友之爭而發生了裂痕。《漢書》「藝文志」在「子思二十三篇」條下注道：

名伋，孔子孫，爲魯繆公師。[146]

則後世儒家相傳，仍堅持子思爲魯繆公之師。更有趣者，淳于髡說：

魯繆公之時，公儀子爲政，子柳、子思爲臣。（《孟子》「告子」下）

而趙岐注云：

魯繆公時，公儀休爲執政之卿。子柳，泄柳也；子思，孔伋也。二人爲師傅之臣。

趙岐用「師傅之臣」來注原文的「臣」字，是增字解經的典型例證。但可見子思爲魯繆公師之說，在漢儒已成爲定案了。孟子又嘗說：

古者不爲臣，不見。段干木踰垣而辟之；泄柳閉門而不內。是皆已甚。迫，斯可以見矣。（「滕文公」下）

趙岐注曰：

---

145 按：阮元於「慍，恨也」之下云：「觀此三字，似經文有奪」。見《孟子注疏》（十三經注疏本）卷十下，「校勘記」，頁二下。

146 《漢書補注》卷二十，頁二七下。

孟子言魏文侯、魯繆公有好義之心，而此二人距之太甚。迫窄則可以見之。

則魯繆公禮賢與魏文侯齊名，大概不是完全沒有事實的根據。所可惜者，由於史料殘闕，又復經後人潤飾，眞相已難恢復。據上引資料推斷，魯繆公至少對子思、泄柳採取了一種「友而不臣」的態度。至於子思等在魯繆公之朝究竟發揮了何種「士」的功能，現在已無從知道了[147]。

子思以後，士階層高自位置的風氣愈烈，於是出現了絕不肯與政治權威妥協的一類人物，如齊國的陳仲便是最好的榜樣。《戰國策》「齊策」記趙威后對齊使之言曰：

> 於陵子仲尚存乎？其爲人也，上不臣於王，下不治其家，中不索交諸侯。此率民而出於無用者，何爲至今不殺乎？[148]

孟子與陳仲同時，曾稱許他爲齊國之士的「巨擘」，但反對他的激烈思想[149]。這種上不臣于王、中不友于諸侯的極端知識份子在當時統治者的眼中已具有政治上的高度危害性，以致使趙威后動

---

147 《孔叢子》中頗多子思與魯繆公之記載，且謂繆公欲相子思。（四部叢刊初編縮本，卷三，頁三一）但其書殆王肅僞造，不足採信。（見羅根澤，《諸子考索》，頁五三〇—五三五）唯卷二「居衛」篇云：「曾子謂子思曰：昔者長從夫子遊於諸侯，夫子未嘗失人臣之禮，而猶聖道不行。今吾觀子有傲世之心，無乃不容乎？子思曰：時移世異，各有宜也。當吾先君，周制雖毀，君臣固位，上下相持若一體然。夫欲行其道，不執禮以求之，則不能入也。今天下諸侯方欲力爭，競招英雄，以自輔翼。此乃得士則昌，失士則亡之秋也。伋於此時不自高，人將下吾；不自責，人將賤吾。舜、禹揖讓，湯、武用師，非故相詭，乃各時也」。（頁二一—二二）這段話，若不視之為史料，而視為後人治史所得之論斷，則最能說明士階層處境之先後不同。錢賓四師特別注意到這段文字，洵為巨眼。（見《先秦諸子繫年》上冊，頁一五七）。

148 《戰國策校注》卷四，頁一〇四。

149 見《孟子》「滕文公」下。詳見《先秦諸子繫年》下冊，頁四五九—四六〇。

了殺心。其情況又遠較魯繆公對子思之僅止於「慍」爲嚴重了。

士階層中產生了一批以道自負之人，不甘自貶聲價去入仕。溫和者尚自許爲王侯的師友，激烈者則拒斥一切政治權威。這就是公元前四世紀中葉齊國稷下之學興起的一種歷史背景[150]。

《史記》「田敬仲完世家」曰：

> 宣王喜文學游說之士，自如騶衍、淳于髡、田駢、接予、愼到、環淵之徒七十六人，皆賜列第爲上大夫，不治而議論。是以齊稷下學士復盛，且數百千人[151]。

同書「孟子、荀卿列傳」略曰：

> 自騶衍與齊之稷下先生如淳于髡、愼到、環淵、接予、田駢、騶奭之徒，各著書言治亂之事，以干世主……於是齊王嘉之，自如淳于髡以下皆命曰列大夫，爲開第康莊之衢，高門大屋尊寵之。覽天下諸侯賓客，言齊能致天下賢士也[152]。

劉向《新序》「雜事第二」曰：

> 稷下先生喜議政事。鄒忌既爲齊相，稷下先生淳于髡之屬七十二人皆輕忌，以謂設以辭，鄒忌不能及。乃相與往見鄒忌[153]。

---

150 錢賓四師撰「稷下通考」及稷下諸子分考諸篇，均見《諸子繫年》，其所發明最為詳備。

151 《史記會注考證》卷四六，頁三一。

152 同上，卷七四，頁一〇—一二。

153 《新序》（四部叢刊初編縮本）卷二，頁九。按：羅根澤謂《新序》乃劉向時已成之書，非向所作。則其史料價值更高矣。（《諸子考索》，頁五四一）。

《鹽鐵論》「論儒」篇云：

齊宣王褒儒尊學，孟軻、淳于髡之徒受上大夫之祿，不任職而論國事。蓋齊稷下先生千有餘人[154]。

以上有關稷下之學的幾條材料在細節方面彼此頗有出入，但它們在說明稷下先生的功能這一點上卻完全是一致的，即所謂「不治而議論」。《鹽鐵論》「不任職而論國事」一語當然是「不治而議論」的確詁[155]。稷下學宮的出現不但是先秦士階層發展的最高點，而且更是養賢之風的制度化，其意義的重大是無與倫比的。

我們在前面曾看到，在魏文侯和魯繆公時代，「道」與「勢」之間已發生了一種微妙而緊張的關係。魯繆公和子思之間的糾紛尤其是這種關係的具體說明。下逮齊宣王之世，各國競爭益烈而士之氣燄也愈張。世主既不能屈賢士爲「臣」，又不能和他們永遠維持一種無形式而不確定的「師友」關係。稷下先生之制便是適應這種形勢而創設的。「游稷下者稱學士，其前輩稱先生」[156]。這正是齊王表示待他們以「不臣之位」之意。「孟、荀列傳」又稱「自如淳于髡以下皆

154 《鹽鐵論》（四部叢刊初編縮本）卷二，頁一八。

155 清儒黃式三曰：「不治而議論，客卿之例如此，孟子所謂無官守，無言責也」。（《史記會注考證》引，卷四六，頁三一）按：稷下先生之「議論」正是其言責，故是「無官守，有言責」也。又「田敬仲完世家」云：「威王初即位以來，不治，委政卿大夫。九年之間諸侯並伐，國人不治」。《會注考證》引張文虎，謂前「不治」兩字涉下而衍，（頁一九）其實「不治」即不問事之意，並非衍文。「滑稽列傳」說齊威王「沈湎不治」，可證。（同上，卷一二六，頁二）。

156 《先秦諸子繫年》，頁二三三。

命曰：「列大夫」。列與例通，其義爲比，是說稷下先生爵比大夫。故同傳又謂淳于髡「終身不仕」[157]。稷下先生不算入仕，尙可以田駢爲證。《戰國策》云：

> 齊人見田駢（注：齊處士。）曰：聞先生高議（義），設爲不宦，而願爲役。田駢曰：子何聞之？對曰：臣聞之鄰人之女。田駢曰：何謂也？臣鄰人之女設爲不嫁，行年三十而有七子。不嫁則不嫁，然嫁過畢矣。今先生設爲不宦，訾養千鍾，徒百人。不宦則然矣，而富過畢矣。田子辭。[158]。

這個故事本身是否可信，是另一問題。但田駢明是稷下先生而齊人說他「不宦」，則列大夫和齊王的關係不是君臣，而在師友之間，從此可知矣。

稷下先生「不治」、「不任職」，卽不在官僚系統之中，所以依然能保持「士」的身份。這可以看出當時的士已發展了羣體的自覺，而道尊於勢的觀點也相當的普遍了[159]。但同樣值得重視的則是稷下先生的「議論」。他們的議論當然都是本於自己所持之「道」。由於他們的「道」具有歷史性與人間性（特別是政治性）的特色，他們的議論從來就不是一般性的，而具體地表現爲「言治亂」、「議政事」或「論國事」。

「議論」並不完全相當於現代「討論」、「商議」的意思，其主要涵義近乎我們所說的「批

---

157 胡元儀「郇卿別傳」說「列大夫，言比爵大夫也」，最得其正解。（見《荀子集解考證》下，第一冊，頁一四）瀧川氏《考證》引沈家本謂淳于髡不仕與下文「皆命曰列大夫相抵牾」，此殆沈氏誤解「列大夫」之義。余考《說文》：「例，比也」。段玉裁注曰：「經皆作列。……釋文本作列。蓋古比例字祇作列。（《說文解字注》八上，頁三四

上）《禮記》「服問」篇，「上附下附，列也」。鄭注：「列，等比也」。又曰：「列音例。」（卷十八，頁一〇下）則「列大夫」乃爵比大夫之說，毫無可疑。且「孟、荀傳」後文又云：「齊尚脩列大夫之缺，而荀卿三為祭酒馬」。劉向「荀子敘錄」亦曰：「皆號曰列大夫」，（《荀子集解》第四冊，頁一〇九）故「田齊世家」之「皆賜列第為上大夫」之「上」字轉為誤字，且是單文孤證也。《鹽鐵論》則誤從「世家」，不足據。《戰國策校注》卷四，頁七九—八〇。

我曾指出，春秋戰國時代為士階層表現其羣體自覺之第一次。（見「漢、晋之際士之新自覺與新思潮」《新亞學報》第四卷第一期，一九五九年八月，頁三五）。道尊於勢的觀念卽隨士之羣體自覺而出現。宰我說「夫子賢於堯、舜」，子貢說「自生民以來未有夫子」（見《孟子》「公孫丑」上），孔門弟子把老師推崇在堯、舜之上，正是表示他們所代表的「道」高於時君所擁有的「勢」。把這個觀念推至其邏輯的結論，便會說祇有孔子才配為「天子」了。《墨子》「公孟」篇：「公孟子謂子墨子曰：昔者聖王之列也，上聖立為天子，其次立為卿大夫。今孔子博於詩、書，察於禮樂，詳於萬物，若使孔子當聖王，則豈不以孔子為天子哉！子墨子曰：……今子曰：孔子博於詩書，察於禮樂，詳於萬物，而曰可以為天子，是數人之齒，而以為富」。（《墨子閒詁》卷十二，第三冊，頁三一）。孫詒讓疑公孟子或卽公明子高，蓋七十子之弟子（頁二八）。可見這正是「夫子賢於堯、舜」說的思想發展。下逮戰國晚葉，荀子門人稱頌其師，也說他「德若堯、禹，世少知之；方術不用，為人所疑；其知至明，循道正行，是以為紀綱。嗚呼！賢哉！宜為帝王」。（「堯問」篇，《荀子集解》第四冊，頁一〇六—一〇七）。這更是直截了當地說荀子該作「帝王」了。劉向「敘錄」云：「孫卿乃適楚，楚相春申君以為蘭陵令。人或謂春申君，曰：湯以七十里，文王以百里。孫卿賢者也，今與之百里之地，楚其危乎」。（同上，頁一〇九—一一〇）這個故事本不可信（見《先秦諸子繫年》，頁四三一—四三四）。但故事的背景正是因荀子弟子宣傳其師「宜為帝王」而來。故當時各學派大師無不有一羣弟子為他們張聲勢。史言稷下學士數千百人，其中當然包括弟子在內。田駢「貲養千鍾，徒百人」；孟子「後車數十乘，從者數百人」（《孟子》「滕文公」下）齊宣王要為他「養弟子以萬鍾」，都是顯證。墨子更有一個組織嚴密的弟子羣。「以巨子為聖人，皆願為之尸」。（「天下」篇）這些學派的集體活動和團結意識都是士階層自覺的表現，而各以推尊其敎主（師）的方式來表示道尊於勢的觀念。《論語》：「子路問曰：如何斯可謂之士矣？子曰：切切偲偲怡怡如也，可謂士矣。朋友切切偲偲，兄弟怡怡」。（「子路」篇）按：《左傳》：「士有朋友」（《左氏會箋》卷十五，頁五七）孔子之時，百家尚未興起，孔子在這裏是向整個士階層喚起一種團結合作的精神。從以上這些士的羣體自覺的具體表現，以及其中所透露的道尊於勢的意識，我們可以認識到戰國時代，尤其是中晚期道與勢之間的緊張關係。

評」。孔子曰：

天下有道則庶人不議。（《論語》「季氏」篇）

《左傳》襄公三十一年條云：

鄭人游於鄉校，以論執政。然明謂子產曰：毀鄉校如何？子產曰：何爲？夫人朝夕而游焉，以議執政之善否。其所善者吾則行之，其所惡者吾則改之，是吾師也。若之何毀？……仲尼聞是語也，曰：以是觀之人謂子產不仁，吾不信也[160]。

這段話不但使我們確知「議」和「論」都是批評，而且也說明了孔子「庶人不議」一語的歷史背景。孟子說：

聖王不作，諸侯放恣，處士橫議，楊朱、墨翟之言盈天下。（《孟子》「滕文公」下）

此處所言「橫議」更是「批評」之意。但孟子的時世已與孔子不同。孔子時，「士」剛剛突破封建體制，成爲「四民之首」，士庶的關係密切，因此孔子說「庶人不議」，其中卽有「士」在。《國語》「庶人傳語」之說在《左傳》則爲「士傳言」，足爲佐證[161]。從孔子到孟子這一個世紀之中，士階層的發展最爲驚人。一方面，士已成爲一個最具影響力的社會集團，另一方面此集團本身又發生了學派的分化。所以孟子要罵儒門以外的「士」爲「橫議」了。

160 《左氏會箋》卷十九，頁五六—五七。

161 《國語》卷一「周語」上曰：「庶人傳語」。韋昭注：「庶人卑賤，見時得失不得達，傳以語士也」。（上册，頁四○）《左傳》襄公十四年：「士傳言，庶人謗」。竹添光鴻箋曰：「周語庶人傳語。是庶人亦得傳言以諫上也。此有士傳言，故別曰庶人謗爲等差耳」。（《會箋》卷十五，頁五八）。

《淮南子》「俶眞訓」說：

> 周室衰而王道廢，儒、墨乃始列道而議，分徒而訟。於是博學以疑聖（按：王引之云：「疑讀曰擬。」）華誣以脅衆，弦歌鼓舞，緣飾詩書，以買名譽於天下。[162]

《淮南子》的撰者以道家爲主，故攻擊儒、墨諸派。其中「列道而議」之說正是指「道術爲天下裂」以後的「處士橫議」。可見漢初的人對於戰國知識份子各持其「道」以批評時政的風氣仍然認識得十分親切。事實上，說這個話的人本身也依然在同一風氣的鼓盪之中。《鹽鐵論》「晁錯」篇載御史大夫桑弘羊之言曰：

> 日者淮南、衡山修文學，招四方遊士。山東儒、墨咸聚於江、淮之間，講議集論，著數十篇。然卒於背義不臣，謀叛逆，誅及宗族[163]。

此處儒、墨當然是泛指各學派而言。由此不難看出，漢代當政者對於「處士橫議」是多麼的深惡痛絕。

我們明白了「議論」的涵義及其在歷史上的作用，就更能懂得何以稷下學興盛之世是古代士階層的黃金時代了。公元前五四一年然明因爲鄭人「議論」執政而主張毀鄉校，公元前八十一年桑弘羊也因爲有感於儒生（賢良、文學）的批評時政（鹽鐵專賣）而痛斥「處士橫議」。但在公元前四世紀中葉到三世紀中葉這一百年之內，知識界的領導人物卻受到戰國王侯的特殊禮遇。他

162 《淮南鴻烈集解》卷二，頁十五上。
163 《鹽鐵論》卷二，頁十五。

們既不用向王侯臣服，也毋需為生活擔憂。不但如此，他們的議政自由還受到制度化的保障。事實上，他們的主要職責便是「議政事」。在這種情況下，古代士的功能實已發揮到最大可能的限度。稷下學宮雖僅曇花一現，但在中國文化史上的意義則是永恒的。因為議論的自由同時也刺激了思想學術的成長。先秦所謂「百家爭鳴」的時代主要是和稷下時代相重疊的。在這個時代中，不但齊國尊賢，其他各國也莫不如此，但不及稷下之著名而已。鄒衍為稷下先生，但《史記》又說他「適梁，惠王郊迎，執賓主之禮；適趙，平原君側行襒席；如燕，昭王擁彗先驅」[164]。舉此一例，可概其餘。縱其中故事不盡可信，而一時風尚，固不難察見。等而下之，孟嘗、平原、信陵、春申四公子的養客也適發生在這個時代的晚期，這決不是偶然的。史稱稷下先生千有餘人，但姓名可考者不過十六、七人。然而就在這寥寥十餘人之中，「天下」篇所論之古代十二子中，名列稷下者便有五人（宋鈃、尹文、彭蒙、田駢、愼到），幾居其半。荀子身列稷下，其「非十二子」篇評論戰國「持之有故，言之成理」的六派思潮，與稷下有關者凡三派四人（宋鈃、愼到、田駢、孟軻）。以人數言是三分之一，以派別言則恰好一半。稷下學宮「不治而議論」的制度在先秦思想史上所發生的影響之大卽此可見。

公元前二八八年齊湣王和秦昭王相約並稱東、西帝，其事雖短暫，但可說是齊的國力的最高峰。二八四年燕昭工聯合秦、魏、韓、趙之師伐齊，下七十餘城，齊湣王走莒，齊從此便走下坡路了。齊衰之後，東方勉強能和秦抗衡的祇有一個趙國。及至二六〇年秦將白起大破趙軍於長

164 「孟子、荀卿列傳」，《史記會注考證》卷七四，頁八。

平，坑卒四十餘萬，秦國獨霸的局面已形成了。

這一段對戰國晚期形勢的簡單回顧可以幫助我們瞭解士階層在秦統一前五、六十年間的新處境。先秦學術思想的發展和政治情況是密切相應的。齊宣王是一位大有爲之主，本有圖霸之志，因此他要動員一切足以支持他完成霸業的力量。當時新興的士，不但本身具有知識和技能，而且在社會上還能發生號召作用，自然成爲他最要爭取的對象。以孟子爲例，宣王曾明白表示：

我欲中國而授孟子室，養弟子以萬鍾，使諸大夫、國人皆有所矜式。（《孟子》「公孫丑」下）

其欲以孟子爲號召之意甚爲顯然。稷下之學特盛於宣王之世，其一部份原因正當求之於這一特殊的政治背景[165]。秦國從來對學術思想本身的價值缺乏同情的瞭解。它所用的三晉客卿，如商鞅、張儀、范睢、李斯等人都是一些縱橫法術之士，對學術思想未見有眞正的興趣。而且鳥盡弓藏，這些人誰都沒有好下場。秦昭王問荀子曰：「儒無益於人之國？」[166]這和齊宣王對孟子的態度恰成一強烈的對照。不僅此也，《史記》「范睢、蔡澤列傳」載：

王稽遂與范睢入咸陽。已報使，因言曰：魏有張祿先生，天下辨士也，曰：秦王之國，危於累卵，得臣則安。然不可以書傳也，臣故載來。秦王弗信，使舍食草具，待命歲

165 後來，湣王稱東帝，實本於宣王所開創之基礎。因《史記》論宣王事多誤為湣王，故讀者對宣王的政治業績印象不深。詳見《先秦諸子繫年》第一一七、一二〇、一二八諸篇。

166 「儒效」篇，《荀子集解》第二冊，頁三〇。

餘。當是時，昭王已立三十六年。南拔楚之鄢、郢，楚懷王幽死於秦。秦東破齊，湣王嘗稱帝，後去之。數困三晉。厭天下辯士，無所信[167]。

可見當秦昭王躊躇滿志的時候，雖對「辨士」也毫不放在眼裏。士的聲價的消長繫乎政治形勢的變化，簡直像影之附形一樣。

大體言之，自稷下衰微到秦代統一這段期間，國君養賢的風氣已成過去。以秦、趙兩個大國而論，養賢的事業已轉到卿相的手中了。呂不韋和平原君皆養士數千，儼然已取齊宣王的地位而代之。其中呂不韋是明顯地懷有政治野心，他和秦王政的衝突基本上便在這裏[168]。所以二三七年呂不韋甫免相位，秦王即「大索逐客」[169]。但戰國晚期各國政府雖已不復養士，而以往養士的遺迹則依然保存了下來。這便是博士制度。

我們在前面曾指出，稷下學宮的創建是魏文侯、魯繆公的養賢辦法的形式化、制度化。我們現在要更進一步說明，博士制度則是稷下學宮的新發展。

王國維「漢魏博士考」云：

博士一官蓋置於六國之末，而秦因之。《漢書》「百官公卿表序」：博士，秦官。《宋

167 《史記會注考證》卷七九，頁五—六。按：據「秦始皇本紀」及「田敬仲完世家」，皆齊稱帝在前（公元前二八八年），秦伐齊在後（公元前二八五年）（見《會注考證》卷五，頁六九—七〇；卷四六，頁三七—四一）。故此處敘事次第，足滋誤會。

168 詳見《先秦諸子繫年》，下冊，頁四八五—四八九。

169 《史記會注考證》卷六，頁一一；卷八七，頁六。

書》「百官志」：博士，班固云秦官。史臣案：六國時往往有博士。案：班、沈二說不同。考《史記》「循吏傳」公儀休，魯博士也。褚先生補「龜策傳」：宋有博士衛平。《漢書》「賈山傳」，祖祛，故魏王時博士弟子也。沈約所謂六國時往往有博士者，指此。公儀子，繆公時爲魯相，時在戰國之初。衛平在宋元王時，亦與孟子同時。疑當時未必置博士一官。《史記》所云博士者猶言儒生云爾。惟賈祛爲魏王博士弟子，則六國末確有此官。且教授弟子與秦、漢博士同矣。至秦之博士則有定員……多至七十人[170]。

王氏據史傳斷定博士之制起於六國是正確的。但其中尚有待發之覆。錢穆「兩漢博士家法考」說：

《說苑》「尊賢」篇稱博士淳于髡，《五經異義》謂戰國時齊置博士之官，是也。然他書皆稱稷下先生，不稱博士，二者蓋異名同實。故漢祖拜叔孫通爲博士，而號稷嗣君，此謂其嗣風於稷下。鄭康成書贊亦謂我先師棘下生孔安國，棘下卽稷下也。安國爲漢廷博士，而鄭君稱之爲稷下生，故知博士與稷下先生異名同實。晚漢猶未墮此義。……《史記》「田齊世家」謂稷下先生不治而議論……《漢書》「百官公卿表」：博士，秦官，掌通古今。《續志》：博士，掌教弟子，國有疑事，掌承問對。通古今，承

170 《觀堂集林》(海寧王靜安先生遺書本)卷四，頁一六二—一六三。按：王氏所考六國博士尚有遺漏，我可以為他添一條證據。「趙策」：「鄭同北見趙(惠文)王(公元前二九八—二六六年)，趙王曰：子南方之博士也」。注：「鄭同，鄭人。鄭在趙之南。博士，辯博之士」。補曰：「秦官有博士，或戰國儒士有此稱」。(《戰國策校注》卷六，頁一五四)。據《資治通鑑》，公元前三七五年，韓滅鄭之後，卽都於鄭。胡三省注云：「韓旣都鄭，故時人亦謂韓王為鄭王」。(中華書局標點本，一九六三，卷一，頁三六)。則鄭同殆韓博士也。

問對，此卽不治而議論也。……博士旣承問對，則易涉於議政[171]。

錢賓四師抉出了博士與稷下先生「異名同實」這一重要事實，然後博士制度的源流始燦然明備。在工、錢兩先生的考證基礎上，我們可以進而闡釋博士制度的流變在士階層發展史上的意義了。

博士置於六國之末，而且是嗣風於稷下，這兩點都毫無可疑。但是博士雖相當於稷下先生，博士制卻不是稷下制的簡單重複，其間已有重要的變化。博士制與稷下制最大的不同有二。第一、前已言之，稷下先生命曰列大夫，是爵比大夫，不在正式官制之中，故時人謂之「不仕」或「不宦」。換句話說，他們根本不是官吏，仍保持着自由知識份子的身份。但秦漢的博士，則是太常的屬官，秩比六百石[172]。博士屬之太常，這不但是古代宗教統轄學術的遺意，而且還是官師合一的復古。章學誠說：

> 以吏爲師，三代之舊法也。秦人之悖於古者，禁詩書而僅以法律爲師耳。……東周以還，君師政教不合於一，於是人之學術，不盡出於官司之典守。秦人以吏爲師，始復古制，而人乃狃於所習，轉以秦人爲非耳[173]。

準此而論，則秦的博士制卽是「以吏爲師」的一種制度化。通過博士制的建立，以前自由身份的敎書匠（師）便轉化成爲官僚系統中的「吏」了。

---

171 《兩漢經學今古文平議》（香港新亞研究所，一九五八），頁一六五—一六六。

172 《漢書補注》卷十九上，頁七下。

173 「史釋」，見《文史通義》，頁一四九。《韓非子》「五蠹」篇「以吏爲師」之語當是觀察秦國的實況而寫的，毋怪乎秦始皇之深賞此篇也。

第二、先秦之士持「道」與「勢」相抗，所以他們爭取和王侯之間保持一種師友的，而不是君臣的關係。稷下先生便是師友關係的形式化、制度化。「先生」一詞在稷下有專稱意味[174]。這是齊王以師友之禮相待，故稱先生而不名。稷下爲學宮之名，當時君主有立學宮敬禮賢士的風氣。《史記》說：

鄒子……如燕，昭王擁彗先驅，請列弟子之座而受業。築碣石宮，身親往師之[175]。

《戰國策》「燕策一」：

燕昭王……往見郭隗先生曰……敢問以國報讎者奈何？郭隗先生對曰：帝者與師處，王者與友處，霸者與臣處，亡國與役處。……於是昭王爲隗築宮而師之[176]。

這兩個例子都說明當時築學宮、稱「先生」是王者待士以師友之道。由「帝者與師處，王者與友處」之說及齊宣王挽留孟子之事觀之，則稷下先生與王者的關係決當在師友之間。所以稷下諸賢都是一方面自由講學，一方面又自由議政。就此點說，他們的稷下宮很像古雅典柏拉圖和艾索格拉底（Isocrates）的學院（Academy）。所不同者，後者乃私立，非官立，更爲自由耳。

秦、漢的博士制則與此不同。漢代博士也稱「先生」，但係相對於「弟子」、「門人」而言[177]。博士既爲官僚系統中之一員，他和皇帝自然只能是君臣關係。且秩比六百石（本四百石，漢

174《先秦諸子繫年》，上册，頁二三三。
175《史記會注考證》卷七四，頁八。
176《戰國策校注》卷九，頁二三五—二三六。
177衛宏，《漢舊儀補遺》（孫星衍集校，漢官七種本）卷上，頁二下。參看俞正燮，「先生釋義」，《癸巳存稿》（人人文庫本）卷四，頁一一八—一二〇。

宣帝增秩），雖爲淸要之官，又安能有稷下先生抗禮王侯的氣概？社會學家韋伯曾說古代新教義的承擔者往往和官方宗教保持一種不卽不離的態度。祇有稷下先生的「不治而議論」才合乎這種定義，博士則已被吸收到官方宗教之內，卽而不能離了。

史言博士爲秦官，然其始已不可考。唯史又言齊襄王時荀子爲稷下老師，這已是稷下的尾聲了。襄王死在公元前二六五年，稷下散而荀子游秦與秦昭王、范雎問答[178]。則秦創博士制或卽在此後不久，其時稷下流風未泯，故秦人師其「不治而議論」之遺意耳。《說苑》「至公」篇，秦始皇既吞天下召羣臣而議，博士鮑白令之獨進「官天下」之說，其人卽荀子弟子，漢初傳詩之齊人浮邱伯也[179]。當時大師與貴族有推薦弟子與門客的風氣，頗疑浮邱伯入秦爲博士或與荀子此次秦遊有關[180]。又考范雎問荀子「入秦何見？」荀子盛稱其治，但是警告他說：

> 然而縣之以王者之功名，則倜倜然其不及遠矣！是何也？則其殆無儒邪！故曰：粹而王，駁而霸，無一焉而亡。此亦秦之所短也[181]。

荀子所引「粹而王，駁而霸，無一焉而亡」是當時成語，卽上文郭隗「帝者與師處，王者與友處」云云也。郭隗可以說動燕昭王「築宮而師事之。」以荀子當時的聲望，其言或對范雎亦不無

178 《先秦諸子繫年》，下册，頁四五八—四五九。
179 《說苑》卷十四，頁六五。鮑白令之卽浮邱伯，近人蒙文通有考證，見錢穆「兩漢博士家法考」頁一七三所引。
180 關於當時學術大師推薦弟子之風，可看齊思和「戰國制度考」，頁一九〇及註一八二及相原俊二，「先秦時代の『客』について」，中國古代史研究會編，《中國古代史研究》（東京，一九六〇），頁一四—一七。
181 《荀子集解》卷十一，「彊國」篇，第三册，頁五〇。

影響。然則秦之博士制其卽始於范雎爲相時乎？（按：范雎罷相在公元前二五五年）。戰國時低層游士，在私門爲客者如所謂舍人之流，入秦漢後也被納入正式的官僚系統[182]。稷下先生之變爲博士，亦其比也。史料脫落，此所推測，聊備一說而已。

秦制旣規定博士的職掌是「通古今，承問對」，他們當然也儘量想「嗣其風於稷下」。始皇二十六年(公元前二二一年)議帝號，博士尊秦王爲「秦皇」。這個建議雖然祇被接受了一半，倒還沒有出問題。但是三十四年（公元前二一三年）議封建，「通古今」的博士「以古非今」，終於引起軒然大波，產生了中國史上有名的「焚書」事件。稷下「不治而議論」之風是「嗣」不下去的了。秦、漢以下仍然有「議」，最著者爲東漢清議，但那已不是博士之議，而是太學生之議了。太學生是「處士」，祇有「處士」才有「橫議」的資格。博士和稷下先生最大的分別便在這裏。

我們也許可以說，在中國古代知識階層的發展史上，博士制度的建立，是一個最具有劃時代意義的里程碑。

七　私門養客與游士的結局

以上討論戰國時代知識階層的發展主要集中在這個階層中流品較高的份子。王侯所禮敬的賢士都是當時知識界的領袖人物。但是戰國是一個社會流品逐漸分化的時代，知識階層本身也不斷

182 參看增淵龍夫，《中國古代の社會と國家》（東京，一九六〇），頁一九六—二〇七。

地在分化中。對於這個問題的詳細討論必須另有專篇[183]。在這最後一節中，我們首先想藉着對私門養客的分析來考察一下當時散佈在社會中下層的知識份子的一般生活狀態。這些流品較低的人物通常都是以「食客」的身份出現的，他們的人數動輒以千計，正是社會史研究的主要對象[184]。其次我們將對游士在戰國、秦漢之際的結局，從歷史發展的角度加以說明，這一部份的討論則是以整個知識階層為對象，不再涉及流品的分化了。

《呂氏春秋》「高義」篇載墨子之言曰：

若越王聽吾言，用吾道，翟度身而衣，量腹而食，比於賓萌未敢求仕[185]。

高誘注「賓萌」曰：「賓，客也；萌，民也。」這個名詞尚見於其他先秦文獻，其義即是賓客

---

183 錢賓四師嘗分戰國之士為勞作派、不仕派、祿仕派、義仕派、退隱派五大類。大體雖仍以學派為主要劃分的標準，（《國史大綱》，上冊，頁七三—七五）但也可見士之流品分化的一面。士之流品分化亦有其地理的背景。友人嚴耕望先生曾有專篇分析，見嚴耕望「戰國學術地理與人才之分佈」，《新亞書院學術年刊》第十八期（一九七六年九月）。《呂氏春秋》卷一六「去宥」篇云：「東方之墨者謝子將西見秦惠王，惠王問秦之墨者唐姑果。唐姑果恐王之親謝子賢於己也，對曰：謝子東方之辯士也；其為人甚險，將奮於說以取少主也。」（頁一一〇）這個故事雖強調個人忌賢的成份，但亦是說明地域分化的力量有時大於學派的凝聚力量。

184 關於戰國時代「客」的研究，可看渡邊卓，「戰國時代に於ける『客』の生態」，《日本中國學會報》第一編（一九五〇）及相原俊二，前引文。按：《左傳》文公十四年（公元前六一二年）公子商人驟施於國，而多聚士，盡其家貲。（《左氏會箋》卷九，頁一八）「襄公二十一年（公元前五五一年）懷子好施，士多歸之。宣子畏其多士也，信之」。（同上，卷十六，頁四二）《會箋》引魏禧說，謂養死士自懷子始，四公子尚在後，則《左傳》私門所養者是死士，與戰國仍有別。四公子之「士」，死士僅佔一部份而已。

185 《呂氏春秋》卷十九，頁一三四。

186。「度身而衣，量腹而食」八個字恰是賓客的最準確的定義，使我們懂得何以當時有「食客」這一通稱。私門養客大抵止於「足衣足食」，此外似別無經常性的薪給。這個故事不能確定爲墨子的時代，但可以用來說明戰國中晚期的食客制度。

《史記》「孟嘗君列傳」有一個關於食客馮驩（亦作「煖」或「諼」）的最著名的故事：

> 孟嘗君置（馮驩）傳舍十日，孟嘗君問傳舍長曰：客何所爲？答曰：馮先生甚貧，猶有一劍耳，又蒯緱。彈其劍而歌曰：長鋏歸來乎，食無魚。孟嘗君遷之幸舍，食有魚矣。五日又問傳舍長。答曰：客復彈劍而歌曰：長鋏歸來乎，出無輿。孟嘗君遷之代舍，出入乘輿車矣。五日，孟嘗君復問傳舍長。舍長答曰：先生又嘗彈劍而歌曰：長鋏歸來乎，無以爲家。孟嘗君不悅。

《索隱》云：「按傳舍、幸舍、及代舍，竝當上中下三等之客所舍之名耳」。《集解》也說：「傳舍，下客所居」187。我們這裏所注意的是故事中私門養客的舍人制度。這個故事生動地說明了食客本身仍有流品的分化，因此舍分三等，食物也隨之有別。最高一級的代舍則有車代步，這已

---

186 按：《荀子》「解蔽」篇「賓萌」訛為「賓孟」。俞樾正其誤，並說：「所謂賓萌者，蓋當時有此稱。戰國時遊士往來諸侯之國，謂之賓萌」。（《荀子集解》第四冊，頁四—五）。又《商君書》「徠民」篇，「賓萌」則訛為「寡萌」。孫詒讓亦據《呂氏春秋》高誘注訂正，謂「賓萌即客民，對下民為土著之民也」。其說亦是。（朱師轍，《商君書解詁定本》，中華書局，一九七五，頁五三）。

187 《史記會注考證》卷七五，頁一七—一八。參考《戰國策校注》卷四，頁八九—九〇。「補」曰：「『列士傳』孟嘗君廚有三列，上客食肉，中客食魚，下客食菜」。未知信否。

是招待食客的極限。故馮驩再作歌，孟嘗君便不悅了。傳舍長的名稱，透露了舍人組織的情況。舍人分等的標準不十分清楚，但總不外能力和貢獻。瀧川氏的《考證》引徐孚遠的話，說「孟嘗君疑馮驩非庸人也，故數問之」。這大概是對的，卽馮驩三遷其舍是憑着能力獲致的。同傳又載狗盜、鷄鳴二客本在最下座，後來立了功，「孟嘗君始列此二人於賓客。」這是立功可以升舍的證據。戰國食客有下客、少客、上客、賓客種種名目，大體可斷定賓客和上客同義，乃食客中的最高一級[188]。孟嘗君養客之道如此，其他私門亦與此相去不遠。平原君的毛遂故事也有助於舍人制度的瞭解。第一、平原君要帶二十個文武具備的食客，去與楚合從，僅得十九人，平原君說：「士不外索，取於食客門下」，毛遂才有自薦的機會。則「士不外索」是舍人制的一種不成文法。第二、平原君對毛遂說：「今先生處勝門下三年如此矣。左右未有所稱頌，勝未有所聞。是先生無所有也。」可見舍人制也有某種形式的考績報告。第三、毛遂立功之後，平原君「遂以爲上客。」這更是食客立功升舍的明證[189]。

《史記》「春申君列傳」說：

> 趙平原君使人於春申君，春申君舍之於上舍。趙使欲夸楚，爲瑇瑁簪，刀劍室以珠玉飾之，請命春申君客。春申君客三千餘人，其上客皆躡珠履以見趙使，趙使大慙[190]。

188 相原俊二，前引文，頁二二六。
189 《史記會注考證》，卷七六，頁四—八。
190 同上，卷七八，頁一五—一六。

春申君之例可以說明兩點：第一、上舍同時也是用來招待外來上賓的。足見貴族的「上客」或「賓客」所受到的是朋友的待遇。這與國君築宮以禮賢士，用意並無二致。第二、春申君門下的客也分等級，其上客衣著特別華麗。又《戰國策》「齊策」：

> 靖郭君善齊貌辯。齊貌辯之爲人也，多疵。門人弗說。……靖郭君大怒……於是舍之上舍，令長子御之，旦暮進食[191]。

這是靖郭君的客舍分等級之證。「令長子御之，旦暮進食」固是特殊禮數。然仍與「食有魚」、「出有輿」無大異。同書又曰：

> 魯仲連謂孟嘗君曰：君好士〔未〕也。雍門（子）養椒亦，陽得子養（原注：此下脫所養人）。飲食衣裘與之同，皆得其死。今君之家富於二公，而士未有爲君盡游者也[192]。

魯仲連盛稱雍門、陽得二子善養士，而二子之所爲仍不出「飲食衣裘與之同」，即止於衣食的供應。

戰國晚期，「士」的人數激增，而流品也日益複雜。有些所謂「士」如狗盜、鷄鳴之輩根本不是知識份子，有些則略識之無，也許祇能算是「邊緣知識份子」(marginal intellectuals)。這樣一大批人散佈在許多貴族門下，自然產生了人事管理的問題。私門的舍人制度便是相應於這種新的情勢而興起的。從某種意義來說，私門養客的制度化，正是和國君養賢的制度化平行的。

---

191 《戰國策校注》，卷四，頁八一。

192 同上，頁一〇二。

這是古代知識階層的歷史發展的一個側影。不過私門與王庭究竟不盡同，許多游士祇是以托身私門爲仕宦的手段。《戰國策》云：

孟嘗君舍人有與君之夫人相愛者。……君召愛夫人者而謂之曰：子與文游久矣，大官未可得，小官公又弗欲。衛君與文布衣交，請具車馬皮幣，願君以此從衛君[193]。

可見這位舍人在孟嘗君門下很久祇是因爲沒有等到適當的仕宦機會而已。《史記》「呂不韋列傳」也說：

諸客求宦，爲嫪毐舍人千餘人[194]。

爲了求宦而甘做嫪毐舍人者竟有千餘人，則毋怪乎私門之多士矣。《荀子》「非十二子」篇說：

今之所謂士仕者，（按：王念孫云：「士仕當作仕士，與下處士對文。」）汙漫者也，賊亂者也，恣睢者也，貪利者也，觸抵者也，無禮義而唯權勢之嗜者也。……今之所謂處士者，無能而云能者也，無知而云知者也，利心無足而佯無欲者也，行僞險穢而強高言謹慤者也，以不俗爲俗，離縱而跂訾者也。（按：「離縱」謂「離尋常蹤迹」，「跂訾」謂「舉踵而步」，以示自異於衆也）[195]。

荀子在這裏所描寫的當時的知識份子，包括作官的和不作官的在內，我們相信是十分眞實的。荀

193 同上，頁八八。
194 《史記會注考證》，卷八五，頁一二。
195 《荀子集解》第二册，頁一九—二〇。引文末句之注乃總括郝懿行與王念孫之注釋而成。

子說這番話的意思當然是站在道德的觀點上責備他們。我們可以同情荀子的道德觀點，但是更重要的是，我們必須瞭解何以這些士都不能以「道」自任自重，而竟墮落到「貪利」「嗜勢」的地步。

其實荀子的責難當時已由其弟子李斯向他作了最老實的辯解。史載李斯面辭荀子之言有云：

> 故詬莫大於卑賤，而悲莫甚於窮困。久處卑賤之位，困苦之地，非世而惡利，自託於無爲，此非士之情也[196]。

李斯「久處卑賤之位，困苦之地」一語固爲對戰國游士的最確切的形容，其「非世而惡利，非士之情」之說則尤不啻針對上引其師之高論而發。前面已指出，先秦士這一階層有兩大來源，一部份是從舊的「封建」制中游離出來的沒落貴族，一部份則是由社會下層浮上去的庶民。無論是貴族下降或庶民上升，他們到了戰國的中晚期都已貧窮不堪。史籍上足以證明李斯論斷的事例，俯拾皆是。舉其最著者，張儀「貧無行」，人嘗疑其盜璧（《史記》本傳）；范雎「家貧無以自資」（本傳），虞卿「躡蹻擔簦，說趙孝成王」（本傳）；馮驩亦「躡蹻」見孟嘗君（「孟嘗君傳」），《戰國策》更說他「貧乏不能自存」，願寄食孟嘗君門下（「齊策」四）。稍後如酈食其

---

196 《史記會注考證》卷八七，頁三。錢賓四師疑李斯辭荀卿之言太卑鄙，或為鄙斯者所假造。（《先秦諸子繫年》，下冊，頁四七七）但不論是否出於李斯之口，這番話的確十分生動地反映了當時游士的處境和心理狀態。《史記》、《戰國策》及諸子著述中涉及游士之生活與思想者，其個別故事之真實性幾乎全都可疑，其中當然有誇張、誤傳、以至捏造等等情況。但是從社會史的觀點說，它們所顯示的時代通性則絕對可信，因為即使是捏造，也是當時的社會心理的產物也。本文採用這些材料，僅取其通性之真實，並不表示接受個別故事為歷史事實。特附誌於此，以免誤會。

「好讀書，家貧落魄，無以爲衣食業，爲里監門吏。」（《史記》本傳）酈食其在公元前二〇七年初見沛公時已六十餘歲，正是戰國末年人。我們不難推想，當時千千萬萬托庇私門的游士大概都是窮到「無以爲衣食業」的人。其中當然有不少人抱着借機會作官的野心，像我們在前面所指出的。但無可否認的，其中必然也有很大的一部份確是祇求一飽的寒士。這種情形一直到漢初都還不曾完全絕跡。例如《史記》「公孫弘傳」便說：

> 故人，所善賓客仰衣食，奉祿皆以給之，家無所餘。士亦以此賢之[197]。

公孫弘的賓客仍屬游士一型的人物，他們都是靠主人而得溫飽的。

這些貧不足以自存的游士，個別地看似乎均無足輕重。但幾千人聚在一起則也未嘗不構成當時政治上一股極大的力量。食客除了如上面所舉之例，爲主人提供個人的服務外，作爲一個社會階層而言，他們正是私門權力的政治基礎。貴族傾財養客絕不是爲了裝璜門面。孟嘗君見廢，三千賓客皆不顧而去，然終得力於一馮驩而復位。此卽養客的一種實效也。何況如《史記》「春申君列傳」所云：「春申君既相楚。是時齊有孟嘗君，趙有平原君，魏有信陵君，方爭下士，招致賓客，以相傾奪輔國持權」[198]。是養客明明與「輔國奪權」有關矣。而最足以說明私門食客的政治力量的則是秦王政對嫪毒和呂不韋兩家舍人的態度。《史記》「秦始皇本紀」秦王政九年（公

197 《史記會注考證》卷一一二，頁七—八。參看《漢書補注》「公孫弘傳」載弘「起客館，開東閣，延賢人」事及《補注》引《西京雜記》之文。（卷五八，頁六上—下）。

198 《史記會注考證》，卷七八，頁一五。

元前二三八年）誅嫪毐，其舍人輕者為鬼薪（《集解》引如淳曰：「鬼薪作三歲。」）及奪爵遷蜀四千餘家。「呂不韋列傳」也說：

諸嫪毐舍人皆沒其家而遷之蜀。王欲誅相國，為其奉先王功大，及賓客辯士為游說者衆。王不忍致法[199]。

嫪氏舍人之眾及秦王政對他們的忌憚固均由此可見，而更值得注意的則是秦王因呂氏的賓客辯士勢力太盛，竟不敢貿然誅不韋。史文「功大」、「不忍」云云全不足信。否則何以後來賜不韋書竟曰「君何功於秦」耶？「始皇本紀」十二年（公元前二三五年）云：

文信侯不韋死，竊葬。（《索隱》曰：「按不韋飲鴆死，其賓客數千人竊共葬於洛陽北芒山。」）其舍人臨者，晋人也，逐出之；秦人六百石以上奪爵遷；五百石以下不臨、遷，勿奪爵。……秋，復嫪毐舍人遷蜀者[200]。

合本傳賓客辯士游說，與數千人竊葬事觀之，呂氏舍人勢力之浩大誠可驚。秦王處置既分三晋籍與秦籍，而秦籍中又以官秩別輕重，皆極見慎重。至於復嫪氏舍人，則頗疑與用人的需要有關[201]。

---

199 同上，卷八五，頁一三—一四。

200 同上，卷六，頁一四。

201 呂氏舍人晋籍者逐出，秦籍者遷；而嫪氏舍人則全部遷蜀，可見後者均隸秦籍，又呂氏舍人中分六百石以上及五百石以下兩大類。這些人都是經過不韋援引而為吏者。嫪氏四千餘家中當亦有不少吏在，不過因處置一律，故未言及官秩耳。今考秦代地方官，郡丞秩六百石，縣令秩千石至六百石，縣長秩五百石至三百石，中央官如博士亦僅比六百石，可見這些呂氏舍人都是中級乃至上級官吏，數年之內兩次大整肅，自然會有吏員不足的情形。復嫪氏舍人或即重新錄用之先聲。「雲夢秦簡」云：「可（何）謂宦者，顯大夫?·宦及智（知）於王，及六百石吏以上，皆為顯大夫」。（《文物》，一九七六，八月，頁三三）則秦代官制中六百石是一重要分水線。六百石以上是見知於王的顯宦了。這條律文十分重要，使我們懂得何以秦廷處置呂氏舍人，要分六百石以上及五百石以下兩類。郭沫若推測呂、嫪兩派有衝突，故不韋死而嫪氏舍人復起。這也是一種可能性。（見《十批判書》，頁四〇二—四〇四）。

最近秦律的重要發現更使我們知道秦廷忌憚私門舍人之甚。律云：

> 使者（諸）侯、外臣邦，其邦徒及僞吏不來，弗坐。可（何）謂邦徒、僞使？徒、吏與偕使而弗爲私舍人，是謂邦徒、僞使[202]。

律文是說秦使者至國外，如隨行官方人員逃走不回國，使者不坐罪，但如使者的「私舍人」不回來，使者便要坐罪了。這顯然是怕私門舍人在國外爲主人從事政治活動。私門舍人當然不盡是知識份子，但其中知識份子所佔的比例一定是很高的。這尤其以呂不韋的門下爲然。

漢高祖分封劉氏子弟，封建王侯的制度部份地復活了。在漢武帝元朔二年（公元前一二八年）下「推恩詔」，施行削藩政策以前，諸王國儼然爲戰國之續，莫不招致游士以擴張勢力。其中以吳王濞、梁孝王、淮南王、衡山王、河間獻王幾個人最爲著名。在這數十年間，游士的活躍也差不多恢復到戰國時代的水平。《漢書》「鄒陽傳」說：

> 漢興，諸侯王皆自治民聘賢，吳王濞招致四方游士。陽與吳嚴忌、枚乘等俱仕吳，皆以文辯著名[203]。

然《史記》「司馬相如列傳」說：

> （景帝時）梁孝王來朝，從游說之士齊人鄒陽、淮陰、枚乘、吳莊（嚴）忌夫子之徒。相如見而說之，因病免，客游梁。梁孝王令與諸生同舍[204]。

202「雲夢秦簡釋文（三）」，《文物》，一九七六，八月，頁三三。
203《漢書補注》卷五一，頁九上。
204《史記會注考證》，卷一一七，頁二—三。

試看鄒陽、枚乘、嚴忌三個人，在吳王濞敗亡之後竟已從吳國跑到了梁國。不但如此，梁孝王令司馬相如與這幾位先生同舍，自然是特別優待之意。可見梁孝王也採用了類似孟嘗君傳舍、幸舍、代舍的等級制度了。

但是我們決不能因此而斷定漢初還是戰國游士時代的延長。事實上，秦的統一確已結束了古代的游士時代。不過由於社會史不能像政治史那樣有清楚的斷代，所以漢初幾十年之內游士又一度迴光返照而已。

歷史進入秦、漢之後，中國知識階層發生了一個最基本的變化，即從戰國的無根的「游士」轉變爲具有深厚的社會經濟基礎的「士大夫」。這個巨大的社會變化特別表現在兩個方面：一是士和宗族有了緊密的結合，我們可以稱之爲「士族化」；二是士和田產開始結下了不解之緣，我們可以稱之爲「地主化」或「恒產化」。孟子說「無恒產而有恒心者，唯士爲能」，這話祇能適用於先秦的游士。漢代的士大夫，至少從漢武帝以後，則很少是沒有「恒產」的。「士族化」與「恒產化」事實上是同一社會發展的兩面，其作用都是使士在鄉土生根。離不開鄉土的士當然就不再是「游士」了[205]。

就我們所能掌握的資料來看，戰國時代的士幾乎沒有不游的[206]。他們不但輕去其鄉，甚至宗

205 詳見余英時，「東漢政權之建立與士族大姓之關係」，《新亞學報》，第一卷第二期（一九五六年二月）。

206 游士並不始於戰國，楚材晋用便是春秋時代的事。但游士最早見於何時，和它何時成為一種普遍風氣，是兩個不同的問題。從歷史的觀點說，後者更有意義。本文論「禮賢」與「養士」也都是着眼於時代風尚。又《國語》「齊語」載管仲語齊桓公之言曰：「為遊士八十人……奉之以車馬衣裘，多其資幣，使周遊於四方，以號召天下之賢士」。（上册，頁八三—八四）。姑不論此語是否出管仲之口，至少此處「遊士」一詞是具有特殊意義的，與本文所說的游士不同。

國的觀念也極爲淡薄[207]。其所以如此者正因爲他們缺少宗族和田產兩重羈絆。蘇秦的故事最能够說明這種情況。蘇秦最初游說無成而歸，「妻不下紝，嫂不爲炊，父母不與言」[208]。等到後來爲「從約長，並相六國」，道過雒陽時則「昆弟妻嫂，側目不敢仰視。」蘇秦歎曰：

> 此一人之身，富貴則親戚畏懼之，貧賤則輕易之。況衆人乎？且使我有雒陽負郭田二頃，吾豈能佩六國相印乎？[209]

這個故事告訴我們，蘇秦不但與宗族關係甚疏，而且他也沒有田產，否則他就不會去游宦了。這個故事是否發生在蘇秦的身上，我們不敢說。但是戰國的游士之中曾有人遭遇過類似的經驗，大概是可以肯定的。因爲下逮漢初，游士孤立無援之情尙未大變。請看主父偃的證詞：

> 臣結髮游學四十餘年，身不得遂。親不以爲子，昆弟不收，賓客棄我。我阨日久矣[210]。

---

207 陳登原，《國史舊聞》，第一分册，頁一八七—一八八。這話當然也不可一概而論。《史記》「李斯列傳」：「會韓人鄭國來間秦，以作注溉渠。已而覺，秦宗室大臣皆言秦王曰：諸侯人來事秦者大抵為其主間於秦耳」。（《史記會注考證》卷八七，頁五—六）據「河渠志」，「秦欲殺鄭國，鄭國曰：始臣為間，然渠成亦秦之利也」。（同上，卷二九，頁七）可見游士為宗國來間秦者亦大有人在。不過秦宗室大臣因排外心理的作祟，可能也故甚其辭。

208 《戰國策校注》卷三，頁三一。

209 《史記會注考證》卷六九，頁三四—三五。按：蘇秦的故事，近人疑之最甚，且有謂其人為子虛烏有者。但最近馬王堆漢墓出土帛書別本《戰國策》，大部份都是關於蘇秦游說的資料，且為較原始可信之資料。因此我們對蘇秦的歷史地位，大致已可肯定。帛書中有蘇秦自齊獻書燕昭王，有云：「王之於臣也，賤而貴之，蓐（辱）而顯之，臣未有以報王」。此似可證明有關蘇秦出身微賤的記載是有根據的。見「馬王堆漢墓出土帛書戰國策釋文」，（《文物》，一九七五，四月，頁一四—二六，上引文句在頁一六。全文現已有單行本，名曰《戰國縱橫家書》，文物出版社，一九七六，並附有考釋文字數篇，足資參證。）

210 同上，卷一一二，頁二七。

這豈不是蘇秦的故事的重演嗎？

荀悅論漢武帝建元二年公孫弘族郭解之事曰：

> 世有三遊，德之賊也：一曰遊俠，二曰遊說，三曰遊行。立氣勢，作威福，結私交以立強於世者，謂之遊俠。飾辯詞，設詐謀，以要時勢者，謂之遊說。色取仁以合時好，連黨類以樹虛譽，以爲權利，謂之遊行。此三遊者，亂之所由生焉。傷道害德，敗法亂世，先王之所懼也。國有四民，各修其業。不由四民之業謂之姦民。姦民不生，王道乃成。凡此三遊之作，生於季世，周、秦之末尤甚焉[211]。

荀悅生在漢末黨錮之世，「處士橫議」再作，感慨之餘，乃引申之而有此痛斥三遊之論[212]。細察荀氏「遊說」、「遊行」兩項，前者蓋指三晉辯士，後者則謂百家異端，其實皆游士也。按：《戰國策》：「王資巨萬金而遊，聽之韓、魏。」高誘注曰：「遊，行」[213]。遊訓爲行，這是遊俠、遊士的原始義。現在荀悅論三遊之「遊」已不強調其背井離鄉之原始義，而特指其不安本業之引申義。僅此一端，已可見秦、漢社會與戰國大異之所在。中國歷史上後來雖仍有「游宦」、

212 211 荀悅《漢紀》（萬有文庫本）卷十，第一冊，頁九六。按漢末士大夫自覺其與先秦游士的歷史地位相似，可以申屠蟠之言為證。史言「先是京師游士汝南范滂等非訐朝政，自公卿以下皆折節下之。太學生爭慕其風，以為文學將興，處士復用。蟠獨歎曰：昔戰國之世，處士橫議，列國之王，至為擁篲先驅，卒有坑儒燒書之禍，今之謂矣」。（《後漢書》，中華書局標點本，卷五三，第五冊，頁一七五二）。故范曄為「黨錮傳」序亦特引用「處士橫議」之語。（同書，第八冊，頁二一八五）參看 Chi-yun Chen. *Hsün Yüeh, The Life and Reflections of an Early Medieval Confucian.* Cambridge University Press, 1975, pp. 81-83。

213 《戰國策》（萬有文庫本）「秦策四」，第一冊，頁五四。

「游學」、「游俠」等等名目，但「游」的基本性質已變，不再居於主導的地位。古代「封建」秩序崩壞之後，經過春秋、戰國的轉化階段，一個「四民社會」的新秩序逐漸在大一統政府之下建立起來了。典型的游士、游俠的時代一去不復返了。其實「游」的原始義和引申義原是不可分割的。蘇秦的家人譏笑他說：

> 周人之俗，治產業，力工商，逐什二以爲務。今子釋本而事口舌，困不亦宜乎！[214]

很顯然地，在蘇家人看來，蘇秦背井離鄉去遊說，正是不務「本」。但問題在於蘇秦所處的是一個「士無恒產」的時代。他如果「治產業，力工商」，有「雒陽負郭田二頃」，那他就不成其爲「士」了。祇有在秦、漢以後宗族與恒產的基礎確立，士的社會活動始不靠「游」來顯其特色。所以根據社會史的觀點，游士的引申義是比原始義更值得我們的重視的。

從「游」字的引申義言，大一統的政府之不能容忍游士、游俠過度活動也是完全可以理解的。從社會秩序中游離出去的自由份子無論如何總是一股離心的力量，這和代表「法律與秩序」的政治權威多少是處在相對立的位置。社會學家研究古代帝國的政治系統，曾提出「自由流動的資源」(free-floating resources)的概念。所謂「資源」，人力和物力都包括在內。帝國的統治者對「自由流動的資源」的問題最爲敏感。因爲如果讓「自由流動的資源」自由發展而不加控制，則統治者的傳統的合法地位將爲之動搖。但如「自由流動的資源」過於貧乏，傳統的（主要即貴族的）勢力大張，則帝國的行政系統又會爲之失靈。因此帝國的統治者必須經常地調節「自由流動的資源」，使之與傳統的勢力配合，並把這兩股力量納入共同的政治結構與組織之中。帝國的

214 《史記會注考證》卷六九，頁二。

統治是否有效就要看它的調節能力如何[215]。中國的游士、游俠之類的人物正好爲「自由流動的資源」的概念提供了具體的例證[216]。秦、漢統一的帝國出現，中國知識階層史上的游士時代隨即告終，這是完全不必詫異的。

《雲夢秦簡》中有「游士律」一條，是有關秦代控制游士的最重要的新發現。茲與其他有關律文一倂徵引於下，並略加考釋，以終吾篇。「游士律」曰：

> 游士在亡符，居縣貲一甲，卒歲責之。
>
> 有爲故秦人出，削籍，上造以上爲鬼薪，公士以下刑爲城旦[217]。

第一條是針對外國在秦的游士而設的。「符」即通行證，《漢書》「汲黯傳」注引臣瓚曰：「無符傳出入爲闌」[218]。「貲一甲」是「罰一甲」之意。《韓非子》「外儲說右下」：「訾之人二甲」。高亨曰：「訾借爲貲。《說文》：『貲，小罰，以財自贖……。』訾之人二甲，謂罰其人出二甲也」[219]。秦律中常見貲若干甲或盾之文，當是戰國時代需要甲盾之故[220]。所以這條律文是

---

215 S. N. Eisenstadt, *The Political Systems of Empires, The Rise and Fall of the Historical Bureaucratic Societies*, Free Press, 1963, pp. 27-28; 300-302.

216 楊聯陞，「評 James J. Y. Liu: *The Chinese Knight-errant*」《清華學報》新七卷，第一期（一九六八年八月），頁二八七。

217 「雲夢秦簡釋文（二）」，《文物》，一九七六，七月，頁九。

218 《漢書補注》卷五十，頁一二下。

219 陳奇猷，《韓非子集釋》引。下册，頁七六九。

220 林甘泉，「秦律與秦朝的法家路線」，《文物》，一九七六，七月，頁二三。

說外國游士住在某縣而沒有通行證則罰購一甲之錢，到年底徵收。第二條是針對秦籍游士出國者。秦爵二十級，公士一級，上造二級，即最低的兩級。「秦制……凡有罰，男髡鉗爲城旦……作五歲，完四歲，鬼薪三歲」[221]。城旦分兩種，不加肉刑髡鬄者謂之「完」[222]。此處不言髡鉗，當是完。這就是說，秦士外游者，除削籍外，有公士爵和無爵的人徒役四年，自上造以上的有爵者則徒役三年。判罪當然是就逮捕或自出歸案以後而言的。兩者相較，秦律似對待本國人較嚴厲。另有一條律文也與此有關：

臣邦人不安其主長而欲去夏者，勿許。可（何）謂夏？欲去秦屬，是謂夏[223]。

此處以秦釋夏，可知春秋以來，「諸夏」之稱入人之深。秦人處西陲仍以夏自居，似有與東方諸國爭文化正統的意味。這條律文正是禁秦人外遊的，所指即是游士。「主長」者相對於門下、舍人之類而言也。考《韓非子》「和氏」篇云：「商君教秦孝公……禁游宦之民」[224]。而《商君書》亦屢陳斯義。其「墾令」篇則曰：

民不貴學問則愚，愚則無外交。無外交，則國勉農而不偷[225]。

221 《漢舊儀》卷下，頁一一下。唯可注意者，秦律有「黥城旦」及「繫城旦六歲」諸條，與此有異，尚待進一步研究。（《文物》，一九七六，八月，頁三一）。

222 《漢書補注》「惠帝紀」引孟康說。（卷二，頁三下）。

223 「雲夢秦簡釋文（三）」，《文物》，一九七六，八月，頁三三。

224 陳奇猷，《韓非子集釋》，上冊，頁二三九。

225 朱師轍，《商君書解詁定本》，頁五。

可見這些律文在秦行之已久，或竟傳自商鞅，亦未可知。《史記》「商君列傳」說：

> 商君亡，至關下，欲舍客舍。客舍人不知其是商君也，曰：商君之法，舍人無驗者坐之。商君喟然歎曰：嗟乎，爲法之敝一至此哉！[226]

瀧川氏《考證》云：「驗，印信傳引之類。」其實卽是「傳」。今秦律有一條說：

> 今咸陽發僞傳，弗智（知），卽復封傳它縣，它縣亦傳其縣次，到關而得。今當獨咸陽坐以貲，且它縣當盡貲？咸陽及它縣發弗智（知）者，當皆貲[227]。

此卽關用傳出入之「傳」，漢文帝十二年曾一度廢除者[228]。此條說從咸陽發出僞造之傳，一連經數縣至關而發覺，應該罰誰？律文規定無論知與不知，凡僞傳通過之縣都一樣受罰。此條與客舍「無驗」雖非一事，而至有關連，且用意完全相通。當日商君倉皇奔亡關下並僞傳亦無之，故欲求一宿終不可得。今以此條律文與「商君傳」相闡證，情節宛符。可見《史記》所載，確有來歷。商君誠所謂「作法自斃」者矣。秦律出土雖僅一小部份，其證史之功用則無窮。不有秦簡，今日又烏得知秦廷於游士及私門舍人忌憚之深，防範之嚴乎？

一九七八年一月十四日於耶魯大學

---

226 《史記會注考證》卷六八，頁二〇。

227 「雲夢秦簡釋文（三）」，《文物》，一九七六，八月，頁二九。

228 《漢書補注》卷四，頁一四上。

審查報告一

許倬雲

第一節，關於士的原意，原文第三頁，說明商代士已可能爲貴族之構成部分。竊以爲以古代禮經反映，無論天了，諸侯，卿大夫，殆爲受「命」後之職階，貴族之基本身份仍爲士，天子也不過爲「元士」耳。其未受職命之「士」，仍爲貴族階層之基礎部份，人數亦最多。則謂士即貴族階層之全部（包括已受職命及未受職命者），亦似未爲過言。士以貴族之身份，一方面須能掌握執干戈以衞社稷之能力，是爲武士；另一方面須嫺熟貴族生活之諸種宗教知識，是爲文士。士之從事於祀、戎二大事，卽須文武兼資，徵之《左傳》所見之史事，甚至聖門所教科目均不劃分文武之專業，是以專由武士一意討論（如顧氏說），似未爲全貌。士之「文」職部分，須嫺習禮節，熟知法制及掌故，其意義已是對於「知識」之掌握。王官之學，亦不外對此數項知識之分類而已。哲學之突破，當兼具量與質雙方面。量之增加，使分類有其必要，竊以爲易卦可能卽是分配現象於若干（8-64）個範疇之努力。一經分列範疇，具體的現象，卽轉化爲抽象的觀念，知識一入抽象境界，便不可避免的獲得「理性思考」的特質。同時，人事日繁，其不能以宗教、禮法、禁忌諸觀念處理之事項，逐漸增加，亦勢須由「理性思考」處理。於是士之中一部份成爲專業性的以思考爲責任之人士，亦卽知識份子之先驅。以上申論與英時兄高見當並無衝突，但似可跳過以武士爲士之原意一解。

審查報告二

饒宗頤

承命審查余教授此文，自慚學殖荒落，未敢造次著筆，循覽再四，覺下篇部份，頗多勝義。惟上篇論士之起源及士之文化淵源等問題，破處究多於立，尚有剩義，可以補充。試臚陳之，以供采擇。

(1)士指男性

甲文在《小屯甲編》所見，王占夢有叒十，由（惟）⊥（士），謂獸凡十皆牡。⊥之字形，屈萬里以爲當即牡𦍋等字偏旁之⊥（《甲編》考釋頁四四四），諸家似無異詞。證以《易》象以士夫與女妻對言。士與女相對，《詩》言「穀我士女」，《孟子》言「綏厥士女」，《師寰𣪘》「敺孚（俘）士女羊牛」；士女即男女也，故知士有男性一義。俞正燮撰「釋士篇補儀禮篇名義」，指出「士者，古人年少未冠娶之通名。」再三申明庶人子未冠娶亦得通謂之士。此一士字，非頒爵之士（《癸巳類稿》卷七）。其說極有參考價值。

⑵尚書所見之「士」

周書屢屢言及「士」字，「多士」且為篇名。略舉其文如下：

王若曰爾殷遺多士……肆爾多士，非我小國，敢翼殷命，……王曰爾殷多士……王曰告爾殷多士，今予惟不爾殺……。

由「殷遺多士」一詞，知殷時「士」已存在。（「周頌」，「清廟」：「濟濟多士」。）「酒誥」及「大誥」每稱「庶士」，例如：

庶士有正，越庶伯君子，其爾典聽朕教。（「酒誥」）

肆予告我友邦君，越尹氏，庶士、御事……爾庶邦君，越爾庶士，御事……義爾邦君，越爾多士，尹氏御事。（「大誥」）

《詩》亦言「求我庶士」。從同類詞例比勘，庶士即多士。金文如「子璋鐘」：「用樂父兄者（諸）士」，「沇兒鐘」作「及我父兄庶士」，則諸士亦是多士，故知多士、庶士、諸士正是同義。「酒誥」言「庶士有正」。《儀禮》「燕禮」云「司正與射人一人，司士一人，執冪二人，立於觶南東上。」又云：「羞膳者與執冪者皆士也。」士之職司，可見一斑。司士一名，金文「牧毁」云：「昔先王既令女乍嗣士」，嗣士即「燕禮」之司士。鄭注：「天子射人，司士皆下大夫。」司士為掌士之官，地位較高者，故為下大夫。

《書》「立政」云：「……大史、尹伯、庶常吉士」。《詩》言「吉士誘之。」吉士一名，可以參證。史與士並列，徵之金文「臣辰盉」云：「王令士上眔史寅殷于成周。」正以史官名曰寅者，與士名曰上者，列在一起。

《禮記》「祭法」：「適士二廟一壇。」鄭注：「適士，上士也；官師，中士；下士、庶士，府史之屬。」表之如下：

士 ⎧ 適士：上士
　 ⎨ 官師：中士
　 ⎩ 庶士：下士＝府史

鄭玄以士分上中下三級，解釋適士及庶士；庶士屬于下士之列，與府史同義。大史與庶士之地位是否如此，尚待研究。總之，士爲掌事之吏，可無疑義。

(3)周金文之「士」

金文士字下多爲人名，如：士上（臣辰卣）、士道（貉子卣）、士曶（「克鐘」）、士孚父（「魯士簋」）、士商（「商叡簋」）、士娉（「邾旂鐘」）、士訊（「趞簋」），以上諸士字皆官名。「喪服」鄭注：「士，邑宰也。」以爲士即是宰，今考「克鐘」：「王乎士曶召克。」而「蔡毀」有宰曶，與士曶應是一人，是亦士訓宰之證。又有嗽士，即士嗽之倒文。《儀禮》「喪服」：「公士大夫之眾臣，爲其君布帶繩屨。」傳曰：「公卿大夫、室老、士貴臣，其餘皆眾臣也。君，謂有地者也。」鄭注：「士，鄉士也。」又云：「室老，家相也。士，邑宰也。」士于

《儀禮》中亦屬貴臣之列。又「燕禮」云：「獻，庶子于阼階上，如獻士之禮。」鄭注：「獻士用觶，士賤也。今文觶作觚。」又：「羞膳者與執冪者，皆士也；羞卿者，少膳宰也。」鄭注：「膳宰，卑于士。」是士之職，在宰之間。

(4) 士民與君子

《穀梁傳》成元年，士民在四民之列。士民一詞亦見于《史記》，「越世家」云：

> 勾踐自會稽歸七年，拊循其士民，欲用以報吳。……勾踐復問范蠡，蠡曰可矣，乃發習流二千人，敎士四萬人，君子六千人，諸御千人伐吳，吳師敗。
>
> 其後四年，越復伐吳，吳士民罷弊，輕銳盡死于齊晉。

上文凡兩用「士民」一名，所謂士民應包括習流、敎士、君子、諸御等。士又有「敎士」一類，《索隱》：「謂常所敎練之兵也。」又有「君子」者，《國語》「吳語」作「私卒君子。」韋昭注：「私卒君子，王所親近有志行者，猶吳所謂賢良，齊所謂士也。」

考之《書》「酒誥」，庶士與庶伯君子同列，君子亦士也。下至春秋吳越交爭之時，「君子」一流品，亦在士民之列。當此之際，士已是武士而非文士矣。

士爲四民之一；《齊語》記桓公問㈠成民之事，卽處士、農、工、商若何？及㈡定民之居若何兩事。管仲答語至爲詳盡。成民則士居首，使處閒燕，言義言孝；定民則制士鄉共十五。韋注：「士，軍士；十五鄉合三萬人，是爲三軍。」果如其說，則管仲所立士鄉，實兼軍事訓練。證以吳、越之士民皆服兵役之事，可見春秋之士，已由庶士轉爲武士。《左傳》昭二十七年：「

左司馬沈尹戌帥都君子與王馬之屬以濟師。」杜注：「都君子在都邑之士有後除者。」證以越王甲隊中有私卒君子六千人（《國語》）。都君子當爲武士，「越世家索隱」即用是說。顧頡剛「武士與文士之蛻化」一文，認爲古代之士皆爲武士，尙未徵引及「越世家」，此可補其缺失。且知君子亦指武士，爲士民之一種，而士民之形成與管仲之立士鄉，亦有深切關係。惟謂士原指武士，則殊屬武斷。

(5)動詞之士訓事

《詩》「勿士行枚」即勿事行枚。《白虎通》：「士者，事也，任事之稱也，故傳曰通古今，辯然否，謂之士。」任事之人須能明察，故士又訓察，見《爾雅》「釋詁」，士與事同音爲訓，故士卽是事，能任事之人卽是士。應如法文之 CLERC，原意是掌神職者，在 ANGLO-SAXON，CLERC 爲 PRIEST，CLERK 原爲 CLERGYMAN（神父），中世紀擔任宗教職務者謂之 CLERK。我以爲周初之庶士、多士，原爲男性之掌王事者，意義正如 CLERK，其從字形解士爲農人者，衡以西周文獻，殊屬不可理解。

(6)士階級與祭祀

試以「楚語」觀射父（楚昭王時人）之言爲例：「祀加于舉，上下有序。」

①舉祀	天子	諸侯	卿	大夫	士	庶人
(朔望)	大牢	特牛	少牢	特牲	食魚炙	食菜
	會	大牢	特牛	少牢	特牲	魚

②

諸侯	卿、大夫	士、庶人
舍月	舍月	舍時
(月享)	(時祭)	歲祭

③

天子	諸侯	卿、大夫	士、庶人
遍祀羣神、品物	祀天地三辰、及其土之山川	祀其禮	不過其祖

禮祭法廟制：

王	諸侯	大夫	適士	官師	庶士、庶人
七廟	五廟	三廟	二廟	一廟	無廟
一壇	一壇	二壇	一壇		
一墠	一墠				

由上可見士在大夫及庶人之間。「王制」士一廟，「禮器」士一。鄭注謂：「諸侯之中士下士，名曰官師者，上士二廟」。是士之一廟專指官師而言，若適士（上士）則有二廟。「王制」言制祿之事，下大夫以下，士有上士、中士、下士三等。上士卽適士，中士卽官師，下士卽庶士。

《左》哀二年傳記鐵之役，趙鞅伐鄭之誓詞云：

二三子，順天明，從君命，經德義，除詬恥，在此行也。克敵者，上大夫受縣，下大夫受郡，士田十萬（杜注：「十萬畝也。」），庶人工商遂（杜注：「得遂進仕。」），人臣隸圉免（杜注：「去厮役。」）

「晉語」四：「大夫食邑，士食田。」「王制」：「諸侯之下士，視上農夫，祿足以代其耕也。」故以士受田。上一段誓詞所載受賞者之高下，自上大夫、下大夫、士、庶人，下至工、商、人臣、隸圉，階級層次分明，如此正見士在下大夫及庶人之間。近日出土山西「侯馬盟書」之主盟人，即爲趙鞅也。

總括而論，本人看法，認近人新說士之本義爲農事耕作，及士原指武士二說，皆不可信。而提出士必爲男性。士之訓事，因士是掌事之官，有如西方之 CLERC。西周文獻所見之庶士，蓋指低級任事官吏，士民一名非始于《穀梁傳》（《穀梁》屢爲陸賈《新語》所引用，成書非太晚。）春秋吳越交戰時已習用士民字眼，是時士民兼指軍士而言，此與管仲立士鄉應有密切關係。故四民之形成，始于齊桓，事諒屬可信（顧亭林之說尚待商榷）。區區愚見，未知有當于高明否，尚希卓裁。

後記

本文原爲中央研究院歷史語言研究所主編《中國上古史待定稿》中之一章，刊於《中央研究院成立五十周年紀念論文集》中(第二輯，一九七八年)。初稿曾先後經許倬雲、饒宗頤兩先生審查，對於「士」的起源問題，各自不同角度提出補充意見。此次重印，我已將他們兩位所指出文中某些論斷不妥當的地方作了字句方面的修正，同時更就近來閱覽所及在注釋中增補了若干文獻。但大體上說，本文並沒有基本改動。我必須鄭重聲明，這決不表示我對自己的看法已經完全滿意，因此不需要改動。恰恰相反，到現在爲止，我還沒有寫過任何一篇文字是自己覺得滿意的。「文章千古事，得失寸心知」的說法太莊嚴了，我決不敢承當；倒是王國維「人生過後唯存悔，知識增時轉益疑」的詩句最能道出我個人治學的心理過程。這篇論古代知識階層的文字自然也不例外。

本來我曾打算根據審查意見將本文前三節重新寫過。但是最近一年多以來其他工作實在太忙，根本不容許我再對這一專題作澈底的研究。除了若干枝節問題外，我目前的理解水平並沒有超過初稿撰寫的階段。如果僅僅爲了在形式上敷衍審查人的看法而作一些含糊其辭的文字修改，則不但對學術不夠忠實，而且對於審查人熱心指教更是一種輕薄。此其一。關於「士」的起源這樣一個帶有基本性的大問題，至少以我個人的淺薄學力是一時得不到什麼最後「定論」的。其實我在本文中所表示的若干看法祇是根據對基本史料的認識，並參以前人的研究成績，綜合而成的，其中並沒有「創見」。這中間涉及對史料時代先後的鑑定問題，我在註釋中大體已有說明。我所得到的祇不過是我暫時認爲比較能夠心安的結論而已，這種暫時性的結論僅足聊備一說，不是一兩次的修改便能解決問題的。此其二。

爲了補救這一缺點，我決定把許、饒兩先生的「審查報告」中關於「士」的原始意義的討論附錄於本文之後，以供讀者參考，並使讀者知道本文中究竟存在着那一些尙待繼續追究的問題。（至於審查人所指出的少數細節問題，因爲已斟酌修改，故未附入，以避枝蔓。）我願意借這個機會鄭重向兩位審查人表示我的深切的感謝。

最後，我想就兩篇審查報告中所提出的資料與解釋表示一點感想。許先生認爲古代貴族的基本身份都是「士」，天子、諸侯、卿大夫在未受「命」之前同具「士」的身份，天子也不過是「元士」。這是把「士」的古代社會涵義作最廣義的解釋。「元士」一詞見於《孟子》與《禮記》「王制」篇，原文是「天子之元士」，是否可以說天子在未受「命」前也是「元士」，我個人不敢如此斷定。無論如何，《孟子》尤其是「王制」的時代都嫌稍晚，系統又太整齊，如果沒有其他更早的文獻可資參證，終以闕疑爲是。但是縱使全部貴族都具有「士」的身份，「士」終不能僅僅抽象地存在而不受職命。既受職命，便不免有尊卑貴賤，而發生上層下層的分化。我的看法是後世的知識階層主要是從貴族最低的一層中演變而來的。春秋晚期，尤其是戰國以後，社會流動性大增，庶民也有更多的機會上升爲「士」，這一知識階層的陣容便益爲壯大了。至於「士」的原始性格，許先生也以「文武兼資」爲說。他推論知識份子是從掌宗教禮儀和政事那一部份的「士」通過「理性思考」而逐漸發展出來。這和我的基本觀念並無重大分歧，可以不必多說。

饒先生批評我論士之起源「破處究多於立」是很中肯的。我在原文中曾用力地摧破近代「士原是武士」這一成見。這是因爲此一說法太流行了，幾乎已成「定論」。在觀念上說，這是受了西方中古封建制度中的「武士」（knighthood）的暗示所致。至於「士」究竟是做什麼的，我並沒有確實的交代。饒先生在他的「審查報告」中詳細地列舉了甲骨、金文和古文獻中有關「士」的記載，極有參考價值。饒先生的結論是「士爲掌事之官」，西周文獻中的「庶士」「蓋指低級任事官吏」。細察他所引用的資料，其中包括「府史」、「邑宰」、「貴臣」，軍官種種職業。這一說法是可信的，足補我原文之所未備。但因此我們也可以瞭解「士」在古代並不限於某一種特殊的職業（如武士或禮生之類），雖然「士」「大抵皆有職之人」（顧炎武語）。一般而言，我相信士卽是博通禮、樂、射、御、書、數六藝的人，故也稱作「術士」，具備這六種技能的人便足以勝任古代政治、宗教、經濟、軍事各方面的職務了。我們不妨用孔子爲例，來說明這種情況。孔子自云：「吾少也賤，故多能鄙事。」這是實話，而非謙語。孟子告訴我們：「孔子嘗爲委吏矣，曰會計當而已；嘗爲乘田矣，曰牛羊茁壯而已。」這當然要精通書、數才行。孔子又說：「吾何執？執御乎？執射乎？吾執御矣。」可見他也同樣熟習射御。至於禮、樂，那更是孔子學術中最精到的方面，就用不着多說了。孔子是一位博通六藝的「士」，可以擔任當時任何一種職事。其他的士縱不及孔子，所習者終是同類的技能。士取得技能之後便到大大小小貴族門下去仕宦。他們的職事可以是武的，也可以是文的，無法一概而論。而且隨着時代的發展，分工日細，士和書本知識以及「理性思考」的關係也就愈來愈密切了。因此我們討論士的起源，祇能從他在古代社會結構中所佔據的一般位置去着眼，而不能專從某一兩項「職事」去推測。無論我們說「士」起源於執干戈以衞社稷的軍官、敎師、禮生、邑宰、家臣、或府史，都會流於偏頗的。古人以「事」訓「士」正是不得已而出此。士只是有職事之人，但無法質言究是那一種或數種職事，因爲隨着文化程度的提高，職事一直在不斷地由簡趨繁。關於士在古代社會結構中的一般功能，我現在覺得應該引魯國公父文伯之母所說的一段話來加以說明。《國語》卷五「魯語」下：

是故天子，大采朝日，與三公九卿，視識地德。日中考政，與百官之政事，師尹維旅牧相，宣序民事。少采夕月，與大史司載，糾虔天刑。日入，監九御，使潔奉禘郊之粢盛，而後即安。諸侯朝修天子之業命，晝考其國職，夕省其典刑，夜儆百工，使無慆淫，而後即安。卿大夫朝考其職，晝講其庶政，夕序其業，夜庀其家事，而後即安。士朝受業，晝而講貫，夕而習復，夜而計過無憾，而後即安。自庶人以下，明而動，晦而休，無日以怠。……男女效績，愆則有辟。古之制也。君子勞心，小人勞力，先王之訓也。

公父文伯之母是與孔子同時代的人，但她自稱這番話是根據「古制」、「古訓」來講的。其中雖有理想化的成份，並且個別字句（如「三公九卿」）也有後世潤飾之嫌，而大體上則可視爲戰國時人關於春秋以前「封建」秩序的一篇紀錄。這裏我們看到「士」的功能是「朝受業，晝而講貫，夕而習復，夜而計過無憾。」韋昭注「業」爲「事」，是正確的，可爲「士者，事也」的古義添一例證。此處之「事」雖未確指何事，然而從下文「講貫」、「習復」、「計過」等描寫來看，毫無疑問是和知識技能有關，也就是一種「勞心」的活動。至於「庶人以下，明而動，晦而休，無日以怠」，則顯然是「小人勞力」一語的具體說明。這位貴族夫人說「君子勞心，小人勞力」是「古訓」似乎可信。孟子「勞心者治人，勞力者治於人」那個所謂「天下之通義」不是開頭就用「故曰」兩個字嗎？可見並不是孟子杜撰出來的。「士」處於卿大夫之下，庶人之上，是「勞心」的統治階層中最低的一級，從「魯語」這段記載來看，應該是不成問題的。此外還要補充一點，即「魯語」原文中論及衣服制度有「自庶士以下皆衣其夫」一語（上文未引）。韋注云：「庶士，下士也，下至庶人也。」可見士之最下一級與庶人的衣服並無分別，有趨於平等之勢。這又與我在本文中引「楚語」觀射父言「士庶人舍時」、「士庶人不過其祖」，可以互證。

饒先生以「士」比擬於西方的 clerk，即擔任宗教職務之人，這一點我覺得是有同亦有異。西方的 clerk（可稱爲「教士」）最初由神父轉爲掌管宗教職務之人，再由宗教職務轉爲替世俗君主處理行政、財政、司法等事務之吏。就這一轉變過程言也許和周代之「士」有相近處。因爲古代「國之大事，惟祀與戎」，「士」最初確有宗教的性質。但是「士」與「敎士」相異之處更多。「敎士」雖有知識(至少識字)，然而在十二世紀以前卻毫無政務方面的技術訓練，並且他們對保管檔案、掌故之類的工作沒有興趣。這和中國「士」之六藝訓練完全不同。十二世紀時由於受敎育的人漸多，這種情況才略有改善。不少「敎士」接受了法律的訓練，如 Duke of Burgundy 約在一一八四年創立專門敎會學院 (the Chapelle-le-Duc) 爲他自已訓練處理行政、法律事務的「敎士」。(請看 Jean Richard, *Les ducs de Bourgogne et la formation du duché*, Paris, 1954, pp. 398-399.) 但是另一方面，十二世紀歐洲各地的封建領主也在大力地培養俗世的官吏，如英國的「巡按」(circuit judges) 和法國的「百吏」(baillis，即代封建領主行使行政、司法、財政、軍事等權力之吏)，都是從俗世社會出身的，他們大抵爲以前受大封建領主保護的領民或「陪臣」。事實證明，這些俗世「百吏」遠比「敎士」的行政效能來得高。如果「敎士」可以比爲周初之「士」，那麼這些「百吏」則未嘗不與戰國時代的「士」有某些相似之處。(請看 Joseph R. Strayer, "The Development of Feudal Institutions," in Marshall Claqett, Gaines Post and Robert Reynolds, eds., *Twelfth-Century Europe and the Foundations of Modern Society*, University of Wisconsin Press, 1961, pp. 86-87)「士」與「敎士」之尤其不同者，是前者爲「文武兼資」，而後者則純爲文吏，與同時之「武士」(knight) 成爲君主的左右兩手；一代表法律，一代表武力。總之，我覺得無論用西方封建制度中的「武士」、「

敎士」或「百吏」來和中國先秦的「士」相比時，都不免得失互見。不過偶然借之以說明問題，則未嘗沒有醒目之功。這是現代中國史學研究方面的一種「格義」方法，問題是在於如何把握其運用的際限。

祇有在兩個小枝節問題上，我暫時還不能和饒先生的看法取得完全的一致。第一、饒先生引《史記》「越王句踐世家」中「士民」一詞，以爲與我所引《穀梁傳》中之「士民」同義而較早。我覺得「越世家」中之「士民」是「士」與「民」之義，和《穀梁傳》「士民、商民、農民、工民」的用法並不一致。第二、饒先生相信「齊語」中管仲立「士鄉」之說，因此以「四民」之形成早始於齊桓公時代。在這一點上，我是少數派，因爲很多學者都持此看法。我覺得無論是「齊語」或《管子》「小匡」篇，都未必反映春秋前期的實況，而毋寧間接地透露了戰國中葉以下的社會狀態。我引「齊策」中關於臨淄「雜處」狀況的描寫，便是要點破「齊語」「四民勿使雜處」的時代背景。我覺得顧炎武的說法是比較謹愼而合理的。

一九七九年九月二日於耶魯大學

東漢政權之建立與士族大姓之關係

一 引言

東漢初期帝王如光武、明帝、章帝等都比較尊重士人，這是大家所習知的。而且光武本人也是士人出身，曾於「王莽天鳳中之長安，受尚書，略通大義。」（《後漢書》「本紀」）所以雖在東西誅戰之際，猶能「投戈講藝，息馬論道」（樊準語）。趙翼《廿二史劄記》論「東漢功臣多近儒」一條云：

西漢開國功臣多出於亡命無賴，至東漢中興，則諸將帥皆有儒者氣象，亦一時風會不同也。……蓋一時之興，其君與臣本皆一氣所鍾，故性情嗜好之相近，有不期然而然者，所謂有是君卽有是臣也。

趙氏看出了兩漢開國君臣的性質不同，確是他的史識過人之處。然而他把這一重要事實單純地解釋爲「君臣本皆一氣所鍾」與「性情嗜好之相近」，而不能從歷史的與社會的背景上看問題，卻未免知其一不知其二了。我們根據趙氏這一段文字所啟示的線索，而將兩漢政權建立時社會背景的主要差異，加以比較研究，便可對東漢政權的本質，及西漢末葉至東漢初期這一階段的政治史，有比較深入的認識與貫通性的解釋。並因而瞭解到，在趙氏所指出的兩漢開國君臣性質不同的背後，還埋藏着一些可以說明兩漢社會變遷的重要事實。

二　士人數量的激增

秦漢之際，一方面士人數量極少，另一方面漢高祖又復「慢而侮人」（王陵語），甚至解儒生冠而溲溺其中（《史記》「酈食其傳」），在這種情形下，當時的士人，於政權之建立，自然鮮能爲力。但是在西漢末葉，形勢卻不同了。首先引起我們注意的是士人數量的激增，《漢書》「儒林傳」序記載自從武帝時「爲博士官置弟子五十人，復其身」以後，

昭帝時舉賢良文學，增博士弟子員滿百人。宣帝末增培之。元帝好儒，能通一經者皆復。數年以用度不足，更爲設員千人，郡國置五經百石卒吏。成帝末或言孔子布衣養徒三千人，今天子太學弟子少於是，增弟子員三千人。歲餘復如故。平帝時王莽秉政，增元士之子得受業如弟子，勿以爲員。（顏師古注曰：常員之外更開此路。）歲課甲科四

十人爲郎中；乙科二十人爲太子舍人；丙科四十人補文學掌故云。

又據《前漢紀》卷三十載，平帝元始四年，王莽「爲學者築舍萬區[1]，所益博士員經各五人。徵天下有才能及小學異藝之士，前後至者數千人。」這些還祇說明了太學生名額的增漲，至於郡國方面，自文翁在蜀郡開設學校後，至武帝時，遂令天下郡國皆立學校官。平帝元始三年，立學官，郡國曰學，縣道邑侯國曰校，鄉曰庠，聚曰序。（《前漢書》「本紀」）是學校之設立幾已遍及鄉壤之間。（參看《西漢會要》卷二十五）

此外如私人教授也已頗發達，我們且列舉幾條史實於下：

一、吳　章　「治尚書經爲博士……初，章爲當世名儒，教授尤盛，弟子千餘人。」（《前漢書》「云敞傳」）既云「教授尤盛」，則可見當時私人授徒之風已很普遍，固不止吳章一家了。

二、疏　廣　「少好學，明春秋。家居教授，學者自遠方至。」（同書「疏廣傳」）

三、贛　遂　「耆老大儒，教授數百人。」（同書「朱博傳」）

四、翟　宣　「宣教授，諸生滿堂。」（同書「翟方進傳」）

五、眭　孟　「嚴彭祖與顏安樂俱事眭孟。孟弟子百餘人。……孟死，彭祖、安樂各顓門教授。」（同書「儒林列傳」）

1《太平御覽》卷五三四引《三輔黃圖》云：元始四年起明堂辟雍為博士舍三十一區，為會市。又云：去城七里東為常滿倉，倉之北為槐市，列槐樹數百行，諸生朔望會且市。此更可見當時博士與諸生之多，足與正史相印證。

六、王　良　「少好學，習小夏侯尚書。王莽時稱病不仕，教授諸生千餘人。」（《後漢書》「王良傳」）

七、劉　昆　「少習客禮，平帝時受施氏易於俸人戴賓。……王莽世，教授弟子，恒五百餘人。」（同書「儒林列傳」）

八、夏　恭　「習韓詩、孟氏易，講授門徒，常千餘人」（同書「文苑列傳上」）按恭亦王莽時人。

九、劉　茂　「長能習禮經，教授常數百人。哀帝時察孝廉。……王莽篡位，茂棄官，避世弘農山中教授。」（同書「獨行列傳」）

十、索虜放　「以尚書教授千餘人。」（同上）按放亦王莽時人。

十一、伏　湛　「少傳父業，教授數百人。成帝時以父任爲博士弟子。……更始立，以爲平原太守。時倉卒兵起，天下驚擾，而湛獨晏然教授不廢。」（同書「伏湛傳」）

十二、徐子盛　「以春秋經授諸生數百人。」（同書「承宮傳」）按徐子盛爲西漢末人。

從歷史記載上我們可以看出，私人教授的風氣愈往後便愈普遍。所以班固的「儒林列傳」贊曰：

自武帝立五經博士，開弟子員，設科射策，勸以官祿，訖於元始，百有餘年，傳業者寖盛，支葉蕃滋，一經說至百餘萬言，大師衆至千餘人，蓋利祿之路然也！

三　士族的形成探源

可是我們不能把這種人數的增多單純地瞭解爲量的變化，更重要的是士人的社會身份已隨着這種增加而發生了本質的改變。西漢政權之建立，士人雖未發生重要的作用，但高祖陣營中還是有少數儒生如酈食其、陸賈、叔孫通等。這些人的社會本質如何呢？稍一回想便可知道：他們還是和戰國時單身的「游士」沒有什麼分別；他們除了知識之外，別無其他的社會憑藉。叔孫通雖帶了一百多個學生，在天下未定之前，卻一直被冷落在一邊。但在西漢末葉，士人已不再是無根的「游士」，而是具有深厚的社會基礎的「士大夫」了。這種社會基礎，具體地說，便是宗族。換言之，士人的背後已附隨了整個的宗族。士與宗族的結合，便產生了中國歷史上著名的「士族」。

然則士與宗族又是怎樣結合在一起的呢？這一問題，若詳加分析，必須另有專文。我們在此祇能略加探溯，以明源流所自而已！家族羣居之制源自遠古，本非漢代的新產物。秦與漢初的移徙大族政策，一部份用意便在於防止封建宗族勢力的復活[2]。武帝時更有強宗大姓不得族居的禁律。《後漢書》「鄭弘傳」注引謝承書說：

> 鄭弘曾祖父本齊國臨淄人，官至蜀郡屬國都尉。武帝時選強宗大姓不得族居，將三子移居山陰，因遂家焉！（又《北堂書鈔》四〇、七八引）

---

2 《漢書》「地理志下」：「漢興，立都長安，徙齊諸田，楚昭、屈、景，及諸功臣家於長陵。後世，徙吏二千石，高訾富人及豪傑幷兼之家於諸陵。蓋亦以強幹弱支，非獨為奉山園也。」可見這種政策本來是限制宗族勢力發展的。但成帝時陳湯上封事則曰：「初陵京師之地最為肥美，可立一縣。天下民不徙諸陵三十餘歲矣！關東富人益衆，多規良田，役使貧民，可徙初陵，以強京師，衰弱諸侯。又使中家以下得均貧富，湯願與妻子家屬徙初陵，為天下先。」這種強幹弱枝政策之鬆弛，實透露出西漢政權逐漸與強宗大族取得協調的重要消息。這種協調則無疑是通過「士族化」的過程而逐漸獲致的。關於這一問題的一般性討論可看守屋美都雄「漢代に於ける宗族結合の一考察」，《東亞論叢》五，頁三一七—二三八。一九四一年。

可見傳統的宗族勢力一直很強大，而爲西漢統治階層所畏懼。然而這種宗族勢力與士人之間並未發生具有社會涵義的聯繫，故其性質應與後來的「士族」有別，未可混爲一談。我們試舉一例以說明之。《史記》「主父偃列傳」記偃之言曰：「臣結髮游學四十餘年，身不得遂，親不以爲子，昆弟不收，賓客棄我，我阨日久矣！」後偃拜爲齊相，至齊遍召昆弟賓客散五百金予之，數之曰：「始吾貧時，昆弟不我衣食，賓客不我內門。今吾相齊，諸君迎我或千里。吾與諸君絕矣！毋復入偃門。」（又見《漢書》本傳）這個事實告訴我們：在武帝之世，士與宗族還沒有完全打成一片。從此一故事與蘇秦的傳說之相似性來看，可見那時的士人仍未脫離「游士」階段。此外如流傳頗廣的朱買臣故事，也具有同樣的社會意義。其所以如此者，最根本的原因，顯然是由於那時的士尚未能普遍地確定地取得政治地位，因此也就不能形成他們的宗族。但在武帝崇儒政策推行弟，之後，士人的宗族便逐漸發展。如《史記》「酷吏列傳」記張湯「於故人子弟爲吏，及貧昆調護之尤厚。」及湯死，「昆弟諸子欲厚葬湯。」（《漢書》「張湯傳」同）自此以後，士與宗族的關係便日深一日。楊惲「受父財五百萬，及身封侯，皆以分宗族。後母無子，財亦數百萬，死皆予惲。惲盡復分後母昆弟。再受訾千餘萬，皆以分施。」（《漢書》本傳）朱邑「身爲列卿，居處儉節，祿賜以共九族鄉黨，家亡餘財。」（同書「循吏傳」，又見《前漢紀》卷十九）疏廣「既歸鄉里，日令家共具設酒食，請族人賓客與相娛樂，數問其家金餘尚有幾所，趣賣以共具。」（同書本傳，又略見《前漢紀》卷十八）嚴延年母知子將敗，「遂去歸郡，見昆弟宗人，復爲言之。」（同書「酷吏傳」。又《前漢紀》卷十九作「母還歸，復爲宗族昆弟言之。」）平當不應封侯之詔，「宗族皆謂當曰：何不強起受侯印綬爲子孫邪？當曰：吾在大位已負素餐之責矣！起受侯印，還寢而死，死有餘罪。今不起者爲子孫也。」（《前漢紀》卷二十八，又《漢書》本傳，「宗族」作「家室」。）《漢書》「鮑宣傳」：「郇越散其先人貲千餘萬以分施九族州里。」張臨「亦謙儉。且死，分施宗族故舊。」（同書「張湯傳」）

我們將這幾條史實與主父偃的宗族關係作一對照，便立刻可以看出士與宗族的關係，在武帝以後發生了如何巨大的變化。至於這種變化的實際過程究竟如何，由於文獻不足，我們無法詳說，惟亦有蛛絲馬跡可得而言者。士族的發展似乎可以從兩方面來推測：一方面是強宗大姓的士族化，另一方面是士人在政治上得勢後，再轉而擴張家族的財勢。這兩方面在多數情形下當是互爲因果的社會循環。所謂「士族化」，便是一般原有的強宗大族使子弟讀書，因而轉變爲「士族」，這從西漢公私學校之發達的情形，以及當時鄒魯所流行的「遺子黃金滿贏，不如一經。」（《漢書》「韋賢傳」）的諺語，可以推想得之。試想讀書既爲利祿之階，豈有社會上最有勢力的強宗大姓反而不令子弟受學之理？而且這種推想也並不是全無事實根據，例如平當「祖父以訾百萬，自下邑徙平陵。當少爲大行治禮丞，功次補大鴻臚文學，察廉爲順陽長栒邑令，以明經爲博士。」（《漢書》本傳）歷史上祇說他家世豪富，並沒有說他是仕宦世家，很可能是到平當這一代才開始讀書的。比較明顯的例子是蕭望之。《漢書》本傳說他「家世以田爲業，至望之好學，治齊詩，事同縣后倉且十年。」這是普通強宗大姓轉變爲士族的確證。後世譜牒妄記望之爲蕭何之後，顏師古已力辨其非。又如鄭崇「本高密大族……祖父以訾徙平陵。父賓明法律爲御史。」（同書本傳）可見鄭氏也是剛由普通大姓轉變爲士族的。西漢自武帝以後，必然有許多強宗大姓逐漸轉變爲士族，此實屬不容懷疑的事。我們祇要進而一察士人藉政治關係發展宗族財勢的情形，對這一點便可有更明確的認識。《漢書》「張禹傳」說：「禹河內軹人也。至禹父徙家蓮勺(師古曰：左馮翊縣名。）……卜者謂禹父曰：是兒多知，可令學經。」同傳又說「家以田爲業。」可見張禹原爲大姓子弟。西漢多強宗大姓遷徙之事，張家當亦爲其中之一（如前舉鄭崇之例。）及至張禹在政治上得勢之後，便極力爲宗族求發展：「禹爲人謹厚，內殖貨財。……及富貴，多買田至四百頃，皆涇渭灌溉，極膏腴上賈。」「禹每病，輒以起居聞，車駕自臨問之。上親拜禹床下，禹頓首謝恩歸誠，言老臣有四男一女，愛女甚於男，遠嫁爲張掖太守蕭咸妻，不勝父子私情，思與相近。上卽時徙咸爲弘農太守。又禹小子未有官，上臨候禹，禹數視其小子。上卽牀下拜爲黃門郎給事中。」其後禹卒，「長子官至太常，列於九卿，三弟皆爲校尉散騎諸曹。」（均見《漢書》本傳，又略見《前漢紀》卷二十五）又如楊惲「既失爵位，家居治產業，起室宅，以財自娛。歲餘其友人安定太守西河孫會宗與惲書諫戒之，爲言大臣廢退當闔門惶懼，爲可憐之意。不當治產業，通賓客，有稱譽。」（同書本傳）鄭崇以諫哀帝勿過寵外戚近臣獲罪，尚書令奏崇與宗族通，疑有姦，請治。上責崇曰：「君門人如市，何以欲禁切主上？崇對曰：『臣門如市，臣心如水。』」（同書本傳）是崇亦承認他與宗族的關係甚爲密切。疏廣歸鄉里，居歲餘，子孫竊謂其昆弟老人廣所信愛者曰：『子孫幾及君時頗立產業基阯，今日飲食費且盡，宜從丈人所勸說君買田宅。』老人卽以閒暇時爲廣言此計，廣曰：『吾豈老悖不念子孫哉！顧自有田廬，令子孫勤力其中，足以共衣食與凡人齊，今復增益之以爲贏餘，但教子孫怠惰耳！……又此金者聖主所以惠養老臣也。故樂與鄉黨宗族共饗其賜，以盡吾餘日，不亦可乎？』於是族人說服。」（同書本傳）疏廣爲士人中之賢者，所以不肯過份爲家族治「產業基阯」，但他的家族經濟狀況還是很好，而且從他所謂「吾豈老悖」之言觀之，則士人爲家族治產的思想，在當時已甚爲普遍。可是士人中究竟賢者太少，故利用政治關係發展家族勢力者，在在皆是。武帝時，丞相公孫賀便是其中之一。征和二年春詔曰：「故丞相賀倚舊故乘高勢而爲邪，興美田以利子弟賓客，不顧元元，無益邊穀，貨賂上流，朕忍之久矣！終不自革……。」（《漢書》「劉屈氂傳」）士族勢力的發展，最後竟至侵犯到一般平民的利益，引起嚴重的社會問題。西漢時有識之士便已看到這一點，元帝時貢禹陳事已指出當時風氣，以「居官而置富者爲雄桀，處姦而得利者爲壯士。兄勸其弟，父勉其子。俗之敗壞，乃至於是。察其所以然者，皆以犯法得贖罪，求士不得眞賢，相守崇財利，殊不行之所致也！」（同書本傳）哀帝時鮑宣上書也說「豪強大姓蠶食亡厭」，爲民「七亡」之一；他指出：「羣臣幸得居尊官，食重祿，豈有肯加惻於細民，助陛下流教化者邪？志但在營私家，稱賓客，爲姦利而已！」又說：「臣雖愚戇，獨不知多受祿賜、美食、大官，廣田宅，厚妻子，不與惡人結仇怨，以安身邪？」（均見本傳）這些話實透露出當時大族發展的黑暗的一面。

上引史實已可說明西漢士族勢力的產生過程及其活動方式，用不着再加解釋。我們固不能說那時所有強宗大族都已「士族化」，但士族在西漢後期的社會上已逐漸取得了主導的地位，實是不可否認的歷史事實。我們懂得了這一重要的歷史背景，就可以進一步討論從西漢末葉至東漢政權建立這一期間的政治變遷了。

四　王莽興亡與士族大姓的關係

士族勢力的政治影響，首先具體表現在王莽的變法運動上。王莽本人是當時兩種矛盾的社會勢力的綜合產物：從他身世說，他乃是外戚，屬於王室勢力的系統；但從其行事及其所推行的政策看，則他又代表了漢代士人的共同政治理想。他之所以後來成爲眾望所歸的人物，便正是由於他一方面有王室的關係爲憑藉，而另一方面又獲得了不少士人的歸心。前面曾指出士與家族的關係愈至後便愈密切，外戚的宗族勢力似乎也有同樣的發展過程。例如武帝方幸王夫人時，甯乘對衞青說：「今王夫人幸，而家族未富貴。願將軍奉所賜千金爲王夫人親壽。（師古曰：親，母也。）」（《史記》「衞將軍驃騎列傳」，《漢書》「衞青霍去病傳」）則那時的外戚與家族之關係還不一定都很密切。但無論如何，到昭帝時，外戚與其家族的關係便已經很深了。霍光死後，魏相奏封事說：「今光死，子復爲大將軍，兄子秉機樞，昆弟諸婿據權勢在兵官，光夫人顯及諸女皆通籍長信宮……。」（《漢書》「魏相傳」）《後漢書》「申屠剛傳」載：剛對策論外戚事有云：「霍光秉政，輔翼少主，修善進士，名爲忠直，而尊崇其宗黨，摧抑外戚。」章懷注曰：「昭帝時霍光輔政，其子禹及兄孫雲山等皆中郎將，奉車都尉，昆弟諸婿皆奉朝請給事中。唯昭帝外家趙氏無一人在位者。」其論外戚與宗族之關係亦自霍氏始，不更上溯。可見武帝以後外戚與宗族之關係確有一轉變。而且外戚之富貴者，也不止於本族了。成帝時，張匡便以此攻擊王商。他說商「宗族爲列侯，吏二千石，侍中諸曹給事，禁門內連昏諸侯王，權寵至盛。」又說：「今商宗族權勢，合貲鉅萬計，私奴以千數。」（同書「王商傳」）後商死，其「子弟親屬爲駙馬、都尉、侍中、中常侍、諸曹大夫、郎吏者，皆出補吏。」（同上）可見張匡所言並不爲過份。《前漢紀》載成帝元延元年劉向上封事曰：「今王氏一姓而朱輪華轂者二十三人。……尙書九卿州牧郡守皆出其門，管執樞機，朋黨比周，行汚而寄治，身私而託公，稱舉者登進，忤恨者中傷，遊談者爲已說，執政者爲已言。……兄弟据重，家族盤牙。歷自上古以來，未有其比。」（卷二十七）我們舉此數事以見西漢的外戚，亦自有其家族的背景。王莽旣有大志，當然也不能忽略這一力量。所以他年青時「事母及寡嫂，養孤兄子，行甚敕備。又外交英俊，內事諸父，曲有禮意，陽朔中世父大將軍鳳病，莽侍疾親嘗藥，亂首垢面，不解衣帶連月。」這種孝弟之行，顯然是爲了取得宗族的信任。及後爲安漢公時，又「復以千萬分予九族貧者。」（均見《漢書》本傳）則交結宗族之意尤爲明顯，且範圍也遠超出本族之外了。而王莽之得勢，更重要的還在於他獲得了多數士人的支持，這是一般外戚不能和他比較的地方。他早年卽以士人而不是外戚姿態出現：「莽羣兄弟皆將軍五侯子，乘時侈靡，以輿馬聲色佚游相高。莽獨孤貧，因折節爲恭儉，受禮經，歸事沛郡陳參，勤身博學，被服爲儒生。」《漢書》本傳復記他後來和士人交往的情形云：

> 莽……爵位益尊，節操愈謙，散輿馬衣裘振施賓客，家無所餘，收贍名士，交結將相卿大夫甚衆。故在位更推荐之，游者爲之談說，虛譽日隆洽，傾其諸父矣！敢爲激發之

行，處之不慚恧；莽兄永爲諸曹蚤死，有子光，莽使學博士門下。莽休沐出振車騎，奉羊酒勞遺其師，恩施下竟同學。諸生縱觀，長老歎息。

因此一時名士如戴崇、金涉、箕閎、陽並、陳陽等都成爲他的支持者。及後執政，遂有宗族與士人結黨爲莽效力之事：

王舜主邑爲腹心，甄豐、甄邯主擊斷，平晏領機事，劉歆典文章，孫建爲爪牙，豐子尋、歆子棻、涿郡崔發、南陽陳崇皆以材能幸於莽。莽色厲而言之，欲有所爲微見風采。黨與承其指意而顯奏之。（本傳）

「外交英俊，內事諸父」的策略，終使王莽同時贏得了士人與宗族的擁戴，故班固也不能不承認：「王莽始起外戚，折節力行，以要名譽。宗族稱孝，士友歸仁。」（「王莽傳」贊）

王莽興起之士人與宗族的背景既如上述，而新室的失敗，也與其時的士族大姓有相當關係，值得我們注意。在未討論這個問題之前，有一點必須辯明：即個別士人的社會理想並不必然和他自己階層的利益完全符合。換言之，知識份子的理想主義的一面，常表現爲追求社會的正義與進步。這也是一般社會所以尊重士人的主要原因。即以兩漢而論，自董仲舒以迄仲長統，許多明智之士，都感覺到豪強兼并是一嚴重的社會問題，故多主張限田或井田之類的均田政策，以消弭貧富過份懸殊的現象。而在兩漢豪強大姓之中，則頗不乏士族之家，觀前所舉士族興起之事實可知。貢禹、鮑宣的議論，更顯然是以士族爲對象。此外兩漢許多打擊豪族大姓的所謂酷吏，也多可以歸之於這一類士人之中。而且無論我們對這一類的現象如何解釋，個別士人的言行可以超越他所屬的階層利益，終爲不可抹殺的客觀事實。王莽新政的失敗，便恰恰是說明這項原則的例證之一。

在王莽新政所表現的社會理想中，限制士族大姓在經濟上的過度擴張，是最主要的項目之一。這種限制後來便具體化爲復井田與禁奴婢。蓋土地兼併與奴婢買賣爲當時士族大姓勢力發展之一要端，哀帝時，師丹建言說得很明白：

> 孝文皇帝承亡周亂秦，兵革之後，天下空虛，故務勸農桑，帥以節儉，民始充實，未有并兼之害，故不爲民田及奴婢之限。今累世承平，豪富吏民，訾數鉅萬，而貧弱愈困。……宜略爲限。（《漢書》「食貨志上」）

荀悅更對豪強兼併下的實際情形有深入的分析，他說：

> 今漢民或百一而稅，可謂鮮矣！然豪富人占田逾侈，輸其賦太半。官收百一之稅，民收太半之賦。官家之惠優於三代，豪強之暴酷於亡秦。（《前漢紀》卷八）

王莽新政便是在這樣的社會經濟危機下產生的。這種政策的推行，很顯然地要侵害到士族大姓的利益，因之，其將引起士族大姓的普遍反對，也可以說是必然的。我們且先一看王莽失敗的前奏曲。

原來在師丹建言之後，哀帝卽曾「下其議，丞相孔光、大司空何武，奏請，諸侯王列侯，皆得名田國中，列侯在長安，公主名田縣道，及關內侯吏民名田，皆毋過三十頃。諸侯王奴婢二百人，列侯公主百人，關內侯吏民三十人。期盡三年，犯者沒入官。」（「食貨志上」）這種政策，姑無論其是否足夠解決當時的社會問題，倘眞能付諸實施，總可發生一點壓抑豪強大姓的作用[3]。可是結果如何呢？「食貨志」接着告訴我們：

時田宅奴婢賈爲減賤。丁、傅用事，董賢隆貴，皆不便也。（師古曰：丁、傅及董賢之家皆不便此事也。）詔書且須後。（師古曰：須，待也。）遂寢不行。

這樣一種輕微的改革都因爲不便於權貴之家而胎死腹中[4]，何況是王莽那種比較激烈的政策呢？荀悅論井田制度的實行云：

夫井田之制，宜於民衆之時。地廣民稀，勿可爲也。然欲廢之於寡，立之於衆，土地旣富，列在豪強，卒而規之，並有怨心，則生紛亂，制度難行。（《前漢紀》卷八）

荀氏之言本爲泛論，但竟道中了王莽失敗、天下亂起的一部份原因。我們觀察舊史的記載，至少可以看出一點，即當時眞正爲反對王莽新政而起兵者，主要是一些士族大姓[5]。更堪玩味的是：在其復井田禁奴婢未正式實行以前，士族大姓猶有擁戴新室者，而起事者亦甚少，在這以後，天

3 荀悅以為「三十頃有不平矣！」是仍嫌其限制太寬。

4 丁、傅為外戚。董賢雖係佞臣，卻出身士族之家，「父恭為御史，任賢為太子舍人。哀帝立，賢隨太子官為郎。」（《漢書》「佞幸傳」）

5 當時起兵者可分兩類：一是因饑荒而起的農民烏合之衆，他們對王莽政權並無敵意，祗是「饑寒羣盜，犬羊相聚。」（嚴尤語），另一則是士族大姓的勢力，他們大部份是為推翻王莽政權而起兵的，其政治目標甚為明顯。後文另有分析。（英時按：本文發表以來二十多年中討論農民起義的文字甚多，都強調赤眉的政治社會意義。但這是最廣義的說法，與本文所言專以反對王莽政權的政治意義不是同一層次的問題。讀者幸加分辨。）

下士族大姓遂紛紛舉兵反叛。我們於此須先對士族大姓的社會勢力及其舉兵的歷史略加追溯。

漢初豪宗強族多爲古代封建勢力之遺，故漢廷對付他們的政策，除遷徙之外，便是嚴厲的打擊，甚至不惜加以「夷滅」。此觀《史記》「酷吏列傳」可知。武帝以後，強宗豪族既逐漸因「士族化」而與統治階層發生聯繫，其勢力遂益爲鞏固與浩大。而一般對付豪強的官吏，便往往要採取分化與利用的政策，不能一味地殺伐了。宣帝時，趙廣漢遷潁川太守：

> 郡大姓原、褚，宗族橫恣，賓客犯爲盜賊，前二千石莫能禽制。廣漢既至，數月誅原、褚首惡，郡中震栗。先是潁川豪桀大姓相與爲婚姻，吏修朋黨。廣漢患之，厲使其中可用者受記，出有案問，既得罪名，行法罰之。廣漢故漏泄其語，令相怨咎。又敎吏爲缿筩，及得投書，削其主名，而託以爲豪桀大姓子弟所言。其後強宗大姓家家結爲仇讎，姦黨散落，風俗大改，吏民相告訐，盜賊以故不發，發又輒得，一切治理，威名流聞。（《漢書》「趙廣漢傳」）

這顯然只是治標的辦法，並不能眞正消弭社會危機，而且還引起了另一方面的惡果。因此後來韓延壽繼治潁川遂改弦更張，運用軟化的手法。同書「韓延壽傳」說：

> 潁川多豪強難治……。先是趙廣漢爲太守，患其俗多朋黨，故構令吏民，令相告訐。一切以爲聰明，潁川由是以爲俗。民多怨讎。延壽欲改更之，敎以禮讓。恐百姓不從，乃歷召郡中長老爲鄉里所信向者數十人，設酒具食，親與相對，接以禮意，人人問以謠俗民所疾苦，爲陳和睦親愛，銷除怨咎之路。長老皆以爲便，可施行。因與議定嫁娶喪祭

儀品，略依古禮，不得過法。延壽於是令文學校官諸生皮弁執俎豆，爲吏民行喪嫁娶禮，百姓遵用其教。

這便是西漢循吏所常推行的教化政治。觀其以「長老」爲號召的辦法，則主要還是借重宗族的關係，不過納之於禮義之途而已！至其效果是否如歷史上所說的那樣神速，我們已無從知悉，也毋須乎深究。我們於此應注意的是：這種教化政治，乃是兩漢士人所嚮慕的士族社會的共同理想。因之，如果這種政治實驗眞是相當成功，則更足以說明當時社會士族化的程度實已很深了。此外如成、哀之世的朱博，也是以分化政策治理豪族大姓著稱，史載：

博治郡，常令屬縣各用其豪桀以爲大吏，文武從宜。縣有劇賊及它非常，博輒移書以詭責之。其盡力有效，必加厚賞，懷詐不稱，誅罰輒行。以是豪強慹服。（《漢書》「朱博傳」）

很顯然地，這一類的政策所能發生的作用，最多也不過是防止強宗大姓爲非作歹而已，它不但不能遏止豪強勢力的正常發展，從另一方面說，恐正有以助長之。偶有嚴厲打擊豪強者，則已不能立足，如陳咸在州郡，「下吏畏之，豪強慹服，令行禁止。然亦以此見廢。」（同書「陳萬年傳」）

西漢強宗大姓的勢力如此龐大，故中葉以降，已常有造反之事，如「武帝崩，昭帝即位，而齊孝王孫澤交結郡國豪傑謀反，欲先殺青州刺史。」（同書「雋不疑傳」）這已是大姓舉兵的明證。成帝河平三年，「廣漢男子鄭躬等六十餘人攻官寺，篡囚徒，盜庫兵，自稱山君。」次年多，「鄭躬等黨與寖廣，犯歷四縣，眾且萬人。」（「成帝紀」）梅福上疏論士之重要曾引此事爲例云：「方今布衣，迺窺國家之隙，見間而起者，蜀郡是也。」孟康注：「成帝鴻嘉中，廣漢男子鄭躬等反是也。」（見「梅福傳」）參而考之，則鄭躬似為士人。無論如何，士族在西漢末葉已頗有勢力，殆為顯著的事實。梅福曰：「士者國之重器；得士則重，失士則輕。」（同上）李尋謂王根曰：「夫士者國家之大寶，功名之本也。」（同書「李尋傳」）後光武亦謂王霸曰：「今天下散亂，兵革並興。得士者昌，失士者亡。夢想賢士共成功業，豈有二哉！」（《後漢紀》卷一）此等思想祇有在士族勢力既興之後才能滋長，決非漢初社會所能普遍流行的。而且這些話也並不是虛語，當時確有因得士而興或失士而敗者。宣帝時楊惲之死便因為他「自伐其賢能，性好刻害，發人陰伏，輕慢士人，卒以此敗。」（《前漢紀》卷二十）又如朱邑也「貢薦賢士大夫，多得其助者。」（《漢書》「朱邑傳」）哀帝時，朱博「好樂士大夫。為郡守，九卿賓客滿門，欲仕宦者薦舉之，欲報仇怨者解劍以帶之。其趨事待士如是。博以此自立，然終用敗。」（同書「朱博傳」）

我們明白了王莽變法以前士族大姓的實際力量，對於王莽時士族大姓紛紛起兵的現象，就不會感到兀突了。前面說過，王莽雖一方面交結士大夫，另一方面卻又打擊侵凌小民的豪強勢力，這是與多數士族大姓的利益相衝突的。史載：「平帝即位，王莽陰有篡國之心，乃風州郡以辠法案諸豪桀及漢忠直臣不附己者。」（《漢書》「鮑宣傳」，又見「王莽傳上」）這已經開始懲治豪強了。其始建國元年改制詔有云：

> 漢氏減輕田租，三十而稅一，常有更賦，罷癃咸出，而豪民侵凌，分田刦假。厥名三十稅一，實什稅五也。（按此或卽前引荀悅之論之所本）父子夫婦終年耕芸所得不足以自存。故富者犬馬餘菽粟，驕而為邪，貧者不厭糟糠，窮而為姦。……今更名天下田曰王

田，奴婢曰私屬，皆不得賣買。其男口不盈八而田過一井者，分餘田予九族、鄰里、鄉黨，故無田，今當受田者，如制度。（《漢書》「王莽傳中」）

這種改革之不利於一般士族大姓，可不待言而明。因此其後「坐賣買田宅、奴婢，鑄錢，自諸侯卿大夫至於庶民，抵罪者不可勝數。」（同上）而當時起事反莽之士族大姓亦多以此。卜者王況謂李焉曰：「新室即位以來，民田奴婢不得賣買……百姓怨恨，盜賊並起。」（同書「王莽傳下」）隗囂移檄數莽罪狀，亦列「田爲王田，賣買不得」爲其中之一。（《後漢書》「隗囂傳」）甚至王莽自己的人也有同樣的看法。區博諫王莽曰：

> 井田雖聖王法，其廢久矣！周道旣衰，而民不從。秦知順民之心可以獲大利也，故滅廬井而置阡陌，遂王諸夏，訖今海內未厭其敝，今欲違民心復千載絕跡，雖堯舜復起，而無百年之漸，弗能行也。天下初定，萬民新附，誠未可施行。（「王莽傳中」）

區博的話已明確的指出了當時的社會經濟背景，王莽爲鞏固政權計，亦不能不作某種程度的讓步，故下書曰：「諸名食王田皆得賣之，勿拘以法。犯私賣庶人者且一切勿治。」（同上）其後叛亂四起，莽召問羣臣擒賊方略，公孫祿也說：

> 國師嘉信公顚倒五經、毀師法，令學士疑惑，明學男張邯、地理侯孫揚造井田，使民棄土業，義和魯匡設六筦以窮工商，說符侯崔發阿諛取容，令下情不上通。宜誅此數子，以慰天下。（「王莽傳下」）

綜合以上種種材料觀之，可見復井田與奴婢之禁，確是激起士族大姓反莽的基本原因之一。

因此地皇三年，「莽知天下潰畔，事窮計迫，乃……除井田、奴婢、山澤、六筦之禁。」我們試一看最早起兵反莽者的社會身份，對此點便可有更深切的認識。居攝元年四月，「安衆侯劉崇與相張紹謀曰：安漢公莽專制朝政，必危劉氏。天下非之者乃莫敢先舉，此宗室恥也。吾帥宗族爲先，海內必和。紹等從者百餘人。」此劉氏之宗族也。次年東郡太守翟義見王莽居攝，心忍之，謂姊子上蔡陳豐曰「『吾幸得備宰相子，身守大郡，父子受漢厚恩義，當爲國討賊……今欲發之，乃肯從我乎？』豐年十八，勇壯許諾。又遂與東郡都尉劉宇、嚴鄉侯劉信、信弟武平侯劉璜結謀。……郡國皆震。比至山陽，衆十餘萬。莽聞之大懼。」（《漢書》「翟方進傳」）此士族與宗室之連結者也。翟義兵既起，「槐里男子趙明、霍鴻等起兵以和翟義，相與謀曰：『諸將精兵悉東，京師空，可攻長安。』衆稍多至且十萬人。」（「王莽傳上」）此則普通大姓也。

唯以上幾次士族大姓的反叛，都在王莽篡位之前，那時王莽的改制尚未明朗化，所以士族大姓和者猶少。而且由於王莽一向頗得士人的擁戴，在其復井田禁奴婢未施行之前，尚有士族大姓助莽平亂者。此事甚有意義，茲舉數例以明之。劉崇、張紹起兵時，崇族父嘉與紹從弟竦「詣闕自歸，莽赦弗罪。」竦復爲嘉作奏曰：「安衆侯崇乃獨懷悖惑之心，操畔逆之慮，興兵動衆，欲危宗廟，惡不忍聞，罪不容誅。……是故親屬震落而告其罪，民人潰畔而棄其兵。」又說：「方今天下聞崇之反也，咸欲騖衣手劍而叱之，……而宗室尤甚。……宗室所居或遠，嘉幸得先聞，不勝憤憤之願。願爲宗室倡始，父子兄弟負籠倚鍤，馳之南陽。」（均見「王莽傳上」）劉歆子祉娶翟宣女爲妻，「會宣弟義起兵，欲攻莽。南陽捕殺宣女，祉坐繫獄。歆因上書謝罪，願率子弟宗族爲士卒先。」（《後漢書》「城陽恭王祉傳」）甚至在王莽篡位之後，宗室及一般士族大姓仍有助莽之事。始建國元年四月，徐鄉侯劉快結黨數千人，起兵於其國。快兄殷，故漢膠東王，時改爲扶崇公。快舉兵攻卽墨。殷閉城門自繫獄，吏民距快。快敗走，至長廣死。莽曰：「……今卽墨士大夫復同心殄滅反虜，予甚嘉其忠者，憐其無辜。其赦殷等非快之妻子它親屬當坐者，皆勿治。」（「王莽傳中」）這是王莽改制前的最後一次叛亂。自此以後，遂不見有士族大姓擁戴新室之記載。相反地，各地士族大姓都紛紛率領宗族子弟起而反莽，王莽政權終因而覆亡。王莽亦深知他的政策不利於一般士族大姓的社會經濟利益。所以天下亂起之後，他最憂慮的也是士族大姓的武裝力量。地皇二年，莽下書責吏士而論及盜賊的性質云：

> 今盜賊發不輒得，至成羣黨，遮略乘傳宰士。士得晚者又妄自言：我責數賊何故爲是，賊曰：貧窮故耳！賊護出我。今俗人議者率多若此，唯貧困饑寒犯法爲非，大者羣盜，小者偷穴，不過二科。今結謀連黨以千百數，是逆亂之大者，豈饑寒之謂邪？（「王莽傳下」）

王莽不信饑寒爲盜之說，當然是由於他瞭解士族大姓造反的可能性較大之故。我們看了下面這一記載當更了然：

> 初京師聞青、徐賊衆數千萬人，訖無文號旌旗表識，咸怪異之。……莽亦心怪，以問羣臣。羣臣莫對，唯嚴尤曰：「此不足怪也。自黃帝、湯武行師，必待部曲旌旗號令，今此無有者，直饑寒羣盜，犬羊相聚，不知爲之耳。」莽大說，羣臣盡服。及後漢兵劉伯

升起，皆稱爲軍，攻城略地，旣殺甄、阜，移書稱說。莽聞之憂懼。（「王莽傳下」）

按此所謂「青徐賊眾」，卽赤眉也。王莽不畏「饑寒羣盜」而獨懼劉伯升者，蓋以前者僅爲下層農民的烏合之眾，不足成事，而後者則爲士族大姓的集團，具有深厚的社會勢力故耳！因此地皇四年王莽大赦天下時猶曰：「故漢氏春陵侯羣子劉伯升，與其族人婚姻黨與，妄流言惑眾，悖畔天命，……不用此書。」可見王莽對於饑民集團與士族大姓勢力之區別，固辨之甚明也。觀翟義起兵時「王莽日抱孺子會羣臣」及「作大誥」種種張皇失措的表現，則更可推想他對士族大姓勢力的戒懼爲何如此矣[6]！

五　兩漢之際起兵羣雄的社會背景

從王莽政權的崩潰至東漢政權的建立這一期間，士族大姓的勢力表現得更爲顯著。我們對這一期間的劇烈政治變遷加以分析，便可看出東漢政權與士族大姓之間的關係如何密切，而王莽失

6　呂思勉先生《秦漢史》云：「劉昆傳：王莽世教授弟子，恒五百餘人。每春秋饗射，常備列典儀，以素木瓠葉為俎豆。桑弧蒿矢，以射菟首。每有行禮，縣宰輒率吏屬而觀之。王莽以昆多聚徒衆，私行大禮，有僭上心，乃繫昆及家屬於外黃獄。此則漢世豪傑大姓，往往私結黨羽，謀為不軌，亦不可不防也。」（頁二一二）所見甚是。呂先生已知漢世有士族大姓勢力，其論王莽之敗亦謂：「蓋莽所行者為革命之事，其利害與官吏根本不能相容」，又曰：「故莽之敗，究由所行之事與社會情勢不合者居多。」然其用意但在為王莽個人辯護，竟未能結合其所運用的史料進一步說明當時社會背景的真象。這真是古人所謂「明察秋毫而不見輿薪」了！

敗的根本原因亦可因之而益明。

王莽末葉，天下羣雄並起，各自擁眾割據一方。《漢書》班氏「敍傳上」說：

世祖卽位於冀州，時隗囂據壟擁衆，招輯英俊；而公孫述稱帝於蜀漢。天下雲擾，大者連州郡，小者據縣邑。（又《前漢紀》卷三十所引略同）

薛瑩的「光武贊」曰：

王莽之際，天下雲亂，英雄並發。其跨州據郡僭制者多矣！（《藝文類聚》十二、《御覽》九十引薛氏《後漢書》）

袁山松也說：

世祖以渺渺之胄，起于白水之濱，身屈無妄之力，位舉羣豎，並列于時，懷璽者十餘，建旗者數百；高才者居之南面，疾足者爲之王公。茫茫九州，瓜分臠切。（同上引袁氏《後漢書》）

當時各地起事者如此之多，我們勢不可能一一加以敍述。但爲了使讀者對於當時起事的情形有一大體上的瞭解起見，我們不妨根據地理分佈的不同，試列一「兩漢之際各地豪傑起事表」如下：

兩漢之際各地豪傑起事表

地區	姓名	起事地點：古名	起事地點：今名	初起兵力	社會身份	起迄時間：起	起迄時間：迄	出處	備註
東方	翟義、劉信等	東郡	河北濮陽縣	衆十餘萬	士族、宗室	王莽居攝二年九月	同年十二月	漢書翟方進傳	地在山東河北交界處。比至山陽，衆十餘萬，山陽在山東金鄉縣，足見爲東方力量。
	孫揚	朐	山東東海縣	不詳	不詳	不詳	建武五年	後漢書陳俊傳	
	劉快	徐鄉	山東黃縣	數千人	宗室	始建國元年四月	同年	漢書王莽傳中	
	呂母	海曲	山東日照縣	百餘人	大姓	天鳳四年		王莽傳下，又後書劉盆子傳	後掩入赤眉集團
	樊崇等	琅玡	山東膠州一帶	衆皆萬數	饑民	天鳳四年（或謂五年）		同右	同右
	索盧恢	無鹽	山東東平縣	萬餘人	不詳	地皇三年	地皇三年	王莽傳下	
	城頭子路劉詡	盧頭城	山東肥城縣	二十餘萬（按此非初時兵力）	疑爲士族與宗室	王莽末	不詳	後漢書任光傳	按城頭子路姓爰名曾字子路，觀其名字似爲士人，故疑爲士族與宗室。
	力子都	東海	山東郯城縣	六七萬（按此非初時兵力）	不詳	天鳳四年	不詳	王莽傳下、又任光傳	力或謂作刁。然沈欽韓後漢書疏證舉姓纂云：「漢有魯郡相力題。」斷爲力字。觀其地點相近，則力氏或爲東方大姓也。
	遲昭平	平原	山東平原縣	聚衆數千	不詳	地皇二年	不詳	王莽傳下	

地區								
劉永	睢陽	河南	據國起兵	宗室	更始二年	建武三年	後書本傳、光武紀	按劉永勢力後皆在東方。
張步	琅玡		據衆數千	大姓	王莽末	建武五年	劉永傳、本傳、光武紀	
董憲	東海		據其郡	不詳	更始二年	建武五年	劉永傳、光武紀	一度與赤眉合
董次仲	茌平	山東茌平縣	不詳	不詳	不詳	建武二年	任光傳	
龐萌	桃鄉	山東汶上縣	合衆三萬	士族	建武五年	建武六年	後書本傳	
佼彊	西防	山東單縣	不詳	大姓	不詳	建武五年	劉永傳	按蓋延傳注云：「佼彊、姓名也，周大夫原伯佼之後。」又惠棟補注卷五引胡氏案姓譜云：「春秋絞國，即佼也。後改從人，漢有佼彊。」則佼氏必爲當時大姓無疑。
南方								
瓜田儀	臨淮	安徽盱眙縣	不詳	不詳	天鳳四年	不詳	王莽傳下	後依阻會稽、長洲，地在今江蘇吳縣
王匡、王鳳	新市	湖北京山縣	衆數百人	饑民	地皇元年		後書劉玄傳	捲入更始集團
陳牧、廖湛	平林	湖北隨縣	千餘人	饑民	地皇三年		同右	同右
張霸	南郡	在湖北境	萬餘人	饑民	地皇元年		王莽傳下	同右
羊牧	江夏	湖北武昌	萬餘人	饑民	地皇元年		同右	同右
秦豐	黎丘	湖北宜城縣	且萬人	大姓	地皇二年	建武五年	王莽傳下，又後書光武紀、岑彭傳、朱祐傳	後漢紀云：「與同鄉蔡張、趙京等起兵，衆數千人。」

地區	王州公等	廬江	安徽盧江	十餘萬（按非初時人數）	不詳	王莽末	王莽末	後書李憲傳	
	李憲	廬江		同右	郡守	更始元年	建武六年	本傳	
	西陽三老	江夏		不詳	不詳	王莽末		後書馬武傳	後捲入更始集團
	田戎陳義	夷陵	湖北宜昌縣	據有夷陵	大姓	更始元年	建武五年	光武紀、岑彭傳及注引東觀記與襄陽耆舊記	
	董訢	堵鄉	河南方城縣	不詳	不詳	建武二年	建武三年	岑彭傳	
	許邯	杏聚	河南銅柏縣	不詳	不詳	同右	同右	同右	
	劉信	豫章	江西南昌縣	不詳	宗室	更始時	建武元年	後書安城孝侯賜傳	後歸光武集團
	劉梁	豫章		不詳	宗室	更始元年	不詳	後書成武孝侯順傳	後暴病卒
北方地	馬適求	鉅鹿	河北平鄉縣	數千人	大姓	地皇元年	同年	王莽傳下	未及起兵卽被王莽擊滅。
	王昌（郎）	邯鄲	河北邯鄲縣	河北皆從	大姓	更始元年	更始二年	後書本傳	
	彭寵	漁陽	河北密雲縣	擁有郡縣	士族	建武二年	建武五年	後書本傳	起年以叛光武計
	張豐	涿郡	河北涿縣	據郡舉兵	太守	建武三年	建武四年	光武紀、祭遵傳	
	劉揚兄弟	眞定	河北正定縣	各擁兵萬餘	宗室大姓	不詳	建武二年	耿純傳	
	郭勝	曲陽	河北保定	五千餘人	不詳	不詳	建武初	馮衍傳上	

區	田邑	上黨	山西東南部	不詳	士族（太守）	不詳	建武初	同右	歸光武集團
	鮑永、馮衍	太原	山西太原	不詳	士族	更始二年	建武五年（？）	後書本傳	同右
	蘇竟	代郡	河北蔚縣	不詳	士族	王莽末		後書本傳	同右
西北地區	李興、隨昱	五原	綏遠五原縣	不詳	不詳	王莽末	建武十二年	後書盧芳傳	
	田颯	朔方	綏遠南境	不詳	不詳	王莽末	建武六年	同右	歸光武集團
	石鮪、閔堪	代郡		不詳	不詳	同右		同右	併入盧芳集團
	盧芳	三水	甘肅固原縣	不詳	大姓或宗室	更始時	建武十六年	同右	
	竇融等	河西	甘肅境	河西五郡	士族大姓	更始元年		後書本傳	歸光武集團
	隗囂	天水	甘肅境	衆數千人	士族大姓	同右	建武九年	本傳	
	劉嬰、方望	臨涇	甘肅鎭原縣	數千人	宗室士族	建武元年	同年	後漢紀卷二、後書光武紀	
西南地區	王岑	雒縣	四川廣漢縣	衆合數萬人（與宗成合）	疑爲大姓	同右	更始元年	公孫述傳	
	公孫述	成都	四川成都	衆數千人	士族大姓	同右	建武十二年	同右	
	任貴	超巂	四川西昌縣	據郡	大姓	莽末		同右	併入公孫述集團
	史歆	成都		不詳	大姓	建武十八年	同年	吳漢傳、華陽國志	
	楊偉	宕渠	四川渠縣	數千人	大姓	同右	同右	吳漢傳	

區	徐容	朐䏰	四川雲陽縣	數千人	大姓	同右	同右	同右	
	劉縯等	舂陵	湖北棗陽縣	七八千人	宗室大姓	地皇四年		王莽傳下、光武紀、又本傳	捲入更始集團
中	劉崇、張紹	宛	河南南陽縣	百餘人	宗室大姓	居攝元年四月	同年	王莽傳上	
	趙明、霍鴻	槐里	陝西興平縣	且十萬人	疑爲大姓	居攝二年	居攝三年	王莽傳上	
	鄧曄、于匡、析宰等	南鄉	河南內鄉縣	數千人	大姓官吏	更始元年		王莽傳下	捲入更始集團
	申碭	櫟陽	陝西臨潼縣	數千人	大姓	同右		同右	同右
	王大	下邽	陝西渭南縣	同右	同右	同右		同右	同右
	嚴春	斄	陝西武功縣	同右	同右	同右		同右	同右
	董喜	茂陵	陝西興平縣	同右	同右	同右		同右	同右
	王孟	藍田	陝西藍田縣	同右	同右	同右		同右	同右
	汝臣	隗里		同右	同右	同右		同右	同右
	于扶	盩厔	陝西盩厔縣	同右	同右	同右		同右	同右
	嚴本	陽陵	陝西咸陽縣	同右	同右	同右		同右	同右
	屠門少	杜陵	陝西長安縣	同右	同右	同右		同右	同右
心	劉聖(望)	汝南	河南汝南縣	不詳	宗室大姓	建武元年	同年	王莽傳下、劉玄傳	

地

延　岑	漢中	陝西境	不詳	大姓	建武二年	建武四年	光武紀、公孫述傳、馮異傳、鄧禹傳。	入公孫述集團
張　宗	魯陽	河南魯山縣	三四百人	大姓	王莽末		本傳	歸光武集團
劉茂(厭新)	京、密間	京在河南境，密在山東費縣	衆十餘萬	宗室大姓	不詳	建武元年	光武紀、泗水王歙傳	降光武
張　滿	新城	河南密縣	不詳	不詳	建武二年(或以前)	建武三年	光武紀、祭遵傳	
宗　成	南陽	河南南陽縣	不詳	不詳	更始元年	同年	公孫述傳	
召　吳	襄城	河南開封附近	數百人	不詳	更始元年	建武九年	郭伋傳	
趙　宏	陽夏	河南太康縣	數百人	山賊	不詳	建武九年	同右	
嚴終、趙敦	陽翟	河南禹縣	萬餘人	不詳	建武三年	同年	寇恂傳	馮異傳趙敦作趙根
賈　期	密	山東費縣	不詳	不詳	同右	同右	同右	
賈　復	羽山	在山東境	數百人	士族	地皇元年	更始元年	本傳	後歸光武
王　歆	下邽		萬人左右	大姓	不詳	建武二年	馮異傳	
芳　丹	新豐	陝西臨潼縣	同右	同右	同右	同右	同右	
公孫守	長陵	陝西咸陽縣	同右	同右	同右	同右	同右	
楊　周	谷口	陝西醴泉縣	同右	同右	同右	同右	同右	

	區							
角閎	汧	陝西隴縣	同右	同右	同右	同右	同右	
駱盖延	盩厔	陝西盩厔	同右	同右	同右	同右、	同右	通鑑、十七史商榷、後書補注均謂作「駱延」。
任良	鄠	陝西鄠縣	同右	同右	同右	同右	同右	
汝章	槐里		同右	同右	同右	同右	同右	此三人於馮異平關中後皆走降公孫述。
蔣震	霸陵	陝西長安	同右	同右	同右	同右	同右	
張邯	長安	西安	同右	同右	同右	同右	同右	
呂鮪	陳倉	陝西寶鷄縣	同右	同右	同右	同右	同右	
蘇況	弘農	河南靈寶縣	據其郡	疑爲大姓	建武三年	不詳	景丹傳、又後漢紀。	

右表主要係根據兩漢書中有關之諸紀傳寫成。但並不敢說沒有疏漏之處。更不是說這一期間的起兵者僅止於此。事實上不僅文獻不足，而且還有許多起兵之事雖見於史籍，亦未曾列入表中。這可分作幾種情形：

一、起事人姓名不可考見者：如始建國三年，「民棄城郭，流亡爲盜賊。蘇州、平州尤甚。」天鳳二年「五原、代郡，……盜賊數千人爲輩，轉入旁郡。」(均見《漢書》「王莽傳中」)天鳳六年「青徐民多棄鄉里流亡，老弱死道路，壯者入賊中。」地皇二年「三輔盜賊麻起。」(同書傳下)又如《後漢書》「成武孝侯順傳」所載六安賊事，「耿弇傳」所記擊望都故安西山賊事[7]，以及「光武紀」上所載「別號諸賊」中之若干武裝力量等，雖確知有起兵之事，亦不載。

二、僅有姓名而其事已湮沒無聞或不甚可考者：如始建國二年孫建上言云：「陵卿侯劉曾，扶恩侯劉貴等，更聚眾謀反。」（「王莽傳中」）雖確知其人，亦不載。

三、姓名與事均可考見，但無獨立性，僅如更大勢力之分支者：如《後漢書》「寇恂傳」載：「初隗囂將安定高峻擁兵萬人，據高平第一。」同書「鮑永傳」載：「董憲裨將屯兵於魯……永到擊討，大破之，降者數千。唯別帥彭豐、虞林、皮常各千餘人，稱將軍，不肯下。」同書「蘇竟傳」：「初延岑護軍鄧仲況擁兵據南陽陰縣為寇。」等均不載。唯表中尚有少數起事者，雖其後附屬或併入大集團中，但因其初起時有獨立性，故亦及之。

至於右表所能明確地指出者，則有下列三點：

一、兩漢交替之際的羣雄並起，乃是全國性的，當時中國境內幾無處沒有豪傑聚眾起兵之事。

二、就已有資料統計之，則當時起兵者實以宗室、士族、大姓作主要成份，而且其中有許多起事者的身份，歷史上雖已無明確記載，據情形判斷則仍似為豪強大姓。但為謹慎計，除有確證者外，悉存闕。

7 《水經》「易水注」曰：「世祖令耿況擊故安西山賊吳耐、蠡符，雹上十餘營皆破之。」（沈欽韓《後漢書疏證》卷二、惠棟《補注》卷七均曾引之。）雖知其姓名，亦因事不可詳考，故從略。

三、關於士族大姓之地理分佈，右表亦略有暗示。邊郡如西北、西南，以及北方之一部份，因人口較稀，士族大姓不多，故起事者亦甚少，而且容易形成少數士族大姓割據或獨霸之局。至於中心地區以及東南諸郡（尤其是現在陝西、河南、及山東的一部份），因係政治、文化、經濟各方面的中心，人口稠密，士族大姓林立，所以起事者極多，擾亂最甚。唯此表祇能顯示出士族大姓地理分佈的靜止面，至於其中種種動態，足以更進一步說明地理分佈的情形者，後文另有分析，非此表所能及矣！

根據前表的線索，我們試對當時割據一方的幾個較大武裝集團的領袖人物與士族大姓之關係略加檢討，然後再進而討論東漢政權的本質。袁山松說當時「懷璽者十餘，建旗者數百。」後者因史料不足，已不能詳加列舉，前者則猶可考見。茲據地理分佈的不同分為五部討論之[8]：

一、東方：劉永集團、張步集團、董憲集團

二、北方：王郎集團、彭寵張豐集團

三、西北：盧芳集團、竇融梁統集團、隗囂集團

四、南方：李憲集團、秦豐集團、田戎集團

---

8 本文對地區之劃分，祇取其大體情形，非有嚴密之界線；其主要根據在以大武裝集團之活動地帶為中心，換言之，即以人事繫地理，而非以地理繫人事也。舊史中地區之劃分不甚清晰，甚至有相互混淆者，如《十七史商榷》「山東山西」條即謂後漢書中之山東山西有兩種不同的意義：一以太行山為劃分標準（「鄧禹傳」），一則以陝山為分水線（「鄭興傳」）。唯此與本文之主旨關涉甚少，無詳加考證的必要。

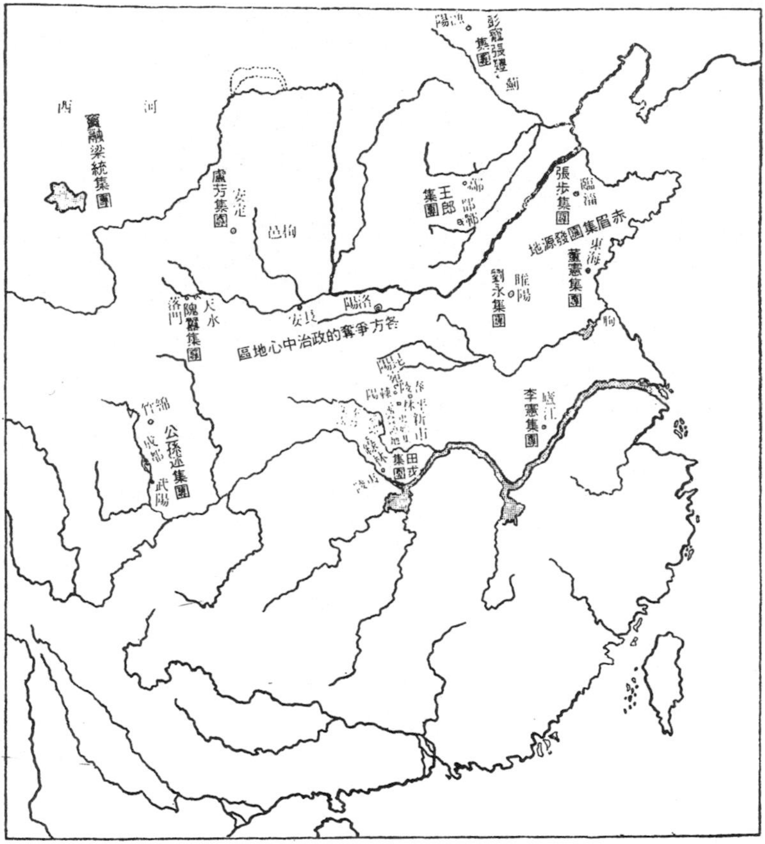
河西
竇融梁統集團
盧芳集團
安定
栒邑
彭寵張豐集團
漁陽
薊
王郎集團
鄗
邯鄲
張步集團
臨淄
赤眉集團發源地
東海
董憲集團
劉永集團
睢陽
朐
洛陽
長安
各方爭奪的政治中心地區
天水
落門
隗囂集團
綿竹
成都
公孫述集團
武陽
昆陽
新市
平林
田戎集團
夷陵
李憲集團
廬江

五、西南：公孫述集團

以上共十二集團。按楊守敬《歷代輿地沿革險要圖》一書中有「前漢末割據圖」，共載十四個武裝集團。除上述十二個外，尙有赤眉、更始兩集團。本文因對此二集團將另有分析，故此處從略。

一、東方　東方主要包括今山東省及河南之一部份，約當於漢代所謂「關東」地區。漢時早有所謂「關東出相」的諺語。成帝之世，陳湯也說：「關東富人益衆，多規良田，役使平民。」師古注曰：「規，畫也，自占爲疆界也。」（《漢書》「陳湯傳」）足見其地士族大姓之衆。故最初起兵反莽者如劉崇、張紹、翟義、劉快等，都是當時東方的士族大姓。另一方面，關東早自元帝初元元年起，卽屢有天災，如大水、蝗蟲、嚴霜之類，而王莽之世尤甚。饑荒連年，所以稍後有饑民集團（赤眉）的產生，擁衆至達百萬。赤眉雖爲饑民集團，但其所過之處，亦必有不少強宗大族捲入其中（呂母、董憲卽其明證）。東方勢力的強大，早已爲王莽時人所瞭解，嚴尤諫王莽曰：「匈奴可且以爲後，先山東盜賊。」哀章亦謂莽曰：「臣……願平山東。」地皇四年，莽遣王邑、王尋「發衆郡兵百萬……平定陵東。」及圍長安時，「城中或謂莽曰：城門卒東方人，不可信。」（均見「王莽傳下」）唯以上所謂東方人猶是兼指饑民而言，至於東方士族大姓的力量，我們則可於割據羣雄中窺見其大概。

劉永集團　劉永本人爲宗室，其爲大姓固無可疑。而他的起事以及後來的「專據東方」也都是依賴着士族大姓的支持。這祇要看下面的記載卽知：

劉永者，梁郡睢陽人。……更始卽位，永先詣洛陽，詔封爲梁王，都睢陽。永聞更始政亂，遂據國起兵，以弟防爲輔國大將軍，防弟少公御史大夫，封魯王。遂招諸豪傑沛人周建等，並署爲將帥，攻下濟陰、山陽、沛、楚、淮陽、汝南，凡二十八城。又遣使拜西防賊帥山陽佼強爲橫行將軍。是時東海人董憲起兵據其郡，而張步亦定齊地。永遣使拜憲翼漢大將軍，步輔漢大將軍，與共連兵，遂專據東方。（《後漢書》「劉永傳」）

是劉永的勢力且伸展至南方地區矣！其後永死，王閎亦謂張步曰：「梁王以奉本朝之故，是以山東頗能歸之。」（同書「張步傳」）可見他確曾爲一部份東方大姓強宗所擁戴。

張步集團　張步本人亦爲大姓：「漢兵之起，步亦聚眾數千，轉攻傍縣，下數城，自爲五威將軍。……理兵於劇，以弟弘爲衞將軍，弘弟藍玄武大將軍，藍弟壽高密太守。遣將徇太山、東萊、城陽、膠東、北海、濟南、齊諸郡皆下之。……專集齊地，據郡十二。（「張步傳」）同書「伏隆傳」也謂：「張步兄弟各擁強兵，據有齊地。」至於他與當地強宗大姓的交結，歷史上也有明白的記載，同書「陳俊傳」載：「是時太山豪傑，多擁眾與張步連兵。」及後齊地既平，俊爲琅邪太守，「齊地素聞俊名，入界盜賊皆解散。」而「耿弇傳」也謂張步降時，「弇傳步詣行在所，而勒兵入據其城，樹十二郡旗鼓，令步兵各以郡人詣旗下。眾尚十餘萬，輜重七千餘兩，皆罷遣歸鄉里。」可見所謂「豪傑」、「盜賊」與張步的武力，本皆由強宗大姓所組成，而張步之所以能據齊地，主要也是因爲獲得了強宗大姓的自動歸附也。

董憲集團　《後漢書》無董憲傳，於其身世，語焉不詳。《漢書》「王莽傳」及《後漢紀》

卷一均謂「董憲起兵爲赤眉別校。」然此祇能說明他曾被捲入饑民集團，不足以確定他的社會身份。唯《後漢紀》對他的家世略有涉及，其文曰：「董憲字僑卿，東海朐人，父爲人所殺，憲聚客報怨，眾稍多，遂攻屬縣。」從這一點簡略的記載看，他既有賓客爲之報仇，當亦是屬於豪傑之流，再證之以呂母結客報仇而後捲入赤眉之事，則我們更有理由相信董憲亦爲強宗大姓出身。其後憲與劉永、張步兩集團相互連結，而龐萌也加入了他的集團，其與士族大姓的密切關係遂益無可疑。下面兩事也可以幫助我們瞭解他的社會身份：一、憲敗後，「吏士聞憲尚在，復往往相聚，得數百騎，迎憲入郯城。」觀憲與其部曲關係之深，殆皆親戚賓客之屬耶！二、吳漢既盡獲憲妻子，「憲乃流涕謝其將士曰：妻子皆已得矣，嗟呼！久苦諸卿。乃將數十騎夜去，欲從間道歸降。」（均見同書「龐萌傳」）則憲實具有甚深的家族觀念。綜合以上種種材料觀之，則董憲集團的士族大姓本質，殆爲不容置疑之事。

二、北方　北方爲光武發跡之地，其地亦多強宗大姓，此觀王郎與彭寵兩集團之活動事跡，即可瞭然：

王郎集團　《後漢紀》卷一記王郎初起情形云：「郎於是詐稱子輿以誑動（趙繆王子）林等。林等亦願以爲亂，乃與趙國大豪李育、張參先宣言赤眉將至，立劉子輿以動眾心。遂率車騎數百，晨入邯鄲，止王宮。」《後漢書》「王昌傳」載郎既起事之後，「於是趙國以北、遼東以西皆風從而靡。」至於王郎與大姓的關係，同書「李忠傳」（《後漢紀》卷二同）載：「王郎遣將攻信都，信都大姓馬寵等開門內之。」後更始遣將攻破信都，李忠還行太守事，「收郡中大姓附邯鄲者誅殺數百人。」又「耿純傳」：「郭大姓蘇公反城，開門內王郎將李惲。」[9] 又堂陽亦嘗反屬王郎（「邳彤傳」）。則王郎實頗得一部份大姓的支持，又耿純曰：「今邯鄲自立，北州疑惑。純雖舉族歸命，老弱在行，猶恐宗人賓客半有不同心者。」（「耿純傳」）《通鑑》卷三十九邳彤說光武曰：「明公旣西，則邯鄲勢成，民不肯捐父母，背成主，而千里送公。」（又見《後漢書》本傳）王郎集團具有士族大姓的背景，毫無可疑。

彭寵張豐集團　彭寵是士族子弟，「父宏，哀帝時爲漁陽太守。」他自已也「少爲郡吏，地皇中爲大司空士。」光武初至河北，嘗倚爲北道主人。後寵叛光武自立，北連匈奴，「南結張步及富平，獲索諸豪傑，皆與交質連衡。遂攻拔薊城，自立爲燕王。」（均見《後漢書》本傳）張豐木爲涿郡太守，建武三年叛附彭寵。「初豐好方術，有道士言豐當爲天子，以五綵囊裹石繫豐肘，云中有玉璽。豐信之，遂反。」（《後漢書》「祭遵傳」）朱浮上疏亦云：「今秋稼已熟，復爲漁陽所掠。張豐狂悖，姦黨日增。連年拒守，吏士疲勞。」（同書「朱浮傳」）是彭張集團已成爲北方一支重要的割據力量，且不斷有豪傑大姓依附之也。

三、西北　西北地區士族大姓較少，局勢亦較穩定，故在政治上形成少數集團的壟斷之局：

盧芳集團　盧芳爲安定三水人，王莽末自稱爲宗室子弟，縱非劉氏，當亦係大姓。《後漢書》「盧芳傳」云：

9 李慈銘《後漢書札記》卷二謂「城開」二字疑誤倒，當作「開城」。按所疑甚是。

更始敗，三水豪傑共計議，以芳爲劉氏子孫，宜承宗廟，乃共立芳爲上將軍，西平王。使使與西羌匈奴結和親。……芳與兄禽、弟程俱入匈奴。單于遂立芳爲漢帝，以程爲中郎將，將胡騎還入安定。初五原人李興、隨昱，朔方人田颯，代郡人石鮪、閔堪，各起兵自稱將軍。……（建武）五年李興、閔堪引兵至單于庭，迎芳與俱入塞，都九原縣，掠有五原、朔方、雲中、定襄、雁門五郡，並置令守，與胡通兵，侵苦北邊。

遂爲西北邊郡的大姓武裝集團。又《後漢書》「杜茂傳」載：「自是盧芳城邑稍稍來降，（郭）涼誅其豪石鮪氏之屬，鎭撫羸弱，旬月間鴈門且平。芳遂亡入匈奴。」足見盧芳集團的最後失敗，還是由於被光武方面挖空了大姓的根基也。

隗囂集團　隗氏爲西北著名的士族[10]。《後漢書》「隗囂傳」曰：「季父崔，素豪俠，能得眾，聞更始立而莽兵連敗，於是乃與兄義及上邽人楊廣，冀人周宗謀起兵應漢。……遂聚眾數千人，攻平襄，殺莽鎭大尹。……囂素有名，好經書，遂共推爲上將軍。」觀其起事時盟文有云：「凡我同盟，三十一將，十有六姓。」可知爲十六家大姓的聯盟。囂既爲士族出身，故對士大夫尤爲尊敬，歸之者遂多。「更始敗，三輔耆老，士大夫等皆奔歸囂。囂素謙恭愛士，傾身接爲布衣交。」又「囂賓客、掾史多文學生，每所上事，當世士大夫皆諷誦之。」（同上）荆邯說隗囂「尊師章句，賓友處士。」章懷注云：「章句，謂鄭興等也；處士，謂方望等也。」（同書「公

10　惠棟《補注》卷六引《姓源韻譜》曰：「天水隗氏出於大隗氏。」又《通鑑》卷四十二云：「徙諸隗於京師以東。」胡三省注曰：「隗純降而徙其族，以其西州強宗，恐其後復能爲變也。」

孫述傳」）申屠剛與囂書亦云：「將軍素以忠孝顯聞，是以士大夫不遠千里，慕樂德義。」（同書「申屠剛傳」）馬援「致揚廣書」則謂囂擁兵眾除保宗族外，「又言苟厚士大夫而已！」（同書「馬援傳」）是隗囂集團尤具有士族性質，非一般大姓的武裝勢力可比也。

竇融梁統集團　竇、梁等所領導的河西五郡（武威、張掖、酒泉、敦煌、金城）是當時最大的一個士族大姓的武裝自保集團，其意義甚爲特殊。《通鑑》卷四十載此事最爲扼要：

初，平陵竇融累世仕宦河西（按《後漢書》「竇融傳」云：「爲吏人所敬向」），知其土俗，與更始右大司馬趙萌善。私謂兄弟曰：「天下安危未可知，河西殷富，帶河爲固；張掖屬國，騎兵萬騎。一旦緩急，杜絕河津，足以自守。此遺種處也。」乃因萌求往河西。萌荐融於更始，以爲張掖屬國都尉。融既到，撫結雄桀，懷輯羌虜，甚得其歡心。是時酒泉太守安定梁統（按《後漢紀》卷三謂統「少治春秋，好法律。」），金城太守庫鈞、張掖都尉茂陵史苞、酒泉都尉竺曾、敦煌都尉辛彤、並州郡英俊，融皆與厚善。及更始敗，融與梁統等計議曰：「今天下擾亂，未知所歸，河西斗絕在羌胡中，不同心戮力，則不能自守。權鈞力齊，復無以相率。當推一人爲大將軍，共令五郡，觀時變動。」議既定，而各謙讓。以位次，咸共推梁統；統固辭，乃推融行河西五郡大將軍事。武威太守馬期、張掖太守任仲並孤立無黨，乃共移書告示之。二人卽解印綬去。於是以梁統爲武威太守、史苞爲張掖太守、竺曾爲酒泉太守、辛彤爲敦煌太守。融居屬國，領都尉職如故。置從事，監察五郡。（按《後漢紀》卷三云：「而太守各治其郡，尊賢善士，務欲得吏民心。」）河西民俗質樸，而融等政亦寬和，上下相親，晏然富殖。…

…內郡流居避凶饑者歸之不絕。」

這一士族大姓聯盟的特點，係以自保為最高目標，而無爭奪政權之企圖。他們對於當時稱帝之幾大集團，也無所偏向，而一唯自身之利害是視。遇到必須選擇歸附的對象時，則由大姓領袖共同會議決定之。《通鑑》卷四十一記其決定在光武與隗囂之間擇一而事的情形云：

融等召豪傑議之，其中識者皆曰：「……況今稱帝者數人，而雒陽土地最廣、甲兵最強、號令最明。觀符命而察人事，它姓殆未能當也！」衆議或同或異，融遂決策東向。

這種純粹以自身利益為中心的士族大姓聯盟之產生，更顯示出當時士族大姓的勢力發展得如何普遍與強大了！

四、南方　南方早在王莽天鳳四年，即有瓜田儀起兵之事。其後「王莽末，南方饑饉，人庶羣入野澤，掘鳧茈而食之，更相侵奪。」（《後漢書》「劉玄傳」）又同書「齊武王縯傳」亦云：「莽末盜賊羣起，南方尤甚。」此所以南方在士族大姓之外，又有龐大的饑民集團也。這裡我們試先對當時稱霸南方的三大武裝集團加以分析：

李憲集團　李憲本為士人，王莽時任廬江屬令，以擊破江賊王州公等而據郡自守。「更始元年，自稱淮南王。建武二年遂自立為天子，置公卿百官，擁九城，眾十餘萬」。（《後漢書》「李憲傳」）李憲雖為潁川人，其集團中份子，則無疑為當地強宗豪族之屬，此可由其後憲餘黨之降服情形，推測得之。同書本傳曰：「後憲餘黨淳于臨等，猶聚眾數千人，屯灊山。」謝承《後漢書》記陳衆招降事云：「陳衆於是自請以恩信曉喻降之，乘單車駕白馬，往到賊所，以爲告喻。賊素服名德，卽降服。」（《御覽》二六五引）此類說降之事，東漢初年屢見，蓋所謂「賊」，本皆士族大姓的武裝自保集團，若眞爲盜賊，安能輕易爲「名德」所服哉！

秦豐集團　秦豐「據黎邱，自稱楚黎王，略十有二縣。」（《後漢書》「岑彭傳」）考其身世，則亦爲士族。《東觀漢記》曰「豐，邔縣人，少學長安，受律令，歸爲縣吏。更始元年起兵，攻得邔宜城若，編臨沮、中沮、廬、襄陽、鄧、新野、穰、湖陽、蔡陽兵，合萬人。」（「岑彭傳」注）余知古《諸宮故事》曰：「豐少有雄氣。王莽末，結鄉里豪傑起兵，掠荊州十二縣，據襄陽之黎丘，自稱楚黎王。」（惠棟《後漢書補注》卷一）豐起事時已有鄉黨附隨，其後又嘗以女妻延岑、田戎（見《後漢書》「公孫述傳」），則交結親族之意更顯然矣！

田戎集團　「戎，汝南人，初起兵夷陵，轉寇郡縣，衆數萬人。」（「公孫述傳」）《東觀漢記》載其事曰：「田戎西平人，與同郡人陳義客夷陵爲羣盜。更始元年，義、戎將兵陷夷陵。陳義自稱黎邱大將軍，戎自稱掃地大將軍。」觀其稱號，似眞爲盜賊。然「岑彭傳」注又引《襄陽耆舊記》曰：「戎號周成王，義稱臨江王。」未知孰是。若謂前後稱號不同，則雅俗之間不應相去如是之遠。《東觀漢記》爲官書，其記「盜賊」之事或不免有歪曲，毋寧以《耆舊記》爲較可信也。又謝承書曰：「田戎擁衆夷陵，聞秦豐被圍，懼大兵方至，欲降。而妻兄辛臣諫戎曰：今四方豪傑各據郡國，洛陽地如掌耳！不如按兵以觀其變。」（《御覽》七二五引）司馬彪《續漢書》亦曰：「辛臣爲戎作地圖，圖彭寵、張步、董憲、公孫述等所得郡國，云洛陽所得如掌耳！」

（《後漢書》「岑彭傳」注）合而觀之，至少田戎在起兵之後，其陣營中仍多宗親。再參以他與公孫述、秦豐諸集團之交結事實，則田戎集團在本質上縱非士族，亦當爲普通強宗大姓也！

五、西南　西南爲公孫述獨霸之局，其情形較爲簡單，但士族大姓的勢力，也表現得極爲活躍。

公孫述集團　述爲世族子弟，其先武帝時爲吏二千石，述哀帝時以父任爲郎。司馬彪《續漢書》云：「公孫述，補清水長，太守以爲能，使兼治五縣，政事修理，姦盜不發，郡中謂有神明。」（《藝文類聚》五十、《御覽》二七六）《後漢書》「公孫述傳」曰：

> 更始立，豪傑各起其縣以應漢。南陽人宗成自稱虎牙將軍，略漢中。又商人王岑亦起兵於雒縣，自稱定漢將軍，殺王莽庸部牧以應成，衆合數萬人。述聞之，遣使迎成等。成等至成都，虜掠横暴。述意惡之，召縣中豪傑謂曰「天下同苦新室，思劉氏久矣！故聞漢將軍到，馳迎道路。今百姓無辜，而婦子係獲，室屋燒燔。此賊寇，非義兵也。吾欲保郡自守，以待眞主。諸卿並力者則留，不欲者便去。」豪傑皆叩頭曰：「願效死！」

可見公孫述集團，最初亦僅爲一士族大姓武裝自保的組織。後述既自立爲蜀主，「遠方士庶多往歸之。」（同上）述又嘗遍徵境內名士如譙玄、費始、李業、王皓、王嘉、任永、馮信等。但他們因拘於正統觀念，堅不肯事述，最後逼不得已，則頗有自殺而死者。（見同書「獨行列傳」，又《華陽國志》）然亦有士人爲公孫氏所網羅者，如「楊春卿善圖讖學，爲公孫述將。漢平蜀，春卿自殺。」（同書「楊厚傳」）當時忠於公孫氏之士族自不止楊氏一姓，特史少記載耳！從這種地方，至少可以看出公孫述集團確是有意交結士族大姓的。故其他地區的大姓武力如「關中豪傑呂鮪（張邯、蔣震）等，往往擁衆以萬數，莫知所屬，多往歸述。」（同書本傳，又「馮異傳」）此外漢中延岑以及夷陵田戎亦皆先後來附。

以上是四方士族、大姓、豪右、強宗之類的勢力各霸一方的大概情形。各地區士族大姓勢力之不同，亦自有其種種地理的與歷史的背景，《漢書》「地理志」論各地風俗異趣的文字，可以使我們瞭解其中一部份的根源，此處不擬詳及。這裡還應該一提的，便是本文所謂中心地區的情況。無論從史籍上看，或根據前表的統計，中心地區的士族大姓勢力都是最強與最衆多的一環。漢代移徙強宗大姓，多在長安附近之諸陵，因此三輔大姓特多。王莽末年「三輔盜賊麻起」，「大姓櫟陽申碭，下邽王大皆率衆隨（王）憲。屬縣斄嚴春、茂陵董喜、藍田王孟、槐里汝臣、盩厔王扶、陽陵嚴本、杜陵屠門少之屬，衆皆數千人，假號稱漢將。」（《漢書》「王莽傳下」）後建武初年，「赤眉、延岑暴亂三輔，郡縣大姓各擁兵衆。延岑據藍田、王歆據下邽、芳丹據新豐、蔣震據霸陵、張邯據長安、公孫守據長陵、楊周據谷口、呂鮪據陳倉、角閎據汧、駱蓋延據盩厔、任良據鄠、汝章據槐里，各稱將軍，擁兵多者萬餘，少者數千人，轉相攻擊。」（見「馮異傳」），這些人中，當地強宗大姓顯然佔絕大多數。這是環繞着長安政治中心的情勢。另一方面，在洛陽政治中心的四周，也有許多強宗大族的勢力。光武集團最初卽發端於南陽一帶，《東觀漢記》卷一載李氏「兄弟爲帝言天下擾亂饑餓，下江兵盛，南陽豪右雲擾。」又如潁川亦爲士族大姓密集之地，觀前書「趙廣漢傳」，已可瞭然。《後漢書》「寇恂傳」載建武二年，「潁川人嚴終、趙敦聚眾萬餘人，與密人賈期連兵爲寇。」次年，「潁川盜賊羣起，帝乃引軍還。謂恂曰：『潁川迫近京師，當以時定。』」（同書「寇恂傳」）但中心地區的士族大姓勢力雖盛，卻始終動盪不定。其中唯漢中延岑稍成局面，史載：「岑字叔牙，南陽人，始起據漢中，又擁兵關西，所在殘破。走至南陽，略有數縣。」（同書「公孫述傳」）則流動性仍然甚大。其所以有此特色者，實因此區域係政治中心，爲各方起事者爭奪的對象。更始所率領的新市、平林、下江兵佔據於前，赤眉流寇又復擾亂於後，遂使當地士族大姓無法形成統一的霸局。而且亦正由於士族大姓過多，力量各不相上下，故更易流於羣雄並峙的混亂局面。此中心地區與四方情形迥乎不同之根本原因所在也！

六　兩漢之際士族大姓的舉宗從征

前面我們簡要地清理了東漢政權建立之前，各地士族大姓的起兵以及幾個主要武裝集團各據一方的混亂歷史。我們於此至少已可得出這樣的結論：即當時起事者實多屬強宗大姓，而稱霸的羣雄更非有強宗大姓的支持不可。唯關於士族的問題，許多更重要的史實，上文猶未及徵引。我們將於下面分析東漢政權的性質時，進一步討論之。如此則上文一些沒有交代清楚的關鍵都可迎刃而解。

我們在前面已一再提到士族大姓的問題，可是由於舊史家對當時擾亂的羣雄之身世背景等敘述得過於簡略，除少數情形外，我們已很難找到關於士族大姓實際活動的明確記載。因此到現在止，讀者對士族大姓起兵的普遍性，恐仍不能無疑。幸而光武集團以及許多附漢的士族大姓的動態，舊籍中均保存了許多史料，若細加排比，則事實昭然若揭。爲了使問題獲得根本的解決，我們最好是先將西漢政權建立時的情形作一對照。

劉邦打天下時，追隨者如張良、韓信、酈食其之流都是單身的士，背後沒有宗族的力量。其中唯一的例外便是蕭何，而且還有特殊的原因。《史記》「蕭相國世家」（《漢書》「蕭何列傳」同）記其事始末云：

> 鮑生謂丞曰：「王暴衣露蓋，數使使勞苦君者，有疑君心也。爲君計，莫若遣君子孫昆弟能勝兵者悉詣軍所，上必益信君。」於是何從其計。漢王大悅。

可見蕭何之舉宗從征，完全是爲了袪高祖之疑，蓋有人質之意味。但何以見得那時祇有蕭何一人是例外呢？同書接着告訴我們：

> 漢五年既殺項羽，定天下，論功行封。羣臣爭功，歲餘功不決。高祖以蕭何最盛，封爲酇侯，所食邑多。功臣皆曰：「臣等身被堅執銳，多者百餘戰，少者數十合，攻城略地，大小各有差。今蕭何未嘗有汗馬之勞，徒持文墨，議論不戰，顧反居臣等上，何也？」高帝曰：「……且諸君獨以身隨我，多者兩三人。今蕭何舉宗數十人皆隨我，功不可忘也！」羣臣皆莫敢言。

《前漢紀》亦曰：「封蕭何爲酇侯，父母兄弟封侯食邑者十餘人。以蕭何舉宗從征故也。」（卷三）西漢政權建立時並無宗族背景，此其明證。又項羽欲殺太公，項伯曰：「天下事未可知，且爲天下者不顧家，雖殺之無益。」（「項羽本紀」）更可見其時起事者與家族的關係爲何如了。可是在東漢政權建立之際，社會背景便完全不同。早在王莽時，我們已看到劉嘉「願爲宗室倡始，父子兄弟負籠倚鍤，馳之南陽。」以及劉歆「願率宗族爲士卒先」之類，舉宗爲王莽効力的事。及至光武帝起事以後，這類舉宗從征的事尤爲普遍。首先我們須知光武及其兄伯升所率領的武裝力量，便是一個大宗族集團。《後漢紀》卷一對此事經過敍述得比較清楚（《通鑑》卷卅八同）：

劉縯（伯升）召諸豪傑計議曰：「王莽暴虐，百姓分崩。今枯旱連年，兵革並起，此亦天亡之時，復高祖之業，定萬世之秋也！」衆皆然之。於是分遣親客，使鄧晨起新野，世祖與李軼起於宛，伯升自發舂陵子弟。諸家子弟恐懼，皆逃亡自匿，曰：「伯升殺我！」及見世祖絳衣大冠，皆驚曰：「謹厚者亦復爲之。」乃稍自安。凡得子弟七八千人。（按《前漢書》「王莽傳下」亦云：「世祖與兄齊武王伯升，宛人李通等帥舂陵子弟數千人。」）部署賓客，自稱柱天都部。

王常謂下江兵將帥曰：「今南陽諸劉舉宗起兵。」（《後漢書》「王常傳」）可見其中確包括了好幾個大家族在內。而更值得注意的是光武集團不僅多普通強宗大姓，而且還有不少士族，爲其他集團所不及。

趙翼在「東漢功臣多近儒」條中曾舉出鄧禹、寇恂、馮異、賈復、耿弇、祭遵、李忠、朱祐、竇融、王霸、耿純等人以爲他的論斷的根據。我們若進而對東漢功臣的身世背景加以分析，再佐以其他種種材料，合而觀之，卽可以瞭解東漢政權與當時士族之間的深切關係。且趙翼所謂多近「儒」之「儒」，主要是指着狹義的儒家而言的，如擴大而用之於一般智識份子，則我們實可以說，創造東漢政權的主要份子多爲士人。而這些士人的後面差不多都附隨着整個宗族。下面我們試加以討論。

最早以「劉氏復興，李氏爲輔」的讖文說光武起事的，是南陽李氏兄弟，《後漢書》「李通傳」說：

> 李通……世以貨殖著姓。父守……爲人嚴毅，居家如宮廷。（注引《續漢書》曰：「守居家與子孫尤謹，閨門之內如宮廷也。」）初事劉歆，好星歷讖記，爲王莽宗卿師。通亦爲五威將軍從事，出補巫丞，有能名。

這說明了李氏一方面固然經營農商，另一方面則仍置身於士林宦海，決不是單純的商人家庭。所以當李通一再遣弟軼詣光武，要求見面時，光武以爲是「士君子道相慕。」同時與李氏家庭成份相類似的，還有光武之舅樊宏，史載：

> 樊宏……爲鄉里著姓，父重字君雲，世善農稼，好貨殖。重性溫厚有法度，三世共財，子孫朝夕禮敬，常養公家。其營理產業，物無所棄，課役童隸，各得其宜。故能上下戮力，財利歲倍至，乃開廣田土三百餘頃。其所起廬舍，皆有重堂高閣，陂渠灌注。……而賑贍宗族，恩加鄉閭。（《後漢書》「樊宏傳」）

這顯然也是一個規模極大的家族。而且從他們家居守禮甚嚴的情形看，更使人相信他們同時還是深受儒學薰陶的士族。故後樊宏辭更始曰：「書生不習兵事。」[11] 這兩大家族的生活情形，不僅

---

11 顧亭林《日知錄》「兩漢風俗」條謂東漢士風家法有過西京，並舉鄧禹、樊重為例。是亦以樊氏為士族也。

使我們瞭解到當時社會上士族發展的程度之高，同時更印證了我們前面所指出的強宗大姓的士族化過程，此外如張湛亦「矜嚴好禮，動止有則，居處幽室，必自修整。雖遇妻子若嚴君焉！及在鄉黨，詳言正色，三輔以爲儀表。」（同書「張湛傳」）司馬彪《續漢書》也說湛「性矜嚴，非禮不動。遇妻子若嚴君，三輔以爲儀表。」（《北堂書鈔》五三、《御覽》四五二引）又《東觀漢記》卷十五云：「堪年六歲，受業長安，治梁邱易，才美而高，京師號曰聖童。堪守蜀郡，公孫述遣擊之，堪有同心之士三千人，相謂曰：『張君養我曹爲今日也！』」此三千人當爲賓客之屬無疑。當時士族之普遍，於此可見一斑。

至於一般士族舉宗從征之事，我們也舉一些最顯著的例證如下：

一、寇恂：「寇恂字子翼，上谷昌平人也。世爲著姓。」其後恂同門生董崇勸戒他時曾說：「今君所將，皆宗族昆弟也。」（《後漢書》本傳。又《後漢紀》卷三作「宗族兄弟」）

二、劉植：「劉植字伯先，鉅鹿昌城人也。王郎起，植與弟喜、從兄歆率宗族賓客聚兵數千人，據昌城。聞世祖從薊還，乃開門迎。」（同書本傳）又《水經注》曰：「世祖之下堂陽，昌城人劉植率宗親子弟據邑以奉世祖。」（影印永樂大典本卷五。又略見惠棟《後漢書補注》卷七）按植是否爲士人，已不可考，以其宗族賓客甚多，故及之。

三、耿純：「耿純字伯山，鉅鹿宋子人也。……學於長安，因除爲納言士。……世祖自薊東南馳，純與從昆弟訴、宿、植共率宗族賓客二千餘人，老病者皆載木自隨，奉迎於育。」[12]「純恐宗家懷異心，乃使訴、宿歸燒其廬舍。世祖問純故，對曰：『純雖舉族歸命，老弱在行，猶恐宗人賓客半有不同心者。故燔燒屋室，絕其反顧之望』。」（均見同書本傳，又見《後漢紀》卷三）

四、耿弇：「耿弇……扶風茂陵人也。……其先武帝時二千石。……父況字偉游，以明經爲郎。……弇少好學，習父業。……建武四年詔弇進攻漁陽。弇以父據上谷，本與彭寵同攻，又兄弟無在京師者，自疑不敢獨進。上書求詣洛陽。詔報曰：『將軍出身舉宗爲國，所向陷敵，功效尤著。何嫌何疑，而欲求徵。且與王常共屯涿郡，勉思方略。』況聞弇求徵，亦不自安，遣舒弟國入侍。帝善之。」（同書「耿弇傳」）

五、馮勤：「馮勤字偉伯，魏郡繁陽人也。曾祖父揚，宣帝時爲弘農太守，有八子，皆爲二千石。趙魏間榮之，號曰萬石君焉！……初爲太守姚期功曹，有高能稱。期常從光武征伐，政事一以委勤，勤同縣馮巡等舉兵應光武。謀未成而爲豪右焦廉等所反，勤乃率將老母兄弟及宗親歸期。期悉以爲腹心，薦於光武。」（同書「馮勤傳」）

12 《後漢書》「光武紀」亦云：「昌城人劉植、宋子人耿純各率宗親子弟，據其縣邑，以奉光武。」此亦光武在北方獲得士族大姓之支持而始能立足之證。

六、陰識：「陰識字次伯，南陽新野人也。……及劉伯升起義兵，識時游學長安，聞之，委業而歸，率子弟宗族賓客千餘人往詣伯升。」（同書「陰識傳」。）

七、王丹：「王丹……哀平時仕州郡，王莽時連徵不至。家累千金，隱居養志，好施周急。……會前將軍鄧禹西征關中，軍糧乏。丹率宗族上麥二千斛。」（同書「王丹傳」）

八、王霸：「潁川潁陽人也，世好文法。父爲郡決曹掾，霸亦少爲獄吏，常慷慨不樂吏職。其父奇之，遣西學長安。漢兵起，光武過潁陽，霸率賓客上謁。」（同書本傳）

九、鄧晨：「字偉卿，南陽新野人也。世吏二千石，父宏豫章都尉。……及漢兵起，晨將賓客會棘陽。」又章懷注引《東觀記》曰：「晨曾祖父隆，揚州刺史；祖父勳，交趾刺史。」（《後漢書》本傳）

十、馮異：「潁川父城人也。好讀書，通左氏春秋，孫子兵法。」後上書亦自云：「臣本諸生。」其爲士人固無可疑。異初拒漢，後始歸光武。建武二年破嚴終、趙根，「詔異歸家上冢，使太中大夫齎牛酒，令二百里內太守都尉已下，及宗族會焉！」（均見同書本傳）是亦爲一大士族也。

十一、賈復：「南陽冠軍人也。少好學習尚書，事舞陰李生，李生奇之。……時下江兵起，復亦聚眾數百人於羽山，自號將軍。更始立，乃將其眾歸漢。（同書「本傳）

十二、祭遵：「潁川潁陽人也，少好經書。家富給而遵恭儉。……嘗爲部吏所侵，結客殺之。」（同書本傳）家富足而又結客，顯然爲士族，非僅單身之士人也。

十三、任光：「南陽宛人也，少忠厚爲鄉里所愛。初爲鄉嗇夫、郡縣吏。漢兵至宛，軍人見光冠服鮮明，令解衣，將殺而奪之。會光祿勳劉賜適至，視光容貌長者，乃救全之。光因率黨與從賜，爲安集掾，拜偏將軍。」（同書本傳）

十四、李忠：「東來黃人也，父爲高密都尉。忠元始中以父任爲郎。署中數十人而忠獨以好禮脩整稱。」後家屬陷信都，大姓馬寵令親屬招呼忠，「時寵弟從忠爲校尉，忠卽時召見，責數以背恩反城，因格殺之。」並謂光武曰：「誠不敢內顧宗親。」（均見同書本傳）可見李忠最初不僅有宗親相隨，且亦嘗得大姓馬氏之支持也。

十五、邳彤：「信都人也，父吉爲遼西太守。彤初爲王莽和成卒正，世祖徇河北，至下曲陽。彤舉城降，復以爲太守。」（同書本傳）

十六、馬援：「扶風茂陵人也。……嘗受齊詩，意不能守章句。……亡命北地，遇赦，遂留牧畜。賓客多歸附者，遂役屬數百家。」注引《續漢書》曰：「過北地任氏畜牧，自援祖賓本客天水，父仲又嘗爲牧帥令，是時員（按援之兄也）爲護苑使者。故人賓客皆依援。」（同書本傳）

七　宗族的武裝自保及其方式

以上所舉僅爲隨光武征戰之士族勢力，至於以其他方式支持光武集團之士族，則均未列入。如「宋弘字仲子，東北長安人也。父尙，成帝時至少府。……弘少而溫順，哀平間作侍中，王莽時爲共工。……光武卽位，徵拜太中大夫。建武二年代王梁爲大司空，封栒邑侯。所得租奉，分贍九族。」（《後漢書》本傳）宣秉「少修高節，顯名三輔。」後仕光武，「所得祿奉，輒以收養親族，其孤弱者分以田地。」（同書本傳）杜林，「父鄴，成哀間爲涼州刺史，林少好學沉深。家既多書。又外氏張竦父子喜文采。林從竦受學，博洽多聞，時稱通儒。」等皆是。今不詳引。此外尙有許多宗族自保的集團，亦爲當時社會上一極普遍的現象。其最大者如竇融、梁統等之在河西五郡，事已見前。又有保全一郡者，如伏湛之在平原，侯霸之在淮平，（均見同書本傳）蘇竟之在代郡，鮑永、田邑等之在并土（同書「馮衍傳」、「鮑永傳」），都能在兵革之中捍衞宗族，庇護黎庶。史文甚長，不能多所徵引。我們這裏且一看分散各地的宗族自保集團。所謂自保，卽雖擁兵眾而無意於爭奪政權者：《後漢紀》卷一賈復說劉嘉曰：「今漢氏中興，大王以親戚爲輔。天下未定而安所保，所保得無不可保乎？」嘉曰：「公言大，非吾任也。大司馬劉公在河北，可往投之。」《後漢書》「伏湛傳」：「時門下督素有氣力，謀欲爲湛起兵，湛惡其惑眾，卽收斬之。」又同書「虞延傳」：「王莽末，天下大亂。延常嬰甲冑，擁衞親族，捍禦鈔盜。其存者甚眾。」此數事均證明當時武裝宗族集團中，確有僅以自保爲最高目的者。同書「劉盆子傳」：「三輔大饑，人相食，城郭皆空，白骨蔽野。遺人往往聚爲營保，各堅守不下。」又赤眉掠奪長安時「百姓保壁，由是皆復固守。」（同上）「馮異傳」：「時赤眉、延岑暴亂三輔，郡縣大姓，各擁兵眾。」「陳俊傳」：「五校引退入漁陽，所過掠奪。俊言於光武曰：『宜令輕騎出賊前，使百姓各自堅守壁，以絕其食，可不戰而殄也。光武然之，遣俊將輕騎馳出城前，視人保壁堅完者，敕令固守。放散在野者亦掠取之。賊至無所得，遂敗散。」[13] 這是士族大姓在兵革中自衞的一般情形。我們再看幾個具體的例子：

一、樊　宏：「更始欲以宏爲將，宏叩頭辭曰：『書生不習兵事。』竟得免，歸與宗家親屬作營壍自守。老弱歸之者千餘家。」（《後漢書》本傳

二、馮　魴：「爲郡族姓。王莽末四方潰畔，魴乃聚賓客、招豪傑、作營壍，以待所歸。」（同書本傳）

三、第五倫：「王莽末盜賊起。宗族閭里爭往附之，倫乃依險固築營壁。有賊輒奮厲其眾，引強持滿以拒之。銅馬、赤眉之屬前後數十輩皆不能下。」（同書本傳）

13 按此卽著名的「堅壁清野」的戰略。唯《御覽》四四九引司馬彪《續漢書》與此略同，而陳俊作王俊，五校作銅馬。未知孰是。又《後漢紀》卷四：「三輔饑民，人相食。諸有部曲者皆堅壁清野。赤眉掠奪少所得。」又光武勅馮異曰：「三輔遭王莽、更始之亂，又遇赤眉、延岑之弊；兵家縱橫，百姓塗炭。將軍今奉辭討諸不軌，兵家降者遣其渠帥皆詣京師，散其小民，令就農桑，壞其營壁，無使復聚。……」（同上）當均為強宗大族的營壁也。

四、簡陽大姓：「時江南未賓，道路未通。以熹守簡侯相。熹不肯受兵，單車馳之簡陽，吏民不欲內熹，熹乃告譬，呼城中大人[14]，示以國家威信。其帥卽開門，面縛自歸。由是諸營壁悉降。」（同書「趙熹傳」）

五、趙　綱：「光武卽位拜（李章）陽平令。時趙魏豪右往往屯聚，清河大姓趙綱遂於縣界起塢壁、繕甲兵，爲在所害。」（同書「酷吏列傳」）

按營壁、壁壘、營保、或營塹原爲軍事建築物。《史記》「項羽本紀」：「諸侯軍救鉅鹿下者十餘壁，莫敢縱兵。及楚擊秦，諸將皆從壁上觀。」又「淮陰侯列傳」：「趙見我走，必空壁逐我，若疾入趙壁，拔趙幟，立漢赤幟。」卽是也。故《西漢會要》卷五十七列「壁壘」於「兵」項下。兩漢之際，戰役中用之尤多，史不勝書。如「耿弇傳」：「與中郎將來歙分部徇安定北地，諸營保皆下之。」同傳載張步言：「以尤來，大槍十餘萬眾，吾皆卽其營而破之。」又注引袁山松書曰：「弇上書曰：『臣據臨淄，深塹高壘。張步從劇縣來攻。……臣依營而戰。』」「杜茂傳」：「擊五校賊於魏郡、清河、東郡，悉中諸營保。」「馬成傳」：「令諸軍各深溝高壘，憲數挑戰，成堅壁不出。」「張宗傳」：「諸營既引兵，宗方勤厲軍士堅壘壁以死當之。」此種記載俯拾卽是，略舉數例以見當時營壁之普遍。從一般士族大姓築營壁以自保的事實，我們更可看出他們勢力的浩大。這種民間的營壁，並非烏合之衆，其中亦有組織，故有所謂「營長」，蓋卽

---

14 大人卽豪強大姓之屬，見同書岑彭傳註。

宗族集團之領袖也。「劉玄傳」：「三輔苦赤眉暴虐，皆憐更始。而張卬等以爲慮，謂祿曰：『今諸營長多欲篡聖公者。一旦失之，合兵攻公，自滅之道也。』」「劉盆子傳」：「三輔郡縣營長遣使貢獻，兵士輒剽奪之。」何以知營長爲宗族集團的領袖呢？「第五倫傳」繼前引倫築壁之文後，續云：「倫始以營長詣郡尹鮮于褒。褒見而異之，署爲吏。」《通鑑》卷四十胡三省注「三輔郡縣營長遣使貢獻」文云：「時三輔豪傑處處屯聚，各有營長。長、知兩反。」可見營長確爲民間宗族組織的領袖，而且已成一普遍的社會稱號。這更反映出當時士族大姓的自衛營壁之多。

當兵革之際，士族大姓除築營壁以防禦寇賊外，同時也集體避難。「杜林傳」：「王莽敗，盜賊起，林與弟成及同郡范逡、孟冀等將細弱俱客河西。」「朱暉傳」：「朱暉，南陽宛人也，家世衣冠。暉早孤，有氣決。年十三，王莽敗，天下亂，與外氏家屬從田間奔入宛城。道遇羣賊白刃劫諸婦女，略奪衣物。昆弟賓客皆惶迫伏地，莫敢動。暉拔劍前曰：『財物皆可取耳！諸母衣不可得。今日朱暉死日也！』」而士族之家則至有攜門生弟子同行者，如「承宮傳」：「承宮……經典既明，乃歸家教授。遭天下喪亂，遂將諸生避地漢中。」「桓榮傳」：「莽敗，天下亂。榮抱經書與弟子逃匿山谷，雖常饑困而講論不輟。」郭丹「既至京師常爲都講，諸儒咸敬重之。大司馬嚴尤請丹，辭不就，王莽又徵之，遂與諸生逃於北地。」（同書本傳）甚至在征戰之中，宗親細弱亦隨在軍營，如光武嘗謂耿純曰：「軍營進退無常，卿宗族不可悉居軍中。迺以純族人耿伋爲蒲吾長，悉令將親屬居焉！」（「耿純傳」）鄧禹亦謂張宗曰：「將軍有親弱在營，奈何不顧！」（「張宗傳」）又《東觀漢記》卷十六載：「耿嵩字文都，鉅鹿人。……王莽敗，賊盜起，宗族在兵中。穀食貴，人民相食。宗家數百人升合分糧。時嵩年十二三，宗人少長咸共推之主稟給，莫不稱平。」

八　親族之休戚相關

前面說過，士人與其宗族的關係，自武帝以後便日深一日。這種密切的宗族關係，在動亂之世表現得更為顯著。此觀當時起事者多以宗族為基礎之事實即可瞭然[15]。而且在這種情形之下，宗族即有不參加者，事敗亦不能免於禍。鄧晨響應漢兵，及漢兵敗退，「新野宰乃汙晨宅，焚其冢墓。宗族皆恚怒曰：『家自富足，何故隨婦家人入湯鑊中？（按鄧晨娶光武姊，故云。）』晨終無恨色。」（同書本傳）彭寵嘗有大功於光武，後復叛之，事敗遂「夷其宗族」[16]。隗囂季父崔聞吏始立，亦欲起兵應漢。囂止之曰：「『夫兵，凶事也！宗族何辜？』崔不聽。」（同書本傳，又《後漢紀》卷一）趙孝良王為光武叔父，「光武兄弟少孤，良撫循甚篤。及光武起兵，以事告，良大怒曰：『汝與伯升志操不同。今家欲危亡，而反共謀如是？』既而不得已，從軍至小長安。」（同書本傳）蓋當時整個宗族的禍福相依，無法分開，故族中主要人物的動向勢必牽連及於全族。而族人為自身的利害計，最後亦惟有出諸支持一途。此所以劉良雖反對姪輩之舉，終

15 《後漢書》「趙孝良王傳」注引《續漢書》曰：「從軍至小長安。兵敗，妻及二子皆被害。甄阜、梁邱賜移書於良曰：『老子不率宗族，單袴騎牛，哭且行，何足賴哉！』」可見士人須率宗族之觀念，在當時已甚為流行矣！

16 李慈銘《後漢書札記》卷二謂光武夷寵宗族為少恩，蓋亦不知當時的社會背景，故有是論。

「不得已」而從軍；隗囂雖不贊成叔父之謀，也還是捲入了漩渦，且成爲領袖人物也[17]！

尤有進者，當時的宗族關係尚不止於一姓，父族之外，往往擴大至母族與妻族。地皇四年王莽詔巳云：「劉伯升與其婚姻黨與妄流言惑衆，悖畔天命。」其後光武陣營中，如樊宏爲「世祖之舅」，是母黨；陰識、陰興爲陰后兄弟，是妻黨；又如鄧晨，自鄧氏言亦爲妻族。田戎據夷陵，其妻兄辛臣亦在軍中，同爲妻族之證。不僅此也，當時又有因爭取宗族勢力而交結婚姻者。早在王莽時，劉歆「欲結援樹黨，乃爲祉娶高陵侯翟宣女爲妻。」（《後漢書》「城陽恭王祉傳」）注引《東觀記》曰：「歆爲嫡子終娶宣子女習爲妻，宣使嫡子姬送女入門，二十餘日義起兵也。」又延岑、田戎「並與秦豐合。豐俱以女妻之。」（同書「公孫述傳」）田戎已有妻室而秦豐猶以女妻之，其以婚姻爲交結之手段，尤爲明顯[18]。更明顯的例子是光武娶郭后，「劉植傳」載：「時眞定王劉揚起兵以附王郎，衆十餘萬。世祖遣植說揚，揚乃降。世祖因留眞定，納郭后，后卽揚之甥也，故以此結之。迺與揚及諸將置酒郭氏漆里舍，揚擊筑爲歡。因得進兵拔邯鄲，從平河北。」從這一條證據看，光武之定河北實頗得力於婚姻關係[19]。鮑永「遣弟升及子婿張舒誘降涅城。舒家在上黨，（田）邑悉繫之」（「馮衍傳」）同傳注引《東觀漢記》載田邑致永書曰：「張舒內行邪孽，不遵孝友，疏其父族，外附妻黨。已收三族，將行其法。能逃不自詣者，舒也；

17 《後漢書》「馬援傳」載援「致楊廣書」云：「季孟平生自言，所以擁兵衆者，欲以保全父母之國而完墳墓也。」尤其明證。

18 沈欽韓《後漢書疏證》卷一謂田戎有妻兄辛臣在軍中，「蓋別娶也。」以為秦氏在前。按秦氏辛氏之前後今已不可考；縱使從沈說，秦豐以婚姻為交結之手段一點，也依然可以成立。而田戎之「別娶」，或亦效秦豐之故智耳！

19 陰氏亦為大族，觀陰識所率宗親子弟之多可知。故疑光武娶陰麗華亦兼有交結之意，不僅因陰氏之色也。

能夷舒宗者，予也！」則妻黨關係亦有凌駕乎本族之上者矣！

九　不重單身之士

由於宗親勢力的浩大，故光武不甚重視單身的士人。祇有背後附有宗親勢力者才能眞正爲光武所倚重。如「鄧晨爲常山太守，會王郎反，光武自薊走信都。晨間行會於鉅鹿下，自請從擊邯鄲。光武曰：『偉卿以一身從我，不如以一郡爲我北道主人。』乃遣晨歸郡。」（《北堂書鈔》七四引司馬彪《續漢書》，又見范書本傳）鮑永知更始已亡，「悉罷兵，但幅巾與諸將及同心客百餘人詣河內。帝見永問曰：『卿衆何在？』永離席叩頭曰：『臣事更始，不能令全，誠慚以其衆幸富貴。故罷之。』帝曰：『卿言大。』而意不悅。時攻懷未拔，帝謂永曰：『我攻懷三日而兵不下，關東畏服卿，可且將故人自往城下譬之。』卽拜永議諫大夫。至懷乃說更始河內太守，於是開城而降。帝大喜。」注引《東觀記》曰：「永說懷下，上大喜，與永對食。」（「鮑永傳」）光武這一怒一喜，充份地說明了背後沒有勢力的單身士人在那時確已無大作用。而當時士人中亦有知之者：光武召見馮異，異曰：「一夫之用，不足爲強弱，有老母在城中，願歸據五城以効功報德。」（「馮異傳」）單身之士偶有被重用者也還是因爲他有宗族的背景：岑彭荐韓歆於光武曰：「『韓歆南陽大人，可以爲用。』乃貰歆以爲鄧禹軍師。」李賢注曰：「大人，謂大家豪右。」又曰：「貰，寬也。」（「岑彭傳」）耿純說李軼，「軼奇之。且以其鉅鹿大姓，乃承制拜爲騎都尉，授以節令，安集趙、魏。」（「耿純傳」）

十　光武集團與士族大姓的一般關係

以上許多分析已很明白地顯示出東漢政權之建立與士族大姓的關係如何深切。唯上引諸例證還祇是個別性的，現在我們試再根據若干史料來說明東漢政權與士族大姓的一般關係。光武兄弟初起時卽得力於南陽士族大姓的擁戴，前已言之矣！《後漢書》「王常傳」亦云：「及諸將議立宗室，唯常與南陽士大夫同意欲立伯升。而朱鮪、張卬等不聽。」其後光武在河北亦因獲得若干士族大姓的支持，始能擊敗王郎。光武交結劉揚兄弟之事固是一例，而尤要者則爲上谷耿況父子與漁陽彭寵。「耿弇傳」載：

弇因從光武北至薊，聞邯鄲兵方到。光武將欲南歸，召官屬計議。弇曰：「今兵從南來，不可南行。漁陽太守彭寵，公之邑人；上谷太守卽弇父也。發此兩郡控弦萬騎，邯鄲不足慮也。」光武官屬腹心皆不肯，曰：「死尚南首，奈何北行入囊中？」光武指弇曰：「是我北道主人也！」

後兩郡兵俱來，光武見弇等說曰：「當與漁陽、上谷士大夫共此大功。」我們於此可以注意到兩點：一、光武集團到處交結士族大姓以建立根基。二、彭寵之從光武更顯出當時士族大姓有濃厚的地域觀念[20]。

士族大姓之勢力既遍佈全國，而其所以起事或擁衆自立，最初又多爲保全宗族與財產。故任何集團如想獲得政權，勢不能不在某種程度上照顧到此一士族大姓階層的社會經濟利益。何況當時那些武裝集團的本身，如前面的分析所已指陳的，便主要是來自這個階層呢？東漢政權之建立，和它在這一方面應付得比較適當，極有關係。《後漢紀》卷四載「建武四年」條下云：

鬲縣五姓反，逐其守長。諸將曰：「朝擊鬲，暮可拔也。」漢怒曰：「敢至鬲下者斬，使鬲反者守長罪也。」移檄告郡牧守長，欲斬之。諸將皆竊言：「不擊五姓，反欲斬守長乎？」漢乃使人謂五姓曰：「守長無狀，復取五姓財物，與寇掠無異，今已收斬之矣！」五姓大喜，相率而降。諸將曰：「不戰下人之城，非衆所及也！」（按《後漢書》「吳漢傳」注曰：「五姓蓋當土強宗豪右也。」）

吳漢不攻五姓而殺守長，是因爲首長侵犯了五姓的權利，而五姓之反亦確以此。吳漢的處置之所以成功，也正在於他把握到了東漢政權的本質。諸將但折於他能「不戰下人之城」，殊不知他的

20 關於這一點，史料甚多，茲略擧數事以概其餘。鄧奉「怨吳漢掠其鄉里，遂返擊破漢軍，與諸賊合從。」（「岑彭傳」）「蜀郡史歆怨吳漢之殘蜀也，擁郡自保。」（《華陽國志》卷五）甚至赤眉亦有此觀念：「崇又引其兵十餘萬復還圍莒數月，或說崇曰：『莒、父母之國，奈何攻之？』乃解去。」（「劉盆子傳」）袁山松書所記略同，唯多「莒中人出縑千匹以自贖」語，殆較近事實。（《御覽》八一八）由於有鄉土觀念，遂自然重鄉誼，「南陽士大夫」及彭寵之助光武，即以此也。其後光武得政權，南陽人遂多得勢：「郭伋傳」：「伋因言選補衆職當簡天下賢俊，不宜專用南陽人。」《通鑑》卷四十二曰：「是時在位多鄉曲故舊，故伋言及之。」這也是光武建都洛陽的主要考慮之一。今不具論。

高明實在於政略而非戰略也。還有一件極重要的事實也可以說明東漢政權與士族大姓之間的關係。《通鑑》卷四十「建武二年」條下云：

> 庚辰悉封諸功臣爲列侯。梁侯鄧禹、廣平侯吳漢皆食四縣。博士丁慕議曰：「古者封侯不過百里，強幹弱枝，所以爲治也。今封四縣，不合法制。」帝曰：「古之亡國，皆以無道。未嘗聞功臣地多而滅亡者也。」……帝令諸將各言所樂，皆占美縣。（參看《後漢書》「光武紀上」）

「強幹弱枝」原爲西漢早期的重要政策之一，及至中葉以後，其事已頗鬆弛，然猶未被正式放棄。（參看註1）今光武政權之建立既頗有賴於士族大姓的助力[21]，自不能再繼續西漢初期那種抑止強宗豪族發展的政策。而且由於士族大姓業已遍佈國中，傳統的移徙政策事實上也無法再推行下去。丁慕之議眞是太「不識時務」了！光武對當時的士族大姓如此遷就，而桓譚上疏猶云：「臣譚伏觀陛下用兵，諸所降下，既無重賞以相恩誘，或至虜掠其財物。是以兵長渠率各生狐疑；黨輩連結，歲月不解。」（《後漢書》本傳）是希望光武對士族大姓的政策更爲放寬也。但事實上一個要統一全國的政權與分散各地，擁兵自保的士族大姓之間多少是存在着矛盾的。這種矛

21　建武三年己酉詔曰：「羣盜縱橫，賊害元元。盆子竊尊號，亂惑天下。朕奮兵討擊，應時崩解，十餘萬衆，束手降服。先帝璽綬，歸之王府。斯皆祖宗之靈，士人之力。朕曷足以享斯哉！」（《後漢書》「光武紀上」）可見光武早就瞭解到他的政權與士族大姓的密切關係。關於此點，後文中另有較詳細的討論。此處僅舉此一例，以說明光武放棄「強幹弱枝」政策的根本原因所在。

盾，在戰亂之際還不易察覺，等到局勢稍一穩定，便自然地暴露出來了。茲舉兩事以說明之。

（建武）十六年……郡國大姓及兵長羣盜處處並起，攻劫在所，害殺長吏。郡縣進討，到則解散，去復屯結。青、徐、幽、冀四州尤甚。冬十月遣使者下郡國，聽羣盜自相糾擿。五人共斬一人者除其罪，吏雖逗留迴避，故縱者皆勿問，聽以禽討爲效。其牧守令長坐界内盜賊而不收捕者，又以畏愞捐城委守者，皆不以爲負，但取獲賊多少爲殿最，唯蔽匿者乃罪之。於是更相追捕，賊並解散。徙其魁帥於它郡，賦田受稟，使安生業。自是牛馬放牧，邑門不閉。（《後漢書》「光武紀下」）

自此以後東漢政權完全穩定。光武對於這些武裝宗族採取了懷柔與分化並用的策略，直到完全摧毀了他們的力量才肯罷手。在這裡，我們看到東漢政權建立最後所遭遇到的困難，仍在於士族大姓的擁兵自立。又據常璩《華陽國志》卷五：

建武十八年，刺史郡守撫恤失和。蜀郡史歆怨吳漢之殘掠蜀也，擁郡自保。世祖以天下始平，民未忘兵，而歆唱之，事宜必克。復遣漢平蜀，多行誅戮。世祖誚讓於漢，漢陳謝。

按吳漢這次之所以不能仿其降五姓之例，而光武也認爲「事宜必克」者，實因天下初定，大姓擁兵自保之風不容再長，故不能不以武力鎮壓之。觀《華陽國志》同卷載吳漢平公孫述後，立即「搜求隱逸，旌表忠義」。及漢誅戮過多，光武亦深責之，其交結蜀郡士族大姓之意，甚爲顯然也！

十一　更始與赤眉敗亡之社會背景的分析

到現在爲止，本文僅討論了兩漢之際的羣雄——尤其是光武集團，如何賴士族大姓的支持而建立基業的歷史。但是另一方面，當時也有非士族大姓的集團，雖曾在軍事上贏得一時的勝利，而終不免於覆亡者。其原因究竟何在呢？如果我們要澈底澄清此一時期政治變遷的社會背景，則不能不對此問題有一比較圓滿的解答。這樣，我們便須一察更始與赤眉兩大集團的社會本質。

這兩個集團起事很早，勢力也一度極爲浩大，而且均曾先後據長安，企圖建立起全國性的統一政權，但結果都未能逃避失敗的命運。這裏我們無法涉及它們興亡的全部經過與原因，而祇能就其與本文題旨直接相關的地方略加分析而已。從它們社會根源與得勢後的一般作風來看，我們至少可以找出下列三個最相同之點：一、饑民的烏合之眾，故領袖人物多出身低微[22]；二、流動性極大，且到處搶掠[23]；三、缺乏良好的組織，故無力統治國家。茲分別論列於後：

22 此非謂饑民集團中無士族大姓份子，蓋士族大姓在此集團中並不佔主導地位，關於此點，後文中別有討論。讀者但須知此處僅就此集團的根本性質而言，足矣！

23 士族大姓集團中亦未始無掠奪之事，從註二十所引吳漢之例，已可知之。但一般地說，「士族化」程度愈深的集團，便愈少掠奪之事；而且領導者在基本政策上，是絕對禁止這種行為的。如光武勅馮異曰：「今之征伐，非必略地屠城，要在平定安集之耳！諸將非不健鬬，然好虜掠。卿本能御史士，念自脩勅，無為郡縣所苦。」（《後漢書》「馮異傳」）又如傅俊軍掠奪百姓，鄧惲極諫之，謂宜「親率士卒，收傷葬死，哭所殘暴，以明非將軍本意也！」俊從之。見「鄧惲傳」。

關於第一點：

甲、更始：此集團係以新市、平林之兵爲主體。《後漢書》云：「王莽末，南方饑饉，人庶羣入野澤，掘鳧茈食之，更相侵奪。新市人王匡、王鳳爲平理爭訟，遂推爲渠帥，衆數百人。」（「劉玄傳」）其爲饑民毫無可疑。鄧禹嘗謂光武曰：「更始……諸將皆庸人屈起，志在財幣，爭用威力，朝夕自快而已！非有忠良明志，深慮遠圖，欲尊主安民者也！」（同書本傳）雖然此集團中亦有士族大姓勢力，如光武兄弟所領導的一支，然遠不敵原有集團的力量，故其間常有衝突與鬪爭。《後漢紀》卷一曰：「諸將請立君，南陽英雄（按范書「劉縯傳」作「豪傑」）及王常皆投歸伯升。然漢兵以新市、平林爲本，其將帥起草野，苟樂放縱，無爲國之略。皆憚伯升而狎聖公。」此所謂「英雄」、「豪傑」皆爲士族大姓之流，故後「豪傑失望多不服。」（縯傳）我們於此實可窺見兩派鬪爭之消息。更始本人出身宗族，其立場原與光武兄弟相去不遠，然在諸將扶持下亦無可如何。伯升被誅，其咎亦不在更始，「劉縯傳」載大會諸將事云：「更始取伯升寶劍視之，繡衣御史申屠建隨獻玉玦。更始竟不能發。」種種事實都說明更始集團確在下層階級份子控制之下，更始處於其中，較之劉盆子之在赤眉集團，相去不過一間耳！明乎此，則光武雖悲兄之死而終不甚怨恨更始者，其故亦可得而明矣[24]！

24 《十七史商榷》卷三十以光武封更始為「以德報怨」，殊為非是。王氏蓋亦未能明瞭當時更始集團中之情勢耳。按「馮異傳」：「三王反畔，更始敗亡。」注云：「三王謂張卬為淮陽王、廖湛為穰王、胡殷為隨王。更始欲殺卬等，遂勒兵掠東西市，入戰於宮中，更始大敗。」此為更始與其諸將鬪爭之最高潮，而更始之與伯升兄弟站在同一階級立場，亦可得而明。

乙、赤眉：此集團中包括份子也極複雜，雖有大姓如呂母之屬。但通體而論，則仍爲饑民集團。《漢書》云：「赤眉力子都、樊崇等以饑饉相聚，起於琅玡，轉鈔掠，眾皆數萬。」（「王莽傳下」）《後漢書》則云：「時青徐大饑，寇賊蜂起，羣盜以崇勇猛皆附之。」（「劉盆子傳」）後在長安時楊音罵諸將曰：「諸卿皆老傭也！」即以其領袖樊崇而論，史稱其「雖起勇力，爲眾所宗，然不知書數。」光武亦謂崇曰：「卿所謂鐵中錚錚，傭中佼佼者也。」（均見同上）故赤眉之爲饑民集團及其領導者的出身微賤，早成定論，不煩詳說。

關於第二點：

甲、更始：新市平林兵初起時即流竄搶掠，如「攻拔竟陵，轉擊雲杜、安陸，多略婦女，還入綠林中。」其後因一度與士族大姓的勢力相結合，欲成大事，稍爲收斂，而積習終不能改。既至長安「諸將後至者，更始問虜得幾何？左右侍官皆宮省久吏，各驚相視。」後赤眉將至，張卬與諸將議曰：「赤眉近在鄭、華陰間，旦暮且至。今獨有長安，見滅不久。不如勒兵掠城中以自富，轉攻所在，東歸南陽收宛王等兵事，若不集復入湖池中爲盜耳！申屠建、廖湛等皆以爲然。」（均見《後漢書》「劉玄傳」）其流竄與掠奪的本質終於完全暴露出來了。故耿弇謂光武曰：「今更始失政，君臣淫亂，諸將擅命於畿內，貴戚縱橫於都中。天子之命不出城門，所在牧守輒自遷易，百姓莫知所從，士人莫敢自安。擄掠財物，劫掠婦女，懷金玉者至不生歸。」（同書本傳）這一番話同時也說明了更始為諸將所挾持的眞相。馮衍亦嘗謂鮑永曰：「然而諸將虜掠，逆倫絕理，殺人父子，妻人婦女，燔其室屋，略其財產。」（同書本傳）馮異亦云：「今下江諸將，縱橫恣意，所至虜掠財物，略人婦女。百姓已復失望，無所戴矣！」（《後漢紀》卷一）其他有關記載尙多，不必盡錄。

乙、赤眉：赤眉初時流竄於東方，本皆「以困窮為寇，無攻城徇地之計。」及至長安建立政權，猶四處搶掠。故劉盆子說：「今設置縣官而為賊如故，吏人貢獻，輒見剽刼，流聞四方，莫不怨恨，不復信向」。雖一度徇盆子之求，「閉營自守，三輔翕然。……百姓爭還長安，市里且滿，得二十餘日。」可是緊接着「赤眉貪財物，復出大掠。城中糧食盡，遂收載珍寶，因縱大火燒宮室，引兵西向。」所以後來光武也對樊崇等說：「諸卿大為無道，所過皆夷滅老弱，溺社稷，汚井竈。」（均見同書「劉盆子傳」）

關於第三點：

甲、更始：《後漢書》「劉玄傳」載：「其所授官爵者皆羣小賈豎，或有膳夫庖人，多著繡面，衣錦袴襜襜諸于，罵詈道中。長安為之語曰：竈下養，中郎將，爛羊胃，都騎尉，爛羊頭，關內侯。」惠棟《補注》卷五曰：「《東觀記》曰：『更始在長安，官爵多羣小，里閭語曰：使兒居市决，作者不能得，傭之市空返。問何故，曰：今日騎都尉注會日也。由是四方不復信向京師。』《三輔舊事》曰：『更始遣將軍李松攻王莽，屠兒賣餅者皆從之。屠兒杜虞手殺莽。』故其時所授官爵，皆屠沽之輩也。」《

後漢紀》卷二載博士李淑諫更始之言曰：「陛下本因下江平林之勢，假以成業，斯亦臨時之宜。事定之後，宜釐改制度，更延英俊，以匡王國。今者公卿尚書皆戎陣亭長凡庸之隸，而當輔佐之任。」[25]

乙、赤眉：此集團無文書旌旗號令之事，前已言之，足見其缺乏組織的狀態。後來他們仍然「擁百萬之眾，西向帝城，而無稱號，名爲羣賊。」還是接受了士人方陽（方望之弟）的勸告，才立劉盆子爲帝。玆再引《後漢書》「劉盆子傳」中的一段文字以說明其本質：「入長安城，更始來降。盆子居長樂宮，諸將日會功爭言讙呼，拔劍擊柱，不能相一。三輔郡縣營長遣使貢獻，兵士輒剽奪之。又數虜暴吏民。百姓保壁，由是皆復固守。至臘日，崇等乃設樂大會。盆子坐正殿中，黃門持兵在後，公卿皆列坐殿上。酒未行，其中一人出刀筆書謁欲賀，其餘不知書者起往請之。各相屯聚，更相背向。大司農楊音拔劍罵曰：『諸卿皆老傭也！今日設君臣之禮，反相殺亂。兒戲尚不如此，皆可格殺！』更相辯鬭。」

以上三方面的大體比較，確可使我們相信，更始與赤眉兩集團在社會本質上是完全一致的，其起事與失敗的原因也有根本相同之處。消極方面，他們的流竄與搶掠既損害了士族大姓的利

25 關於此點，《後漢書》「劉玄傳」，謝承書（《初學記》十二、《御覽》二二八引）均有相似之記載。而范書「光武紀」所載三輔吏士初見更始與光武時的情形，尤堪注意，其文曰：「時三輔吏士東迎更始，見諸將過，皆冠幘而服婦人衣諸于繡镼，莫不笑之，或有畏而走者。及見司隸僚屬（按光武時為司隸校尉），皆歡喜不自勝。老吏或垂涕曰：『不圖今日復見漢官威儀！』由是識者皆屬心焉。」《東觀漢記》所載亦略同，末句作「賢者蟻附。」此處雖不免有美化光武之嫌，但大體上仍能透露出士族大姓與下層饑民在政治上的根本不同，以及此興彼衰的一部份原因。

益；積極方面，他們缺乏文化修養與組織才能，更無法滿足新興的士族大姓階層之政治要求。以毫無社會基礎的烏合之眾而與全國最有勢力的士族大姓階層為敵，在當時的情形下，是絕對不可能成功的。我們今天儘管同情他們的社會處境，但同時也要認識到使他們走向覆亡之途的歷史條件。而我們對於這兩大集團的分析，更從反面指出了一項原則：卽當時不能得到士族大姓階層普遍支持的集團，雖有強大的武力，也很難存在的。

十二　略論士族化程度與政治成敗的關聯

但另一方面，我們也不能否認，這種饑民集團在推翻舊秩序上，是有其一定的作用的。王莽政權的崩潰以及東漢政權的建立，上述兩大集團確曾盡了開路之功。然而他們的功能也僅止於此：可以除舊，不足以開新。原因何在呢？這就不是社會經濟基礎這一簡單的事實可以完全解釋得清楚的了。從本文的整個討論來看，文化程度的深淺對於政治變遷的影響，無疑也極為重要。更始與赤眉的敗亡繫於他們在文化方面的極端落後，恐猶甚於其社會經濟基礎的薄弱。再就其餘十二個各霸一方的士族大姓集團而言，其規模之大小與存在之久暫，旣不盡在於經濟力量的強弱，亦非地理環境所可完全決定，最主要，還在於文化程度的深淺。公孫述與隗囂兩集團侷促於邊郡，而居然規模甚宏，為一部份人心所歸者，其故實卽在此。荆邯嘗說公孫述曰：

隗囂遭遇運會，割有雍州，兵強士附，威加山東。遇更始政亂，復失天下。衆庶引領，四方瓦解。囂不及此時推危乘勝，以爭天命，而退欲爲西伯之事。尊師尊句，賓友處士，偃武息戈，卑辭事漢。喟然自以文王復出也。今漢帝釋關隴之憂，專精東伐，四分天下而有其三，使西州豪傑咸歸心於山東。……臣之愚計以爲宜及天下之望未絕，豪傑尚可招誘，急以此時發國内精兵，令田戎據江陵，臨江南之會，倚巫山之固，築壘堅守，使傳檄吳楚，長沙以南必隨風而靡。令延岑出漢中定三輔，天水隴西拱手自服[26]。如此海內震搖，冀有大利。（《後漢書》「公孫述傳」）

我們從荊邯的話中可以瞭解到隗囂與公孫述兩集團在當時社會上確比較具有更大的號召力。使此二集團早用荊邯之計，起而逐鹿中原，則天下之事，誠未可知。這兩個集團之所以可能與光武集團一爭雄長者，實卽由於其文化程度較高，具備了統治國家的條件。而光武之所以一再對他們採用緩和牢籠的政策，也正是因爲瞭解到這一點。由此觀之，則東漢政權之建立與其文化程度之高低——換言之，亦卽士族化程度的深淺——亦至有關係，固非一味依恃一般大姓的武裝宗族力量也！是知趙翼所謂「東漢功臣多近儒」，其更深一層之意義尤當於此求之。在這一關聯上，我們須再對若干綜合性的史料加以討論，以更進一步地澄清東漢政權與士族大姓的一般關係，並爲全文之結束焉！

26 按荊邯之所以建議田戎下南方而延岑定三輔者，顯然以此二人以前爲霸據該地區之大姓勢力的領袖，依然有號召力故也！

更始三年（亦建武元年）春，光武還祇是蕭王，在一連串的軍事勝利後，諸將都一致議上尊號，請求光武自立爲帝，一連三次都爲光武嚴詞拒絕。《後漢書》「光武紀」（《後漢紀》卷三、《通鑑》卷四十略同）載：

> 諸將且出，耿純進曰：「天下士大夫捐親戚、棄土壤，從大王於矢石之間者，其計固望其攀龍鱗、附鳳翼，以成其所志耳！今功業卽定，天人亦應，而大王留時逆衆，不正號位，純恐士大夫望絕計窮，則有去歸之思，無爲久自苦也。大衆一散，難可復合，時不可留，衆不可逆！」純言甚誠切。光武深感曰：「吾將思之！」

這一段事實極值得我們注意者有數點：一、光武不肯立卽登帝位，決非虛僞做作，實因當時形勢猶未穩定，而他本人又是一向深謀遠慮，不敢輕舉妄動的。二、諸將再勸請上尊號亦確極誠懇，因爲誠如耿純所說，這和他本身的利害是密切相關的。三、光武不顧諸將之請而獨感於耿純之論，也並不僅是由於「純言甚誠切」，更重要的，乃是耿純當衆明白地指出了光武集團中人結合的眞正因素與關鍵。因之，如果光武再不加考慮，則確不免會影響到「攀龍附鳳」者的團結精神[27]。四、耿純屢用「天下士大夫」這個名詞，又謂「捐親戚、棄土壤」，是已說明在當時追隨

27　范書「諸將且出，耿純進曰」語，袁紀作「諸將出，耿純進曰」，一字之差，而相去遠矣！耿純的話，顯然是當着諸將面前說的，光武恐失人心，遂不能再推辭。《通鑑》此處從范書，是其有識見處，而范袁優劣亦於此而判。

光武者之中，極多士族大姓。瞭解了這一點，舊籍中有許多驟看似無甚深意的老話，在此便都發生了新的意義：《後漢紀》卷一光武對王霸說：「夢想賢士共成功業，豈有二哉！」同書卷二（又見《後漢書》「景丹傳」）謂耿弇等曰：「方與士大夫共此功名耳！」同書卷四載桓譚於建武四年上疏有云：「陛下若能輕爵祿，與士大夫共之，而勿愛惜，則何招而不至，何說而不釋，何向而不開，何征而不剋。」（又《後漢書》「桓譚傳」作「輕爵重賞，與士共之。」）《後漢書》「王常傳」亦云：「唯常與南陽士大夫同意欲立伯升。」同書「岑彭傳」載彭說光武曰：「竊聞大王平河北，開王業，此誠皇天佑漢，士人之福也！」以「漢」與「士人」並舉，更可見光武政權與士族大姓之休戚相關。而士族大姓對王權的「攀龍附鳳」，也是當時士大夫的一個普遍意識。《後漢書》「寇恂傳」：「恂與門下掾共說耿況曰：『……今聞大司馬劉公伯升母弟尊賢下士，士多歸之，可攀附也。』」

爲使問題更爲清楚起見，我們在此必須略一追溯「士大夫」一詞在兩漢時的意義的變遷。「士大夫」這個名詞古已有之，蓋從封建制度中的「大夫」與「士」兩稱號逐漸演變而成。《史記》、《漢書》中均常見「士大夫」之字樣；唯《漢書》係東漢人手筆，班固著史時，其所用名詞，可能已滲入當時社會所流行的意義。故爲謹慎計，我們先看《史記》中的「士大夫」。

《史記》中的士大夫，主要是指武人（軍官）而言，所以屢見於武將列傳。韓信背水破趙，諸將問其故。信曰：「此在兵法，顧諸君不察耳！……且信非得素拊循士大夫也。」（「淮陰侯列傳」）同傳廣武君謂信曰：「百里之內，牛酒日至，以饗士大夫，醳兵。」李廣自殺，「廣軍士大夫一軍皆哭。」又太史公曰：「彼其忠實心，誠信於士大夫也！」（「李將軍列傳」）武帝使司馬相如作檄告巴蜀民曰：「蠻夷自擅，不討之日久矣！時侵犯邊境，勞士大夫。」伍被謂淮南王曰：「大將軍（衞青）遇士大夫有禮，於士卒有恩，衆皆樂爲之用。」（「淮南衡山列傳」）武帝曰：「縱單于不可得，（王）恢所部擊其輜重，猶頗可以得慰士大夫心。」（「韓長孺列傳」）文帝元年詔亦有「高祖親率士大夫始平天下。」（「孝文本紀」）這裏「士大夫」一詞都很明顯地是指着武人而言。這一意義的「士大夫」亦保存於《漢書》之中：胡建旣斬監軍御史，上奏有云：「不立剛毅之心，勇猛之節，亡以帥先士大夫。」（「胡建傳」）元帝勞馮奉世詔亦云：「故遣將軍帥上大夫行天誅。」（「馮奉世傳」）又司馬遷「報任安書」曰：「愚以爲李陵與士大夫絕甘分少，能得人之死力，雖古名將不過也！」（「司馬遷傳」）

《史記》中也有涵義較廣的「士大夫」，然有時分作兩詞，非如後世之合而爲一。袁盎謂申屠嘉曰：「且陛下從代來。每朝，郎官上書疏，未嘗不止輦受其言。言不可用，置之，言可受，採之，未嘗不稱善。何也？則欲以致天下賢士、大夫。」（「袁盎列傳」）「張湯及列九卿，收接天下名士、大夫。」（「酷史列傳」）又「游俠列傳」郭解曰：「解奈何從他縣奪人邑中賢大夫權乎？」[28] 尤其清楚的是下面一段文字：「衞將軍驃騎列傳」太史公曰：「蘇建語余曰：『吾嘗

---

28 《漢書》「游俠傳」亦曰：「解奈何從它縣奪人邑賢大夫權乎？」而荀悅《漢紀》卷十則改作「解如何從他郡奪人邑中權乎？且須士大夫復居其間。」這一從「賢大夫」到「士大夫」的變遷，實至堪玩味，頗能顯示出「士族化」前後兩個歷史階段的不同。蓋荀悅生當士族勢力高漲之世，士大夫已擴大為包括一切士族、大姓、豪強等的社會稱號，故不能不改易之。我們從這裡更可瞭解：西漢中葉以前，士與大夫不僅可分，且意義尚有不同也！

責大將軍至尊重，而天下之賢大夫毋稱焉！（《索隱》：謂不爲賢士大夫所稱譽。）願將軍觀古名將所招選擇賢者，勉之哉！』大將軍謝曰：『自魏其武安之厚賓客，天子常切齒。彼親附士大夫，招賢絀不肖者，人主之柄也。人臣奉法遵職而已！何以招士？』」在這一段話裏，我們一方面看到「士大夫」已有較廣泛的社會涵義，而另一方面則可以斷言，《史記》中之士與大夫在有些處確不可分開。這一類的「士大夫」，《漢書》中更是數見不鮮。漢高祖十一年詔曾數「賢士、大夫」字樣，其文曰：

> 蓋聞王者莫高於周文，伯者莫高於齊桓，皆待賢人而成名。今天下賢者智能豈特古之人乎？患在人主不交故也。士奚由進？今吾以天之靈，賢士、大夫定有天下，以爲一家，欲其長久世世奉宗廟亡絶也！賢人已與我共平之矣，而不與吾共安利之，可乎？賢士、大夫有肯從我游者，吾能尊顯之。（「高祖紀下」）

我們試將此詔所流露的傲慢之氣，與前引耿純說光武之情味作一比較，便立即可以看出「士大夫」在兩漢政權建立之初的社會地位的差異，及其在統治者心目中的輕重之別。尤其是「人主不交，士奚由進」以及「肯從我游者，吾能尊顯之」等語，最足以顯出那時的「士大夫」對統治者的片面依賴性。再就其十二年封功臣詔中所謂「與天下之豪士、賢大夫共定天下，共安輯之。其有功者，上致之王，次爲列侯，下乃食邑。……吾於天下賢士、功臣可謂亡負矣！」之言推之，則其時「士大夫」主要是指着與高祖共同打天下的文武功臣而言的。而「士」與「大夫」兩個名詞之可以分開，並被個別的冠以「賢」、「豪」之類的形容詞，也極爲明顯。另一方面，《漢書》中又已有了專門社會名詞的「士大夫」。武帝元朔三年詔卽有「與士大夫日新」之語，元封元年復云：「與士大夫更始。」（均見「孝武紀」。又《史記》褚少孫「補孝武本紀」，亦有「自新嘉與士大夫更始。」之言。按少孫爲元、成間人，已在西漢下葉矣！）此後這一類的話遂屢見於兩漢詔書之中，不煩詳引。崔寔《政論》謂漢代：「踐祚改元際，……每其令曰：『蕩滌舊惡，將與士大夫更始。』」（《羣書治要》卷四十五引）誠是也！不但詔書中常用「士大夫」一詞，一般社會上似亦通用此稱號。茲再舉數例於下（按前文已引者從略）：宣帝時韋玄成「素有名聲，士大夫多疑其欲讓爵辟兄者。」（「韋賢傳」）元帝時朱博「隨從士大夫，不避風雨。」（「朱博傳」）成帝時胡常「居士大夫之間，未嘗不稱述方進。」（「翟方進傳」）

從上面這一番檢討中，我們知道，「士大夫」在漢初時主要係指武人，但愈往後便愈具有較廣的社會涵義。雖然後來的史籍中亦多少保存了一些「士大夫」的早期用法。我們把這種觀念的演變配合着實際的社會變遷來看，才能明白其所以有此演變之故。這更加深了我們對於西漢社會士族化過程的理解。由此可見，「士大夫」一詞從漢初到士族興起以後，在內容上確已起了很大的變化。謹愼一點說，至少在東漢政權建立之際，它已有我們現在所說的「士大夫階層」之意義。因之，此所謂「士大夫」，自不僅限於追隨光武起事的少數功臣，而可以在概念上將士族、大姓、官僚、縉紳、豪右、強宗……等等不同的社會稱號統一起來。儘管這些人的社會成份在大同之中仍存在着小異。而我們更可由此一涵義的「士大夫」名稱之成立，瞭解到士族在當時社會上，尤其佔有主導性質的事實。

如果我們對「士大夫」的分析是正確的，則不僅東漢政權賴之而建，卽光武以下諸功臣的動業亦依之而立：《後漢書》「寇恂傳」：「恂明經修行，名重朝廷。所得秩奉厚施朋友、故人、及從吏士。常曰：『吾因士大夫以致此，其可獨享之乎？』時人歸其長者，以爲有宰相器。」同書「馬援傳」：「『今賴士大夫之力，被蒙大恩，猥先諸君，行佩金紫，且喜且慚。』吏士皆伏稱萬歲。」（又略見《後漢紀》卷七）又同書「來歙傳」：「歙爲人有信義，言行不違；及往來游說，皆可案覆。西州士大夫皆信從之，多爲其言，故得免而東歸。」（按時歙爲光武使於隗囂，囂嘗欲殺之。）又鄧訓「樂施下士，士大夫多歸之。」（同書「鄧禹傳」）杜林「京師士大夫咸推其博洽。」（同書本傳）「士大夫」在當時已是一廣泛的社會稱號，觀此益信。

十四　結語

本文的全面分析已經很清楚地告訴我們：東漢政權的建立實以士族大姓爲其社會基礎。光武集團之所以能在羣雄並起的形勢下獲得最後的勝利，除了劉秀個人的身世[29]，及其所處的客觀環境較爲有利外，它和士族大姓之間取得了更大的協調，顯然是最主要的原因之一。關於東漢政權與一般大姓之間的關係，近代學者已早有所論列[30]。本文雖亦頗有涉及一般大姓之處，然其主旨

29 參看《二十二史劄記》「王莽時起兵者皆稱漢後」條。

30 楊聯陞先生早在一九三六年卽曾發表了「東漢的豪族」一長文（《清華學報》十一卷四期）。其中第一節便為「東漢豪族政權的樹立」。他指出雲台二十八將差不多全為豪族出身，並謂豪族起兵係以「宗族賓客為基本軍隊」。日本學者宇都宮清吉於其新著《漢代社會經濟史研究》（一九五四年七月出版）一書之第十及十一兩章中，亦曾論及光武政權與其時豪族的關係。讀者均宜參閱。

則在企圖更進一步地指出士族勢力對於兩漢之際政治變遷的特殊影響。唯因當時的士族與大姓在廣泛的社會經濟立場是相當一致的，故有時遂不能不合併討論之。蓋以舊史記載多語焉不詳，除少數情形外，要想把士族與大姓截然分開，的確已很爲困難。但這並不是說，它二者是沒有分別的。就本文的整個討論言，其間的分別固已甚爲明顯：它們在一般社會經濟基礎上的共同點掩蓋不了它們在文化上程度上的差異。而這差異則正是決定着光武集團崛起於羣雄之間的重要關鍵。不可否認地，士族在當時社會上實特別起着主導的作用，那就是說：在這一階段的歷史進程中，不是士族跟着大姓走，而是大姓跟着士族走。這一論斷，至少就作者目前的瞭解，是鐵案難移。光武能尊重天下隱者如周黨、嚴光之流，而公孫述不能容巴蜀一地的不仕之士，僅此一端便可知光武的成功，自有其深厚的社會背景，決不是偶然的。范蔚宗在「卓茂傳」論裏曾給我們透露出一點消息：

> 建武之初，雄豪方擾，虓呼者連響，嬰城者相望。斯固倥傯不暇給之日。卓茂斷斷小宰，無它庸能，時已七十餘矣！而首加聘命，優辭重禮，其與周、燕之君表閭、立館何異哉！於是蘊憤歸道之賓越關阻、捐宗族，以挑金門者，衆矣！

而漢末傅幹在「王命論」中則明白地指出：

> 且世祖之興有四：一曰帝皇之正統，二曰形相多異表，三曰體文而知武，四曰履而好士。……言語、政事、文學之士咸盡其材，致之宰相；權力畢力於征伐，搢紳悉心於左右。此其所以成大業也！（《藝文類聚》十引，又見《全後漢文》八十一）

然而這並不等於說，東漢王朝完全是代表士族大姓利益的政權，歷史的發展固非任何單一因素所能完全解釋的。東漢中葉以後（和帝以下）的歷史，便逐漸顯示出此政權在本質上與士大夫階層確有矛盾之處。由此種種矛盾而產生的士族勢力與王室勢力的全面衝突，充滿了此後的東漢史，我們在此已不能涉及。我們在此所應說的是：此一藉着士族大姓的輔助而建立起來的政權，最後還是因爲與士大夫階層之間失去了協調而歸於滅亡！

一九五五、九、十六初稿於香港新亞研究所
一九五六、一、廿五改定於美國劍橋寓所

後記

畢漢思（Hans Bielenstein）「王莽亡於黃河改道說」質疑

本文是我在新亞研究所的研究論文。一九五五年八月，我因爲赴美在卽，遂開始撰寫「東漢士族勢力的發展」一文，以結束一年多的研究工作，本文便是其中的第一節。不料在寫作過程中，我發現關於士族勢力與東漢政權之建立這一問題的本身，便有許多話要說，決不是三五千字可以交代清楚的。於是便擴展成一篇長達萬餘言的獨立論文。當時一因行色匆匆，二因參考書缺乏，寫成後自己已感非意所愜。及至送呈錢師賓四看後，他一方面認爲其中所涉及的問題仍值得窮究其源，另一方面則嫌該稿係由小題放大而成，對中心問題的陳述不够清楚，囑我到美後再改寫一遍，不必急於交卷。我是於去年十月初到達劍橋的，初來時忙於安頓行裝，一直沒有時間改寫過這篇稿子。到了十一月初，我的生活大體上已安定下來，這才開始考慮到如何改寫的問題。

隻身遠遊，自己讀過的書籍一本也沒有帶來，改寫工作總不免要困難一些。幸而哈佛大學的漢和圖書館藏書極爲豐富，使我可以找到我所需要的一切材料，其中還有幾本書是我在香港時屢求不獲的。關於這一點，我必須在這裏表示我的感激。

最初我把改寫工作估計得太容易了一點。我以爲全文的綱領旣具，祇要再補充一點新材料，重新安排一番卽可完工。所以我相信能在一個月內結束這件工作。沒想到問題竟越牽連越多，在時間上，它從東漢一直上溯至西漢，以至漢初；在空間上，它從少數武裝集團擴展到全國各地的起事者。初步工作遲到去年年尾才告一段落，已整整化費了兩個月的時間。今年一月以來，我便一面整理材料，一面繕寫，又差不多過了兩個多星期才算大體完成。這時恰好我自己的書籍有一部份剛從香港運到，因爲這些書上有不少批語，便於繙檢，所以又得從容校改一遍。

全文寫成後，我復送給哈佛大學的楊聯陞教授，請他批評。承楊先生的盛情，除了對我行文不愼之處有所指正外，同時更借給我幾本與本文有很重要關係的近人著述。這些著述是日本學者宇都宮淸吉氏的《漢代社會經濟史研究》（一九五四年），畢漢思（Hans Bielenstein）的 *The Restoration of the Han Dynasty*（1953），和楊先生自己早在一九三六年發表於《淸華學報》的「東漢的豪族」長文。我因爲不懂日文的緣故，所以一直沒有注意鄰邦學者關於中國史的著作，雖則我早就知道他們在這一方面已有很大的成就。至於楊先生的大文，因爲未有單行本流行，我也一直不知道它的存在。我固然可以有種種理由爲自己辯護，但任何辯護都是多餘的，都無法掩飾我的「孤陋寡聞」的事實。

不幸得很，我看到這些文字已經太遲了。一方面我的全文業已繕就，無法更動，另一方面《新亞學報》第二期在二月初就要發稿，也使我不可能再從容增刪。我除了在「結語」中補充了一兩句話，並加了一條「附註」外，其餘的一切都祇好照舊。爲了補救這一缺憾，我願意在這裏略提一提上述三種近作與本文相關涉之處。

楊先生的「東漢的豪族」，大概是最早指出東漢政權與豪族之關係的近代文字，不過它是以整個一代的東漢豪族爲研究對象的，故除第一節——東漢豪族的樹立——外，其餘文字均與本文無涉，可以不論。宇都宮清吉的書，則對兩漢的豪族問題，有詳細的討論，所引史料極爲豐富。而與本文最有關聯的，則有兩點。一是光武與南陽豪族的關係，一是漢代豪族的生活。我在本文及附註[20]中，曾指出光武集團頗得南陽士族大姓的支持，並懷疑光武建都洛陽有其鄉土的背景。宇都宮清吉氏則有專章討論劉秀與南陽，其分析南陽豪族的社會關係，劉氏的經濟狀況，以及南陽郡的歷史，均極詳盡，一方面可補本文之略，一方面又可助證建都問題的看法。至於他對豪族生活的討論，亦有可以補充本文之處。如他在第十一章最後一節的三十八及一〇一兩條附註中，曾引有不少有關豪族大姓及地理分佈情形的史料，讀者如進而參閱該書，則可對此問題有更深入的了解。唯他也是合論兩漢豪族生活的，與本文專門分析兩漢之際士族大姓在戰時之種種動態者，着眼點殊有不同。不過無論如何，他的論述是很有助於對本文的理解的。（英時按：近二十餘年來研究漢代豪族的文字多至不可勝計，此處不可能一一註明。宇都宮清吉後來有關的兩篇文字收在他的《中國古代中世史研究》〔東京創文社，一九七七〕第九章「漢代豪族研究」中。）

上述兩家的文字，都是從純粹的社會經濟史觀點立論的，故不必分別士族與大姓之間的差異。本文的主旨既在討論東漢政權的本質，則不能不於一般社會經濟的基礎上進而觸接到它的文化層次，因此士族問題才是本文的核心。士族在西漢的遠源固極重要，而它對此後的政治社會史的影響，則尤爲深遠。東漢末葉以至魏晉南北朝的社會發展，是以士族而非普通大姓爲其中心問題的。士族與大姓的差異愈往後便愈形顯著，也愈不能併論；因之，如果可能的話，我們應該儘量追溯出這種差異的源流。這是本文之所以儘可能地將士族與大姓分開的根本原因。

最後特別值得討論的是畢漢思的 *The Restoration of the Han Dynasty* 一書。他這本書可分作兩部份，前一部是研究《後漢書》的，與本文無關，可以不論。後一部則專論王莽的失敗與漢朝的中興，與本文所論的時代幾乎完全吻合。所不同者，他注重的是王莽失敗的原因，而本文則在發掘光武成功的根據，眞是微乎其微了！更有趣的是他的結論幾乎和我完全相反。如果他的論斷是絕對正確的話，我這篇文章中所說的差不多便全是廢話了。不過我不能在這裏全面地批評他的著作，而祇是對他的結論提出一點質難。

首先我應該說，他對《後漢書》的研究，的確曾化了不少精力，對於史事的整理與敍述也相當淸楚。他是漢學家高本漢（Bernhard Karlgren）先生的高足，既得名師傳授，又用功如此之勤，眞令人欽佩。他於本月中旬前來哈佛大學一次，聽說我也在研究後漢史，便在漢和圖書館裏同我寒暄了幾句。我記得他說，他從一九四八年起便開始研究《後漢書》。於今已有七八年的光景，功力比我深多了。何況我又不是專門研究《後漢書》的呢？可惜當時他很忙，而我又沒有讀過他這篇文章，所以竟失去了向他請教的機會。（英時按：畢漢思此書共四卷，已出版三卷。本文所評者僅第一卷。全書分析東漢初期的史事與制度甚為詳盡，是一部很有價值的專著。）

他這本書論漢朝的中興時曾提出兩個問題：一、王莽為什麼失敗而使另一個王朝得以興起？二、為什麼這一王朝與以往統治天下的「前漢」相同？但就這篇文章說，最重要的則是第一個問題。那麼，他的答案如何呢？他一則曰：「我們可以安全地作這樣的結論：王莽失敗的最根本原因是黃河的改道。」（p. 153）再則曰：「所以王莽的政策並未招致最後的叛亂。他不是因為他自已的錯誤而失敗的，如果黃河沒有改道，他的王朝大概是會持續下去的。」（p. 162）這裏我得簡要地說一說他得此結論的根據。他曾從《後漢書》明帝永平十三年（公元七十年）乙酉詔與同書「王景傳」中，發現黃河在公元二至六年之間（卽平帝時），發生過一次決堤的大水災，而《漢書》未載其事。《漢書》「王莽傳」中所記河決魏郡之事，則在公元十一年（始建國三年），不合乙酉詔所謂「六十餘年」之數。換言之，自平帝時至始建國三年，黃河曾有一連串的決壞，最後遂有黃河改道之事。同時他在以前發表的 The Census of China during the period 2-742A. D.（*Bulletin of Museum of Far Eastern Antiquities*, No. 19, Stockholm, 1947）一文中，曾指出東漢早期有從北到南的移民的事情發生。把這兩件事聯繫起來看，於是他斷定移民是由於水災所致。同時更進一步，他又根據其戶口調查之文，解釋東方的赤眉，南方的新市、平林、下江兵，以及臨淮瓜田儀等，都是受水災影響的移民。移民所過之處，造成嚴重的經濟擔負，慢慢地便發生饑荒。此卽饑民集團之所由來，而饑民集團則為推翻王莽政權的基本力量，其他豪強大姓則並不甚反對王莽。

以上是他該文論據的要點。我們現在試一檢討他的說法，看看有無成立的可能。他全文中最有力的一點，便是平帝時黃河曾決堤。此外關於移民之事等，都是他的推測，沒有任何證據。有之，則是他自己的戶口調查。我沒有看到他的戶口調查的文字，無法確定其可靠性到如何程度。我們姑且承認它是完全正確的，但他之斷定「後漢早期」有從北到南的移民，乃是根據他發現從公元二年至一四〇年南北戶口有此升彼降的情形。(p. 146-7) 試問在一百三十九年間之內，即使北民曾南移，我們又如何能肯定它究竟是在那年內發生的呢？依照他自己的推測，移民之事發生於「後漢早期」，換言之，即在王莽覆亡之後。移民之事既發生在王莽覆亡之後，它如何能成爲王莽覆亡的原因呢？平帝時的黃河決堤，並不必然會造成移民，因爲我們根本無法知道由決堤所引起的水災究竟大到何種程度。班固僅提到公元十一年的河決，而不記平帝時的水災，則很可能是因爲這件事並無很大的影響。畢漢思解釋班固不載此事的原因是：「公元十一年，曾有某位官員假該年黃河決堤之事以間接地批評政府。而《漢書》不提另一更早更大的災害，則是因爲沒有官員選擇這件事作爲他上奏的題旨。」(p. 150) 他如此解釋《漢書》中的災異，究竟恰當與否，姑置勿論。我們於此祇提出一個問題，即范曄著史時，猶得見「平帝時河汴決壞」的記載，何以班固對於數十年前曾引起從北到南的大量移民的大水災反而毫無所知？即使官方對此事沒有記載，難道故老相聞也會中斷嗎？班固在「王莽傳」裏曾一再提到種種天災人禍所造成的社會後果。即以始建國三年言，「是時諸將在邊須大衆集，吏士放縱而內郡愁於徵發。民棄城郭，流亡爲盜賊，并州平州尤甚。」此明明係因人禍而激起的流亡與盜賊。同時莽下書亦云：「毒蠚並作，農民離散。」此是因其將士與官吏之殘民所致者也。又在「河決魏郡泛淸河以東數郡」之文前曾載：「瀕河郡蝗生」師古注曰：「謂緣河南北諸郡。」此蝗蟲之害，亦饑饉之一大原因也。而「河決」文下則不見有災害嚴重之敍述。又如天鳳二年「穀常貴，邊兵二十餘萬人仰衣食，縣官愁苦。五原代郡，尤被其毒，起爲盜賊。數千人爲輩，轉入旁郡。」此亦人禍所造成之盜賊也。天鳳「三年二月乙酉地震大雨雪，關東尤甚。深者一丈，竹柏或枯。」此又是一種天災也。至於南方與東方饑民之起，班固亦曾記其原因。如費興曰：「荆揚之民率依山澤以漁采爲業。間者國張六筦，稅山澤，妨奪民之利。連年久旱，百姓饑窮，故爲盜賊。」（按此節畢漢思亦曾引之）是王莽之政策與久旱，均爲饑民起爲盜賊的造因。再者赤眉方面：「赤眉、力子都、樊崇等以饑饉相聚，起於琅玡，轉鈔掠。……時關東饑旱數年，力子都等黨眾寖多。」以上數事皆信手略舉，以說明王莽之敗亡，雖亦與天災有關，此所謂天災，恐怕主要實由於水太少（久旱），而不是因爲水太多（黃河決堤泛濫）吧！

班固既已注意到天災與盜賊之間的關係，而單單不提公元十一年河決的後果，更遺漏了平帝時所發生的一次「河汴決壞」，其中原因究竟何在呢？我想如果我們不將「河汴決壞」與「河決魏郡」的事實孤立起來，而配合着上述種種事實，作全面的觀察的話，則最近情理的解釋，便是河決所造成的災害，比較上是很輕微的。尤有進者，畢漢思把平帝時的河決與王莽時的河決連繫在一起，並懷疑在這兩次之間，還發生過不少次水災。這已純是假想，毫無佐證。可是他竟進而得出「《漢書》不提另一更早更大的災害」之結論。「更早」兩字固無可疑，「更大」這個形容詞是如何比較出來的呢？

王莽之敗亡有其天災的因素，這早在《漢書》中就有了答案，本非新說。但天災不是王莽失敗的唯一原因，歷來史家均有闡發，我這篇文章中也曾提及它與士族大姓的淵源。所以畢文所論水災與移民等事，卽使全部正確，最多也不過可以改變我們過去對於天災的解釋——久旱與蝗災，決不足以推翻王莽之亡與其所推行的政策有關之傳統說法。如果天災眞是王莽敗亡的最根本原因，則久旱與蝗災已經很够了，不必再加上黃河的改道。何況黃河泛濫促成北民南移之說根本不能成立呢？茲再略舉數例以更進一步地說明其時天災的性質如下。

久旱爲災，《漢書》記載甚多，前已舉例說明之矣！至於蝗災，王莽時亦極普遍。最早的如「平帝元始二年秋，蝗徧天下，是時王莽秉政。」（「五行志中」之下）又如地皇二年「秋隕霜殺菽，關東大饑蝗。」三年四月莽曰：「惟陽九之阸，與害氣會，究於去年。枯旱霜蝗，饑饉荐臻，百姓困乏，流離道路，於春尤甚。」又「夏蝗從東方來，蜚蔽天，至長安入未央宮，緣殿閣。莽發吏民設購賞捕擊。」（均見「王莽傳下」）

我們再看《後漢書》中關於旱與蝗的記載。「光武紀上」：「莽末，天下連歲災蝗，寇盜蜂起。地皇三年，南陽荒饑，諸家賓客多爲小盜。光武避吏新野，因賣穀於宛。」注引《東觀記》曰：「時南陽旱饑而上田獨收。」建武二年「初，王莽末，天下旱蝗。黃金一斤易粟一斛。」五年「四月旱蝗」。五月丙子詔曰：「久旱傷麥，秋種未下，朕甚憂之。」「齊武王縯傳」：「莽末，盜賊羣起，南方尤甚。伯升召諸豪傑計議曰：『王莽暴虐，百姓分崩。今枯旱連年，兵革並起。』」注引《東觀記》曰：「王莽末年，天下大旱，蝗蟲蔽天，盜賊羣起，四方潰畔。」凡此諸證，都說明饑饉遂因蝗蟲而起，而蝗災則常伴旱災以俱至者。這種天災，自王莽卽位以來便常發生，最明確的證據是王莽地皇元年的詔書，其中有云：

> 惟卽位以來，陰陽未和，風雨不時，數遇枯旱，蝗螟爲災，穀稼鮮耗，百姓苦饑。蠻夷猾夏，寇賊姦宄。（「王莽傳下」）

所有這些第一手資料都說明王莽末年的饑饉主要是由長期的旱災與蝗災造成的。其中沒有任何一條資料曾經把饑民造反和黃河泛濫連繫在一起，甚至間接性的暗示都找不到。

至於水災的記載，則遲到建武六年才有。是年正月辛酉詔云：

> 往歲水、旱、蝗蟲爲災，穀價騰躍，人用困之。（《後漢書》「光武紀下」）

水災仍不過是一部份而已！但我們於此有一問題，卽此所謂「往歲」，究指何時？難道可以遠追至公元十一年或者更前嗎？旱蝗的普遍性我們已經知道，毋須多說。可是水災不能與旱災同時存在於同一地區；因之，如果我們不能證明建武元年至五年之間曾經發生過水災，那麼這一「往歲水災」，便很可能被解釋爲平帝時或始建國三年的黃河泛濫。幸而我們在《古今注》裏找到了這樣一條證據：

> 光武建武四年，東郡以北傷水。（劉昭「五行志補注」三引）

這次水災發生在一年多以前，時間很近，合乎「往歲」的口吻，同時它又僅止於「東郡以北」這一小地區之內，與其他地區的旱蝗爲災也不衝突。我想光武六年所說的水災，便是指此而言的。

在我反覆推求的過程中，我最初覺得辛酉詔也許是唯一可能證明黃河改道曾引起大水災的文獻，可是這一最有利的假設，最後還是被更堅強的反面證據否定了。

問題談到這裏本可以告一段落了。因爲我們已經完全正面地證明了王莽時的饑饉，主要是旱蝗兩災造成的，而南方與東方的盜賊均因此而起。此一傳統的天災解釋既無法推翻，則黃河改道引起大量移民，以及因此而造成饑饉與盜賊之說，便已失去存在的根據。可是從另一方面說，平帝時「河汴決壞」與公元十一年的「河決魏郡」，也都是事實。這類的決堤會發生一定程度的水患，也是理有當然，事有必至。照道理推測，河堤旣遲到明帝永平十三年才完全修好，則中間六十餘年黃河改道的地區，必然是一片澤國，無法居住。畢漢思因此而斷定其間有移民之事，似乎也不無見地。我在前面曾假定這兩次河決並不太嚴重，所以班固一次不記，另一次雖記亦不言其害。但這種假定還是需要證明的，若無更好的解釋，則此問題依然懸而未決。我們試先解釋河決最初爲患不甚嚴重這一點。《後漢書》「王景傳」（參看「明帝紀」永平十三年條）曰：

> 初，平帝時，河汴決壞，未及得修。建武十年陽武令張氾上言河決積久，日月侵毀，濟渠所漂數十許縣。修理之費，其功不難。宜改修堤防，以安百姓。

從張氾的話裏，我們可以瞭解，建武時的水患是「河決積久，日月侵毀」所致。這八個字已很明白地告訴我們，河患是慢慢嚴重起來的。它旣是積久以後才嚴重的，那麼在起始時當然是爲患甚微了！再看下去，問題就更淸楚了：

> 書奏光武，卽爲發卒方營河功。而後儀令樂俊復上言「……今居家稀少，田地饒廣，雖

未修理，其患猶可。且新被兵革，方興力役，勞怨既多，民不堪命。宜須平靜，更議其事。」光武得此遂止。後汴渠東侵，日月彌廣，而水門故處皆在河中。兗豫百姓怨歎，以爲縣官恆興它役，不先民急。永平十二年議修汴渠。

這裏可以看出兩點：一、水患在建武十年還不算太嚴重，故光武雖一度動工，依然因恤民而中止。二、參以明帝乙酉詔書所云：「加頃年以來，雨水不時，汴流東侵，日月益甚，水門故處，皆在河中……今兗、豫之人，多被水患，乃云縣官不先人急，好興它役。」則水患至永平初年才嚴重起來，至爲明顯。由此可見，把平帝時與始建國三年兩次河決後的景象想像成一片汪洋的澤國，完全是一種違反史實的誇大。現在我們得進一步追問，何以河堤兩度決壞都未能立即引起很大的災害，直到數十年以後水患才嚴重起來呢？要瞭解其中的曲折，我們必須牢牢記住王莽時代一項極端重要的史實，那便是「久旱」，久旱在無形中消弭了水災。這決不是我的空想，我可舉出幾條鐵證來支持這一推理。在「王景傳」：「濟渠所漂數十許縣」之下，章懷注道：

濟水出今洛州濟源縣西北，東流經溫縣入河，度河東南入鄭州，又東入滑、曹、鄆、濟、齊、青等州入海，卽此渠也。王莽末旱，因枯涸，但入河內而已。

這條注是根據劉昭「補郡國志」一的「濟水出，王莽時大旱，遂枯絕。」杜佑《通典》卷一七二「州郡下」：「兗州爲濟、河之間」下注也說：「濟水，王莽末因旱渠涸。」王莽時與黃河下游有關的水道頗多乾枯的記載，《史記》「高祖本紀」，高祖十一年陳豨將「張春渡河」下《正義》引劉伯莊云：

彼時聊城，在黃河之東，王莽時乾。

《漢書》「溝洫志」：「（禹）乃釃二渠以引其河」下注引孟康曰：

二渠，其一出貝丘西南南折者也，其一則漯川也。河自王莽時遂空，唯用漯耳。

《水經注》二：「河水又東北爲長壽津」句下亦嘗引此事云：

河之爲中國害尤甚。故導河自積石歷龍門二渠以引河。一則漯川，今則所流也。一則北瀆，王莽時空，故世俗名是瀆爲王莽河也。（永樂大典本，以下同）

三者所指是否卽同一水流，不易輕斷，但無論如何，我相信北瀆之乾涸與王莽時代的連年大旱是有相當的關係的。我們把這種河流乾涸的情況和「王莽傳」所言赤眉起事是由於「關東饑旱數年」的事實連繫起來看，則王莽時代天災的性質便完全淸楚了。王莽時代雖有「河汴決壞」的事實，但是由於長期枯旱，水流空竭，無形中把可能發生的黃河泛濫消弭了。旱災與水災既不能同時並存於同一空間之內，因之在王莽時代是前者戰勝了後者，並代替了後者的地位。這眞是歷史上一件非常有趣味的事情[1]。

1 陳啓雲在他的《荀悅》專著中企圖調和我和畢漢思之間關於這個問題的分歧。他認為王莽政策的失敗和天災同是促成王莽政權的崩潰的因素。（見 Chi-yun Chen, *Hsün Yüeh, The Life and Reflections of an Early Medieval Confucian*, Cambridge University Press, 1975, chapter 2, note 29, pp. 182-3）其實我和畢漢思爭論的關鍵並不在此。王莽政權最初曾得到士族大姓的支持，我原文也已指出過，這與畢氏的看法並無不同。王莽之亡與天災有關，我在「後記」中也明白承認。畢氏認為如果沒有因黃河改道而引起的泛濫，則不致有饑民造反，沒有饑民造反，則王莽政權依然可以維持下去。我的重點則不在討論王莽失敗的全部因素，而是探究東漢政權的社會文化基礎。我當然也承認饑民造反在推翻王莽政權上所起的巨大作用，但是我更強調士族大姓是東漢政權的基本支柱。至於我們之間的真正爭執之所在則是關於天災性質的解釋。畢漢思認為是由於黃河決隄所造成的水災，特別是平帝時的「河汴決壞」。我則認為王莽時代的天災主要是旱災和與之俱來的蝗災。平帝時的「河汴決壞」根本不嚴重，尤其不會比始建國三年的「河決魏郡」的災害「更大」。旱災無形中消弭了可能發生的泛濫，因而代替了水災。在這一具體問題上，我們之間歧異是無可調和的，也沒有調和的餘地。孰是孰非最後只能取決於雙方所提出的證據。

畢漢思注意到明帝乙酉詔書中「六十餘年」一語及「王景傳」中「平帝時河汴決壞」的記載，是他讀書細心的地方，但是他過份誇大了這一事件在歷史上的重要性。事實上，如果我們稍稍注意一下黃河在兩漢之際泛濫成災的歷史，便不難知道王莽時代河患恰好是比較輕微的一個階段。漢武帝元光三年（公元前一三二年），「河決於瓠子，東南注鉅野，通於淮、泗。」（見《史記》「河渠志」及《漢書》「溝洫志」）。據《漢書》「武帝本紀」，這一年有兩河決：一在春天，「河水徙從頓丘東南，流入渤海」。這條新道卽後來稱之爲王莽河的「北瀆」。另一次在五月後，「河水決濮陽，氾郡十六，發卒十萬救決河。」可見災情之嚴重。所以元封二年（公元前一〇九年），武帝曾特自到瓠子決口處「令羣臣從官自將軍以下皆負薪窴決河。」並作歌二章。（見「溝洫志」）稍後宣帝地節元年（公元前六九年），「河漫北決於館陶，分爲屯氏河，東北經魏郡、淸河、信都、勃海入海。」（「溝洫志」）自元封至地節這一階段的河決，淸初閻若璩最爲重視，認爲是周定王五年（公元前六〇二年）以來「河徙故瀆」後之一大變。（見《四書釋地續》「河注海」條）但地節這次河徙並未帶來重大災害，「溝洫志」祇說：「館陶東北四五郡雖時小被水害，而兗州以南六郡無水憂。」西漢末葉最嚴重的河患發生在成帝時代，建始四年（公元前二九年）黃河又「決於館陶及東郡金隄，泛濫兗、豫，入平原、千乘、濟南，凡灌四郡三十二縣，水居地十五萬餘頃，深者三丈，壞敗官亭室廬且四萬所。……徙民避水居丘陵，九萬七千餘口。」後來河隄修成，次年便改元「河平」。但是河仍然未平，河平三年（公元前二六年）「河復決平原，流入濟南、千乘，所壞敗者半建始時。」鴻嘉四年（公元前一七年）河水再度泛濫勃海、淸河、信都，灌縣三十一，敗官亭民舍四萬餘所。（以上均見「溝洫志」）這是西漢晚期河患最甚的一個階段，但尚在王莽當政二、三十年之前，下距王莽始建國元年（公元九年）更有三、四十年之久。據現存的史料，這個時期的水災與新朝的建立沒有任何牽連，自然更不便讓它對半個世紀後王莽政權的崩潰負什麼責任了。

此下我們所知河決爲患便到了上引張汜上言「河決日久，日月侵毀，濟渠所漂數十許縣」的東漢建武十年了。但據樂俊所說，其時「居家稀少，田地饒廣」，河患仍不嚴重。至於「汴渠東侵」造成災害，則顯然是建武十年（公元三四年）至永平十二年（公元六九年）這三十餘年間所逐漸形成的，和王莽時代並無直接關係。這一點上文已有分析，不再多說。至於王莽時代的河決，最重要的便是始建國三年那一次。《漢書》「王莽傳中」說：

> 河決魏郡，泛清河以東數郡。先是莽恐河決爲元城冢墓害（按《通鑑》卷三十七胡三省注云：「莽曾祖賀以下冢墓在魏郡元城。」），及決東去，元城不憂水，故遂不堤塞。（王先謙補注引何焯曰：「莽事事期以利己，故百姓不附。」）

胡渭在《禹貢錐指》的專著中特別重視這次河決，認爲是黃河自夏禹以來至明代的五大變之一。（見「例略」。又同書卷四十下則改五大變爲四大變，但仍包括始建國這一次在內。）胡氏在「禹河再徙圖」的注中說：

> 周定王五年己未禹河初徙，下逮王莽始建國三年辛未而北瀆遂空。河改從千乘入海，是爲再徙。

可見胡渭重視始建國三年的改道，卽在於前引孟康注及《水經注》所說的北瀆（或王莽河）空而黃河改走漯川一事。至於從千乘入海，其事不見於「王莽傳」（因傳僅言「及決東去」），胡氏的根據當在《後漢書》「王景傳」。傳（參看《水經注》二）云：

> 遣景與王吳（《水經注》二作「王昊」）修渠築堤，自滎陽東至千乘海口千餘里。

又《水經注》三：「漯水又東北逕千乘縣二城間，又東北爲馬常坑」句下注引應劭《地理風俗記》曰：

> 漯水，東北至千乘入海。河盛則通津委海，水耗則微涓絶流。

足見自王莽末北瀆斷流以後，經過王景的修渠築堤，黃河便一直通過漯川至千乘入海。所以胡渭說「王景修之，遂爲大河之經流。」（《錐指》「例略」中語）換言之，始建國三年河決的重要性在於確定了此後一千年間黃河下游入海的經道。（據胡氏研究，黃河下一次大改道是宋仁宗慶曆八年〔卽公元一〇四八年〕的商胡決河。）但是無論是在兩漢的直接資料或後代有關黃河的研究中都沒有證據可以支持王莽時代黃河下游水災特甚的說法。

而且根據岑仲勉的研究，王莽時的河決究竟算不算「改道」尙成問題。所謂王莽河（北瀆）是武帝元光三年春河決頓丘所冲開的新道，而河由漯川至千乘入海則漢初已是如此。上引高祖十一年「張春渡河」，劉伯莊謂「聊城在黃河之東，王莽時乾」，岑氏卽考出聊城屬漯水流域，是其時河已分流從漯川入海之證。所以嚴格地說，王莽時的河變不過是由以前的「分流千乘入海」轉爲「專從千乘入海」而已。孟康注「唯用漯耳」便是有力的證據[2]。

2 見岑仲勉《黃河變遷史》（人民出版社，一九五七年）第八節，特別是頁二四四——六；二五七——八。

現在讓我再進一步說明王莽時代並沒有黃河泛濫造成嚴重水災的事實。從反面說，現有史料看不到這個現象。《後漢書》「王景傳」注又引北魏闞駰《十三州志》曰：

成帝時河堤大壞，氾濫青、徐、兗、豫四州略遍。

闞志的史料價值甚高，《漢書》注與《水經注》都曾大量引用，但談到西漢末期河患則僅述及成帝建始四年的那一次，與《漢書》「溝洫志」相符。現存有關王莽時代的史料大體都經過東漢史家的潤飾，顯然帶有偏見。如果王莽時發生過嚴重河患，這些有偏見的史家決無爲王莽掩飾之理。我們試看始建國三年河決魏郡的事，班固便特別強調王莽祇注意他自己的祖塋，不顧水患。因此才引出清初何焯罵他「事事期以利己」。這類偏見往往越傳越甚，如《史記》「高祖紀」《正義》引「深丘道里記」云：

王莽，元城人，居近河側，祖父墳墓爲水所衝，引河入深川，此王莽河因枯也。

事實上《漢書》僅言莽「恐河決爲元城冢墓害」，他更未曾「引河入深川」，這是後世人故意要加深王莽罪狀的誇大。所以王莽時如有大水災，東漢的史家決不會放過，北魏的闞駰也不會看不到，而《十三州志》中如有這類記載，酈道元、顏師古、李賢等注家更不會不加採錄以補史籍之闕。在史學研究上運用「默證」（"argument from silence"）本來是很危險的，但是關於王莽時代的水災問題，我們卻完全可以心安理得地說：史料上沒有痕跡正表示當時無此事實[3]。至於「平帝時河汴決壞」之事，我已指出《漢書》不記其事是由於它在當時根本未曾發生什麼值得史家

3　岑仲勉也認為黃河潰決如牽涉到生命財產的損失，一般不致完全失載，見同上書，頁二九三。

強調的後果。但這事實在漢代官方文書中其實仍然是有記錄的，否則明帝乙酉詔中何以能精確地說出「六十餘年」的數字？再看看前引《漢書》「五行志」中關於平帝元始二年秋蝗徧天下的記事，問題便更清楚了。何以班固特記平帝時蝗徧天下而漏去同時的河決呢？這無疑正是因爲蝗已成災足以暴露王莽之罪，而河決並未帶來禍患，沒有政治宣傳的價值的緣故。祇要略有宣傳價值的事實如上述元始二年蝗災、河決魏郡王莽僅關心元城祖墓，以及「溝洫志」說王莽時討論治河「但崇空語，無施行者」等等足以加深王莽的罪名者，班固絲毫都不肯饒過。

從正面說，王莽時的久旱使河決無從泛濫成災的證據太堅強了，不是僅憑雄辯和推測便能翻案的。王莽時濟水因旱而枯是有明確記載的，劉伯莊說聊城附近河乾則是指漯水而言；我們把這件事和應劭在《地理風俗記》所言漯水「水耗則微涓絕流」合起來看，則王莽時河雖專從漯水入海，而漯水也必已到了近乎「微涓絕流」的境地。這是祇有從久旱這一事實才能獲得合理的解釋的。應劭是東漢晚期的人，那時漯川是黃河入海的唯一正流，所以他的話尤其具有直接見證的價值。北瀆之空是王莽時代黃河史上一件大事，因此遂有「王莽河」的渾號。我們雖然不能說這完全是久旱造成的，但與久旱必有相當程度的關聯。久旱使黃河下游的流量大減，以致正流漯水都有乾竭的現象，則北瀆豈能絲毫不受影響？胡渭認定北瀆之空是由於始建國三年的改道，但這祇是一部份原因。《漢書》「溝洫志」引孟康注不但沒有提到北瀆是什麼時候斷流的，而且也沒有說明這一次河變的造因。我相信河道本身的變動和後來的久旱都與此有關，根據我們目前所能掌握的資料而言，這應該是一個最合理的推斷。

畢漢思因爲《漢書》「平帝紀」中沒有記載河決之事，而感慨地說：「歷史家實在應該用很長的篇幅來敍述這次決不容忽視的災害，可是他竟依然保持着緘默，而我們祇能間接地找出過去曾發生過的歷史眞相。這更說明一種事實，即中國歷史上一定還發生過許多後果深遠的事件，但歷史家卻從來沒有把它們記載下來。」(p. 151) 歷史上所發生的後果深遠的事件而歷史家沒有一一記載下來，這樣的情形當然是存在的。但這並不僅是中國歷史家如此，尤其不是班固一個人爲然，而是古今中外所有歷史家都無法避免的困難。歷史事件的重要性不但因歷史家的撰述宗旨而異，而且更隨着時代的遷移而發生變動。畢漢思的批評，其理論上的根據仍來自蘭克 (Leopold von Ranke) 所謂「歷史上究竟發生了什麼事」。這一種靜態的「歷史事實」觀早已受到修正了[4]，但是班固《漢書》不載「平帝時河汴決壞」之事，則縱然從蘭克的觀點看，也是無可責難的，因爲這一事件在整個王莽時代並沒有產生什麼「深遠的後果」。到了東漢永平十二年，由於河汴決壞逐漸變得嚴重了，當時的官吏才根據記載追溯其原始至西漢平帝之世。由於「河汴決壞」的後果是發生在東漢的初期，所以東漢時代的史册中便保存了乙酉詔書和王景治河等文獻和記錄，而爲後來范曄著《後漢書》之所本。在這個問題上，班固和范曄都同樣是忠實的歷史家，不過由於兩人所寫的是兩個不同時代的歷史，所以對於史實的取捨彼此互異，這是絲毫不足爲奇的。

---

4 見 E. H. Carr, *What Is History*, Alfred A. Knopt, Inc., 1961, Chapter I, "The Historian and His Facts"; Georg G. Iggers and Konrad von Moltke, "Introduction" in Leopold von Ranke, *The Theory and Practice of History*, The Bobbs-Merrill Company, Inc. 1973.

最後，我願意再補充一筆，《漢書》「平帝紀」雖然沒有記載河決之事，但班固在「溝洫志」中卻用了相當長的篇幅保留着王莽時代許多水利專家討論治水方略的文字，這次討論便很可能是由於平帝時河汴壞決的事件引發出來的。我說這句話的根據便是司馬光的《資治通鑑》，《通鑑》卷四十五「永平十二年」條下曾引「王景傳」：「初，平帝時河汴決壞，久而不修」之語，可見溫公特別注重這件事。不僅此也，「溝洫志」所載王莽時討論治水事本無歲月可考，而《通鑑》則繫之於平帝「元始四年」條下。自元始四年（公元四年）下推至永平十二年（公元六九年）恰好是六十五年，可見溫公是有意要解決明帝乙酉詔中所謂「六十餘年」的問題。溫公著史以謹慎精細見稱，此處繫年必有所見，否則何以不繫之於始建國三年「河決魏郡」一條之後乎？[5] 班固可以不記平帝時河決之事實，卻用很長的篇幅保存當時專家的議論，這正好說明他的史識過人之處：不重要的事件瞬息卽過，祇是「爾曹身與名俱滅」而已，何必一一筆之於書？可是治河是中國史上的大問題，前代專家的意見仍可能在後世產生重大的影響，故孟堅不惜詳乎言之，以其「不廢江河萬古流」也！

一九五六、一、廿八晨四時追記於劍橋旅次

一九七九、九、一增訂於康州之橋鄉

5 胡渭說：「河自平帝之世，行汴渠東南入淮，亦行濟瀆東北入海。」（見《禹貢錐指》卷四十下）他是最早正式解決乙酉詔中「六十餘年」這個問題的人。

漢晉之際士之新自覺與新思潮

引言

近世以來，中外學者考論魏晉士族發展與清談思想者亦已多矣。竊不自量，尚欲於此有所申述，聊以補諸家之所未及，此茲篇之所以作也。蓋時賢之用心，或偏重於士族政治、經濟勢力之成長，或深入於清談之政治背景之隱微，要多爲分析之作，而鮮有綜貫之論。斯篇主旨則以士之自覺爲一貫之線索而解釋漢晉間之思想變遷。竊謂依此解釋，不僅儒學之變爲老莊，其故可得而益明，卽當時政治、經濟、社會各方面之變動而最爲近人所措意者，亦未嘗不可連貫而參證之。故本文但求立己，不求破人；至於所涉諸端而或有爲前修時彥所已發者，則但力求就知解所及而采擇融會之，藉示崇敬之微意焉！

一　士之羣體自覺

漢人通經致用，治學蓋利祿之階，故士人與日俱增，此世所習知者也。東漢之興既已頗有賴於士族之扶翼，則光武之弘獎儒術殆亦事有必至，無足怪者。近人研究魏晉南北朝之世家豪族者往往溯其源至東漢之世，豈偶然哉！東漢士大夫在政治、經濟、及社會各方面之發展，近人言之已詳[1]，所當申論者，卽士大夫之社會成長爲構成其羣體自覺之最重要之基礎一點而已。惟自覺云者，區別人己之謂也，人己之對立愈顯，則自覺之意識亦愈強。東漢中葉以前，士大夫之成長過程較爲和平，故與其他社會階層之殊異，至少就其主觀自覺言，雖存在而尚不甚顯著。中葉以後，士大夫集團與外戚宦官之勢力日處於激烈爭鬥之中，士之羣體自覺意識遂亦隨之而日趨明確。故欲於士之羣體自覺一點有較深切之瞭解，則不能不求之於東漢後期也。東漢之政治，自和帝永元元年（公元八九年）以降，大抵爲外戚宦官迭握朝政，且互相誅戮之局，然略加深察，又可分爲二大不同之階段，而以延熹二年（公元一五九年），卽桓帝與五宦官誅梁冀之歲爲其分水

1　關於東漢士族之政治經濟背景，可參閱下列諸文：楊聯陞「東漢的豪族」，《清華學報》第十一卷第四期；蒙思明「六朝世族形成的經過」，《文史雜誌》第一卷第九期；谷霽光「六朝門閥」，《武漢大學文哲季刊》第五卷第四號。

線焉。前乎此，外戚之勢爲強，後乎此，則閹宦之權轉盛，而東漢之士大夫亦遂得在其迭與外戚宦官之衝突過程中逐漸發展羣體之自覺。東漢外戚之禍極於梁冀之專權，士大夫之形成清流集團似亦肇端於此際，至其後與宦官爭鬪時之結黨，則是更進一步之發展耳[2]。《後漢書》卷七十四「胡廣傳」云：

> 廣……性溫柔謹素，常遜言恭色，達練事體，明解朝章，雖無謇直之風，屢有補闕之益，故京師諺曰：萬事不理問伯始，天下中庸有胡公，及共李固定策，大議不全。（章懷注曰：質帝崩，固爲太尉，與廣及司空趙戒議欲立清河王蒜。梁冀以蒜年長有德，恐爲後患，盛議立蠡吾侯志，廣戒等懾憚，不能與爭。而固與杜喬堅守本議。）又與中常侍丁肅婚姻，以此譏毀於時。

按本傳又謂廣：「自在公台三十餘年，歷事六帝，禮任甚優。每遜位辭病及免退田里，未嘗滿歲輒復升進。凡一歷司空，再作司徒，三登太尉，又爲太傅，其所辟命皆天下名士。與故吏陳蕃，

2 楊師蓮生論豪族之分化，稱「富而甚無知」之外戚宦官為濁流，而以一般「不甚富而有知」之士大夫為清流，（「東漢的豪族」，頁一〇四三）其說甚是，但於此種分化究始於何時一點則未加討論。近日Balazs論漢末之社會危機與政治哲學亦分別外戚宦官與士大夫為不同之社會階級，而謂士大夫在黨錮之獄以前尚未確然形成一社會階級。其說似偏於從士大夫與外戚宦官之鬪爭狀態，卽清議與結黨等特殊事象上，觀察士大夫階級之成長，此層恐猶有商榷之餘地。惟其辭旨甚簡略，則亦無須深辨之也。參閱 Etienne Balazs, "La crise sociale et la philosophie politique à la fin des Han," *T'oung Pao*, 1949, esp. PP.84-89。英譯本見 *Chinese Civilization and Bureaucracy*, Yale University Press, 1964, pp. 188-192.

李咸並爲三司，蕃等每朝會，輒稱疾避廣，時人榮之。」其位望之隆殆可想見。然以曲節於外戚宦官之故，遂不爲時人所諒，然則即在梁冀之時，清流士大夫與外戚閹豎之間已有不可越踰之鴻溝，亦從可知矣！同書卷九十七「黨錮傳」：「李膺傳」曰：「南陽樊陵求爲門徒，膺謝不受，陵後以阿附宦官，致位太尉，爲節志者所羞。」此亦士大夫與宦官涇渭分明之另一例證也。

同書卷九十上「馬融傳」云：

> 初融懲於鄧氏，不敢復違忤勢家，遂爲梁冀草奏李固，又作大將軍西第頌。以此頗爲正直所羞。

又同書卷九十四「趙岐傳」注引「三輔決錄」曰：

> 岐娶馬敦女宗姜爲妻。敦兄子融嘗至岐家，多從賓與從妹宴飮作樂，日夕乃出，過問趙處士所在。岐亦厲節不以妹壻之故，屈志於融也。與其友人書曰：「馬季長雖有名於當世，而不持士節，三輔高士未嘗以衣裾襒其門也。」

觀此可知馬季長雖爲一代儒宗，亦因媚事外戚梁冀，士節有虧，致爲清流士大夫所不齒。吾人於此殊不難推想當時士大夫與外戚宦官涇渭分流之一般狀態也。又趙岐「不持士節」之語，其意指雖不易確定，然若取與袁宏《後漢紀》卷二十一「建和元年」條下（《後漢書》卷九十四，「吳祐傳」略同）：

> 從事中郎馬融主爲冀作章表。融時在坐，（吳）祐謂融曰：李公之罪成於卿手，李公若誅，卿何面目示天下人？

之語相參證，則邠卿之言，誠不得不謂之信而有徵矣[3]。

復次，馬融之所以黨附梁冀，雖可以自其「貴生」之思想爲之解釋（詳見中篇），但若不進而一究其家世，則尚不免未達一間。蓋季長原爲兼具名士與外戚二重身份之人，《後漢書》卷九十四「趙岐傳」云：

岐少明經，有才藝，娶扶風馬融兄女。融外戚豪家，岐常鄙之，不與融相見。

同書同卷「盧植傳」亦曰：

融外戚豪家。

章懷注云：

融，明德皇后之從姪也。

而復生當士大夫與外戚鬬爭尖銳化之時代，故其立身處世遂不免曖昧動搖，朝秦暮楚，然則其初所以不應鄧隲之召者，蓋內心尚持士大夫之道德標準，而其後所以卒依附梁冀而無愧色者，則殆已一變而至外戚之立場耶？至於老莊云云，證之季長一生行事，雖不無可信，然其中亦必具有「

3　按《後漢書》一百十四「列女傳」：「袁隗妻傳」，隗問之曰：南郡君學窮道奧，文為辭宗（章懷注：融為南郡太守。）而所在之職輙以貨財為損。何耶？對曰：孔子大聖，不免武叔之毀；子路至賢，猶有伯寮之愬，家君獲此，固其宜耳。」又同書卷九十上「馬融傳」亦謂融「達生任性，不拘儒者之節。」則邠鄉所謂「士節不持」者固不必定指其折節於梁冀之事也。然考范蔚宗論曰：「馬融辭命鄧氏，逡巡隴漢之間，將有意於居貞乎！旣而羞曲士之節，惜不貲之軀，終以奢樂恣性，黨附成譏。」而本傳復明有「以此頗為正直所羞」之語，則三輔高士之所以不造其門者，恐終不能不與此事有關也。

從而爲之辭」之成份，亦可以斷言也[4]。信如是，則遠在黨錮之禍以前，士大夫與外戚（宦官）爲二不同之社會集團之意識卽已昭然明著，僅就馬融之具體例證觀之，已不難知之矣。

抑更有可論者，士大夫與外戚亦常有合流之事，此可由第二次黨錮之禍時，陳蕃、李膺與大將軍竇武之聯盟，及其後袁紹與何進之謀誅閹豎之事例中見之。初視之，則似士大夫與外戚隸屬於二不同社會集團之說若不足信，但今就馬融之例證推論之，乃知士大夫之所以能與外戚携手者，除可由二者具有共同之敵人——宦官——一點加以說明外，其更深一層之原因似尚可以從外戚有時亦兼具士大夫之身份一點求之，如竇武卽其例也。《後漢書》卷九十九「竇武傳」云：

> 武少以經行著稱。常教授於大澤中，不交時事，名顯關西。……在位多辟名士，清身疾惡，禮賂不通，妻子衣食裁充足而已。是時羌蠻寇難，歲儉民飢，武得兩宮賞賜，悉散與太學諸生。

故其後武既與陳蕃等共定計策，翦除閹醜，「天下雄俊知其風旨，莫不延頸企踵，思奮其智力。」（見本傳）蓋游平原是士大夫中人，雖恃椒房之寵而致身顯貴，猶能不忘故吾，與士大夫交接，宜其一旦欲有所圖謀，遂深得天下清流之信仰與贊助也。下視四世三公之袁本初與「家本屠者」（見《後漢書》卷十下「何皇后紀」）之何遂高徒以一時利害相結合，其規模與精神固區以別之矣！

《後漢書》卷九十七「黨錮列傳」序云：

4　賀昌羣《魏晉清談思想初論》，（民國三十六年，商務）論季長爲梁冀作章草，誣奏李固事，專從老莊思想一端爲之開脫（頁十六），雖得之而猶未盡也。

> 逮桓靈之間，主荒政謬，國命委於閹寺。士子羞於爲伍，故匹夫抗憤，處士橫議，遂乃激揚名聲，互相題拂，品覈公卿，裁量執政，婞直之風，於斯行矣。

從來論漢末黨錮之禍者大抵皆本蔚宗此說，以爲起於士大夫與宦官之相互激盪，此誠不易之論也。然結黨一事關涉士大夫之羣體自覺，誠如趙雲崧所謂「其所由來已久，非一朝一夕之故」（見《廿二史劄記》卷五「黨禁之起」條），似不能純以一時偶然之刺激說之。一般而論，東漢之士大夫既具共同之社會經濟背景，復受共同之文化薰陶，更抱共同之政治理想，則其平時之交游與一旦有事時之相互聲援，亦屬意料中事。大抵東漢中葉以來士大夫之交游結黨已頗風行，流弊所及，則爲俗士之利害結合。《後漢書》卷一百十下，「文苑列傳」：「劉梁傳」云：

> 梁……常疾世多利交，以邪曲相黨，乃著「破羣論」。時之覽者以爲仲尼作《春秋》，亂臣知懼；今此論之作，俗士豈不愧心。

按梁卒於光和中（一七八——一八三年）。「破羣論」之著作時日雖無可考，要當爲早年之作。則俗士交游結黨之風至少在桓帝以前即已甚爲普遍。與劉梁同時或稍前之朱穆（九九——一六三年）亦著「絕交論」，以矯時弊。據同書卷七十三「朱穆傳」注引穆集載「絕交論」略曰：

> ……世之務交游也久矣，……其甚者則求蔽過竊譽，以贍其私，事替義退，公輕私重，居勞於聽也；或於道而求其私贍矣。是故遂往不返，而莫敢止焉。……

此種風氣至桓、靈之世而益甚，漢末徐幹論此最爲深切，《中論》卷下「譴交」篇云：

> 桓靈之世，其甚者也，自公卿大夫，州牧郡守，王事不恤，賓客爲務，冠蓋塡門，儒服

塞道。飢不暇餐，倦不獲已，殷殷沄沄，俾夜作晝。下及小司，列城墨綬，莫不相商以得人，自矜以下士，星言夙駕，送往迎來；亭傳常滿，吏卒傳問，炬火夜行，閽寺不閉。把臂捩腕，扣天矢誓，推托恩好，不較輕重。文書委於官曹，繫囚積於囹圄，而不遑省也。詳察其為也，非欲憂國恤民，謀道講德也，徒營己治私，求勢逐利而已！有策名於朝，而稱門生於富貴之家者，比屋有之，為之師而無以教，弟子亦不受業。然其於事也，至於懷大夫之容，而襲婢妾之態。或奉貨而行賂，以自固結，求志屬託，觀圖仕進。然擲目指掌，高談大語。若此之類言之猶可羞，而行之者不知恥。嗟乎！王教之敗乃至於斯乎！

俗士交游之頹風既至桓靈之世而極盛，黨錮之禍之適起於此時恐不能不與之有關。《後漢書》「黨錮傳」序又云：

初，桓帝為蠡吾侯，受學於甘陵周福。及卽帝位，擢福為尚書，時同郡河南尹房植，有名當朝。鄉人為之謠曰：天下規矩房伯武，因師獲印周仲進。二家賓客互相譏揣，遂各樹朋徒，漸成尤隙，由是甘陵有南北部。黨人之議，自此始矣。

據此則部黨之形成正是其時交游風尚之必然歸趨，亦卽徐偉長所謂「自公卿大夫，州牧郡守，王事不恤，賓客為務，冠蓋塡門，儒服塞道。」之應有之後果也。由是觀之，黨錮諸君子與一般俗士，雖賢與不肖有雲泥之隔，然若就其結黨一事而論，則實承同一風氣而來，豈不居可見乎？朱穆以著「絕交論」聞於時，及為宦官所構陷，輸作左校，太學書生劉陶等數千人詣闕上書，為之訟冤。（見《後漢書》本傳）斯則抱共同政治理想之清流士大夫在羣體自覺方面之具體表現，殊不可與俗士之結黨營私等量齊觀者也。《中論》序云：

……靈帝之末年也，國典隳廢，冠族子弟結黨，權門交援求名，競相尚爵號。君（按：徐幹也。）疾俗迷昏，遂閉戶自守，不與之羣，以六籍娛心而已。

是知譏交之文蓋疾俗之作，又或與支持曹孟德打擊世家大族「阿黨比周」之政策有關[5]，故所述或不免過甚其辭，吾人殊不能據此而遂謂東漢士大夫之交遊結黨悉出自利己之動機也。茲請略徵引史料以說明當時黨錮領袖以天下爲己任之氣概，然後再進而對足以顯示士大夫羣體自覺之若干事實試加分析，因此層牽涉漢晉之際士風與學風之轉變，不可不加以注意也。袁宏《後漢紀》卷二十一「延嘉二年」條（《世說新語》卷一「德行」篇同）曰：

李膺風格秀整，高自標持，欲以天下風教是非爲己任。後進之士有升其堂者，皆以爲登龍門。

《後漢書》卷九十六「陳蕃傳」曰：

蕃年十五，嘗閑處一室，而庭宇蕪穢，父友同郡薛勤來候之，問蕃曰：孺子何不洒掃以待賓客？蕃曰：大丈夫處世當掃除天下，安事一室乎？勤知其有清世志，甚奇之。

《世說新語》卷一「德行」篇曰：

陳仲舉言爲士則，行當世範，登車攬轡，有澄清天下之志。

《後漢紀》卷二十二「延嘉八年」條（《後漢書》卷九十七「黨錮列傳」：「范滂傳」略同）曰：

汝南人范滂……後爲太尉黃瓊所辟，登車攬轡，有澄清天下之志。

---

5 參閱唐長孺「魏晉才性論的政治意義」，《魏晉南北朝史論叢》，一九五五，頁三〇八。

按李元禮、陳仲舉與范孟博三人最爲黨人魁首，其言行俱足以傾動一世之豪傑。今仰其氣象則皆國而忘家，公而忘私，吾國士大夫以天下爲己任之傳統在此諸人實已有極顯著之表現。其所以然者，雖不能不推原於兩漢士族在政治、經濟、社會各方面之發展及因之而生之羣體自覺，然若貫通全部文化史而言之，則其根本精神實上承先秦之士風[6]，下開宋明儒者之襟抱[7]，絕不能專自

6　《後漢書》卷八十三「申屠蟠傳」云：「先是京師游士汝南范滂等，非訐朝政，自公卿以下皆折節下之。太學生爭慕其風，以為文學將興，處士復用。蟠獨嘆曰：昔戰國之世，處士橫議，列國之王，至為擁篲先驅，卒有阬儒燒書之禍。今之謂矣！」此當時士大夫自覺其與先秦處士之歷史地位相同之明證也。

7　范仲淹為秀才時卽以天下為己任，此世所習知者也。故世之論士大夫以天下為己任之精神者莫不溯其源至希文。《宋史》卷三百十四「范仲淹傳」謂仲淹「每感激論天下事，奮不顧身，一時士大夫矯厲尚風節，自仲淹倡之。」錢師賓四論宋代士大夫之自覺精神亦謂其由希文正式呼喚出來，（見《國史大綱》下册頁三九六—七）誠是也。然希文以天下為己任之精神雖有其特殊之時代背景，其歷史之先例則不能不求之於東漢季年士大夫之自覺。最近 Arthur F. Wright 論希文「先天下之憂而憂，後天下之樂而樂」之精神，謂其從佛教大乘之捨己為人精神轉來，並本此而推論宋儒之倫理觀，（見 *Buddhism in Chinese History*, Stanford, 1959 P. 93.）其說雖不無所見，但恐不足以解釋宋儒精神之全部。《孟子》「梁惠王下」已云：「樂以天下，憂以天下。」荀悅《申鑒》卷四「雜言上」云：「為世憂樂者，君子之志也，不為世憂樂者，小人之志也。太平之世事閑而民樂徧焉。」則希文之憂樂論固是儒家舊統，何必定出釋氏耶！案：宋儒於東漢士大夫之名節，頗加推許，但不許其為見道耳。《二程語錄》卷一云：「後漢人之名節，成於風俗，未必自得也。然一變可以至道。」又同書卷十一云：「東漢士人尚名節。只為不明理，若使明理，卻皆是大賢也。」朱子「答劉子澄書」云：「近看溫公論東漢名節處，覺得有未盡處。但知黨錮諸賢趨死不避，為光武、明、章之烈，」而不知建安以後中州士大夫只知有曹氏，不知有漢室，卻是黨錮殺戮之禍有以毆之也。」（見《朱文公文集》卷三十五，四部叢刊初編縮本第三册，頁五六一。）據此二程深賞東漢之名節甚明，至道理之說，自是時代眼光之不同，於此可置不論。至於朱子批評東漢名節之不足處及黨錮以後士大夫之轉變與本文主旨甚有關係，自後文當論及之也。下逮明末清初諸儒有亡天下之痛，故議論為之一變。倡「天下興亡，匹夫有責」之顧亭林遂謂東漢末造「朝政昏濁，國事日非，而黨錮之流，獨行之輩，依仁蹈義，舍命不渝，風雨如晦，雞鳴不已。三代以下風俗之美，無尚於東京者。」（《日知錄》卷十三「兩漢風俗」條）又以宋代士大夫與東京相比論，並引《宋史》之言，而申論之曰：「真、仁之世田錫、王禹偁、范仲淹、歐陽修、唐介諸賢以直言讜論倡於朝，於是中外薦紳知以名節為高，廉悟相尚，盡去五季之陋。故靖康之變，志士投袂，起而勤王，臨難不屈，所在有之。及宋之亡，忠節相望，嗚呼！觀哀平之可以變而為東京，五代之可以變而為宋，則知天下無不可變之風俗也。」同卷「宋世風俗」條）宋明儒者深有契於東漢士大夫之精神，於此可見一斑。雖然，此意固非文字考證之事所能盡其萬一者，上述云云，亦不過初引端緒而已。

一階級之利害解釋之也。觀夫《世說新語》狀陳仲舉之辭與袁、范二書之述范孟博者之一致，即可推知「澄清天下之志」本爲當時士大夫領袖之所同。此亦所以吾國「同志」一辭盛行於此期之故歟？《後漢書》卷九十七「黨錮列傳」：「賈彪傳」曰：

> 延熹元年黨事起，太尉陳蕃爭之不能得，朝廷寒心，莫敢復言。彪謂同志曰：吾不西行，大禍不解。

同書卷九十八「郭泰傳」曰：

> （泰）卒於家，時年四十二。四方之士千餘人皆來會葬，同志者乃共刻石立碑。

同書卷九十九「竇武傳」曰：

> 武於是引同志尹勳爲尚書令，劉瑜爲侍中，馮述爲屯騎校尉。又徵天下名士廢黜者前司隸李膺，宗正劉猛，太僕杜密，廬江太守朱富等，列於朝廷。

同書卷八十七「劉陶傳」曰：

> 陶爲人居簡，不修小節，所與交友，必也同志。好尚或殊，富貴不求合；情趣苟同，貧賤不易意。

《三國志》「魏志」卷十「荀彧傳」注引張璠《漢紀》曰：

> （荀）淑博學，有高行，與李固，李膺同志友善。

由同志一詞之普遍流行，士大夫之羣體自覺乃益顯然可見矣。

士大夫之羣體自覺又可自當時士大夫對其領袖人物之仰慕與推崇及大規模集會之頻繁見之。

《後漢書》卷九十八「郭泰傳」曰：

郭泰字林宗，……後歸鄉里，衣冠諸儒送至河上，車數千兩，林宗唯與李膺同舟而濟。衆賓望之，以爲神仙焉。……嘗於陳、梁間行，遇雨，巾一角墊。時人乃故折巾一角，以爲林宗巾，其見慕皆如此。或問汝南范滂曰：郭林宗何如人？滂曰：隱不違親，貞不絕俗，天子不得臣，諸侯不得友，吾不知其它。

同書卷九十七「黨錮列傳」：「范滂傳」曰：

滂後事釋南歸，始發京師，汝南、南陽士大夫迎之者數千兩。

同書卷八十三「申屠蟠傳」曰：

太尉黃瓊辟不就。及瓊卒，歸葬江夏，四方名豪會帳下者六七千人，互相談論，莫有及蟠者。

《三國志》「魏志」卷一「武帝紀」裴注引皇甫謐《逸士傳》略曰：

及袁紹與弟術喪母，歸葬汝南，（王）儁與公（按：指曹操）會之，會者三萬人。

按：上舉數例[8]皆是顯示其時士大夫羣體自覺程度之高，至於士流之互相標榜而有三君、八俊、

---

8 按弔祭最是士大夫集會之場合，且其風愈後而愈甚。《後漢書》卷九十二「陳寔傳」（參閱《三國志》「魏志」卷二十二「陳羣傳」裴松之注）曰：「寔久絕人事，飾巾待終而已。……中平四年，年八十四，卒於家，何進遣使弔祭，海內赴者三萬餘人，制衰麻者以百數。」然同傳又云：「中常侍張讓權傾天下。讓父死歸葬，潁州雖一郡畢至，而名士無往者。讓甚恥之。」此亦士大夫具羣體自覺之意識之一好例也。

八顧、八及、八廚諸名目，雖尤可說明士大夫羣體自覺之意識，然其事固世所習聞，玆不復及。

朱子「答劉子澄書」云：

> 近看溫公論東漢名節處，覺得有未盡處，但知黨錮諸賢趨死不避，為光武、明、章之烈，而不知建安以後，中州士大夫只知有曹氏，不知有漢室，欲是黨錮殺戮之禍有以毆之也。且以荀氏一門論之：則荀淑正言於梁氏用事之日，而其子爽已濡跡於董卓專命之朝，及其孫彧則遂為唐衡之壻[9]，曹操之臣，而不知以為非矣。蓋剛大方直之氣，折於兇虐之餘，而漸圖所以全身就事之計，故不覺其論胥而至此耳！（引自王懋竑《朱子年譜》卷一下「乾道八年」條）。

案朱子所論黨錮前後士大夫精神意態之殊異，甚有見地。此以前士大夫領袖尚具以天下為己任之意識，故其所努力以赴者端在如何維繫漢代一統之局於不墜；此以後，士大夫既知「大樹將顛，非一繩所維」（見《後漢書》卷八十三「徐穉傳」），其所關切者亦唯在身家之保全，而道術遂為天下裂矣！士大夫之社會發展為魏晉以下長期分裂之一因，近人已多言及之者[10]，玆但先取門

9 按《三國志》「魏志」卷十「荀彧傳」裴注引《典略》曰：「中常侍唐衡欲以女妻汝南傅公明，公明不娶，轉以與彧。父緄慕衡勢，為彧娶之，彧為論者所譏。」松之案曰：「漢記云：唐衡以桓帝延熹七年死，計彧于時年始二歲，則彧婚之日，衡之沒久矣！慕勢之言，為不然也，臣松之又以為緄八龍之一，必非苟得者也。將有逼而然，何云慕勢哉！」今按松之之說甚是。《後漢書》卷一百「荀彧傳」云：「緄畏憚宦官，乃為彧娶中常侍唐衡女。」此較「魏志」慕勢之說遠為得其情實。玆以此事頗足說明東漢士大夫之羣體自覺，故特表而出之，亦兼以補正朱子之言之所未詳。

10 參閱「東漢的豪族」頁一〇六二—三；「六朝世族形成的經過」；《國史大綱》上冊，頁一五六。

生弟子私謚其師之事論之，然後再進而一究士大夫之內在分化，以其有助於吾人對士大夫羣體自覺之瞭解也。夫東漢之門生故吏與其師長故主之關係極深，而末流至有君臣之名分，已爲治史者之常識，毋須更有所考論[11]；卽門生故吏等爲其師長故主立墓碑之事亦爲世所習知，而無舉例說明之必要[12]。至於門生弟子私謚之行爲，則似尚未能獲致應有之注意，故略加徵引，或者亦可資考史者之一助歟？《後漢書》卷九十二「陳寔傳」云：

> 寔中平四年，年八十四，卒於家，何進遣使弔祭，海內赴者三萬餘人，制衰麻者以百數，共刊石立碑謚爲文範先生。

同書卷七十三「朱穆傳」則言之尤詳：

> 初，穆父卒，穆與諸儒考依古義，謚曰貞宣先生。及穆卒，蔡邕復與門人共述其體行，謚爲文忠先生。

洪適《隸釋》九，「漢故司隸校尉忠惠父魯君碑」略云：

> ……於是門生……等三百廿人，追惟在昔，游、夏之徒，作謚宣尼。君事帝則忠，臨民則惠，乃昭告神明，謚君曰：忠惠父。

同書同卷「玄儒先生婁壽碑」云：

11　近人討論見「東漢的豪族」頁一〇三四—五；《國史大綱》第十二章，「二重的君主觀念」條；呂思勉「秦漢史」第十四章第四節，「秦漢時君臣之義」。

12　參看楊樹達《漢代婚喪禮俗考》（商務，民國二十二年）頁一九一—二，又一九五—六所引諸條。

國人乃相與論德處謚，刻石作銘。

案私謚爲門生弟子推尊其師至極之表現，最足說明士之自覺，蓋春秋戰國之世爲吾國士之第一次自覺，故各家弟子皆推尊其師，而儒家爲尤甚，此觀《孟子》「公孫丑章句上」所引宰我、子貢、有若諸人稱道孔子之語可知。其後宋代復是士大夫自覺之時代，而昌黎開其先河，亦首尊師道。此吾國士之自覺皆以尊師爲其表徵之驗也。漢代通經致仕，故師道本隆，然師弟子之關係愈後而愈密切，則社會、經濟、政治各方面之發展實亦有以致之。此所以東漢中葉以後門生弟子之倫遂各推崇其師達於極點，而至於私謚，觀夫「忠惠父魯君碑」所載「在昔游夏之徒，作謚宣尼」之語，則士大夫羣體自覺之意態更可以想見矣！然私謚之事究屬突出，故當時及後世之人均不免有所非議：

《後漢書》卷七十三「朱穆傳」末李賢注云：

袁山松書曰，蔡邕議曰：魯季父子，君子以爲忠，而謚曰文子，又傳曰：忠，文之實也。忠以爲實，文以彰之，遂共謚穆，荀爽聞而非之，故張璠論曰：夫謚者上之所贈，非下之所造，故顏、閔至德，不聞有謚，朱、蔡各以衰世臧否不立，故私議之[13]。

13 侯康《後漢書補注續》「謚為文忠先生」條曰：「蔡中郎集有朱公叔謚議云：本議曰：忠文子。案各之以子配謚者，皆諸侯之臣也。至於王室之卿大夫，其尊與諸侯並，故以公配。府君、王室亞卿也。曰公猶可，若稱子則降等多矣！懼禮廢日久，將詭時聽，周有仲山甫、伯陽嘉父，優老之稱也；宋有正考父、魯有尼父，配謚之稱也。可於公、父之中，擇一處焉。案中郎別有朱公叔碑。首云：忠文公益州太守朱君。後云：歆惟忠文，時惟朱父。蓋稱父而不稱子，亦猶前議也。而本傳則稱先生，豈當時以公、父俱駭聽聞，故廢邕議不用，而但作泛詞耶？本傳以忠文為文忠，亦誤倒。」侯氏此疑亦足說明私謚之事在當時極為突出，致招非議於多方，故附錄於此，以備參證。

同書卷九十二「荀淑傳」附爽傳曰：

時人多不行妻服，雖在親憂，猶有弔問喪疾者。又私謚其君父及諸名士，爽皆引據大義，正之經典，雖不悉變，亦頗有改。

然據此亦可知私謚爲東漢末期始有之現象，與士大夫自覺之其他表徵在時間上適相符合，誠不能謂其無關宏恉而忽視之也。

從私謚之事可推知當時士大夫羣體自覺之觀念並不限於與其他社會集團相區別之士大夫集團一層，而已進而發展爲內在之分化。蓋門生弟子既各推尊其師，則羣體自覺亦必存在於各家之間，可不待論矣！東漢部黨始於甘陵南北部，史言二家賓客互相譏揣，又各樹朋徒，遂漸成尤隙，此卽黨事之興與門生弟子之各推尊其師有關之顯證。至於南北部之名則又顯示士大夫之地域分化，爲當時士之內在分化之一重要層面，不可不略加討論者也。

吾國疆域廣袤，地域性之分化本屬難免，僅就東漢言，士大夫早在建武之世似已有之，《後漢書》「儒林傳」：「戴憑傳」曰：

戴憑字次仲，汝南平輿人也。……帝謂憑曰：侍中當匡輔國政，勿有隱情，憑對曰：陛下嚴。帝曰：朕何用嚴？憑曰：伏見前太尉西曹掾蔣遵，清亮忠孝，學通古今，陛下納膚受之訴，遂致禁錮。世以是爲嚴。帝怒曰：汝南子欲復黨乎？

據此則汝南之士頗有結黨之嫌疑，然史料闕略，姑置不論。下逮黨錮之禍，士大夫之地域分化已甚爲普遍。同書卷九十四「史弼傳」曰：

弼遷尚書，出爲平原相，時詔書下舉鉤黨，郡國所奏相連及者多至數百。唯弼無所上，詔書前後切却州郡。髡笞掾史，從事坐傳責曰：詔書疾惡黨人，旨意懇惻，青州六郡，其五有黨。近國甘陵亦考南北部，平原何理而得獨無？弼曰：先王疆理天下，畫界分境；水土異齊，風俗不同；它郡自有，平原自無，胡可相比？若承望上司，誣陷良善，淫刑濫罰，以逞非理，則平原之人，戶可爲黨，相有死而已，所不能也。從事大怒，卽收郡僚職送獄，遂舉奏弼。會黨禁中解，弼以俸贖罪得免，濟活者千餘人。

可知各地士大夫皆有部黨，卽平原亦並不能免，此所以史弼得濟活千餘人也。不過弼以同情黨人之故，抗命不報耳！又據《三國志》「魏志」卷一「武帝紀」所載建安十年九月令曰：

阿黨比周，先聖所疾也，聞冀州俗，父子異部，更相毀譽。

則冀州士大夫之結黨風氣尤甚，以致可以分割家人父子。總之，東漢末葉以來，各地士大夫皆自成集團，此可與前文論交游結黨之風互相參證者也。此種風氣雖非地域分化一觀念所能完全解釋，然地域分化必爲其中一要目則殊無可疑。而尤足以顯示士大夫地域分化之觀念者，則爲孔融與陳羣之汝潁人物論。嚴可均《全後漢文》卷八十三收孔融「汝潁優劣論」一篇，其文曰：

融以汝南士勝潁川士。陳長文難曰：頗有蕪菁，唐突人參也。融答之曰：汝南戴子高親止千乘萬騎，與光武皇帝共揖于道中；潁川士雖抗節，未有頡頏天子者也。汝南許子伯與其友人共說世俗將壞，因夜起舉聲號哭，潁川士雖頗憂時，未有能哭世者也。汝南許掾教太守鄧晨圖開稻陂，灌數萬頃，累世獲其功，夜有火光之瑞；韓元長雖好地理，未有成功見效如許掾者也。汝南張元伯身死之後見夢范巨卿，潁川雖有奇異，未有神鬼能靈者也。汝南應世叔讀書五行俱下，潁川士雖多聰明，未有能離婁並照者也。汝南李洪爲太尉掾，弟殺人當死，洪自劾詣閣，乞代弟命，便飲酖而死，弟用得全；潁川士雖尚節義，未有能殺身成仁如洪者也。汝南翟文仲爲東郡太守，始南袁公著爲甲科郎中，上書欲治梁冀；潁川士雖慕忠讜，未有能投命直言者也[14]。

案此僅爲孔文舉論汝南士優於潁川士之文，恐亦已不全。至於陳長文反詰之辭，吾人但從《三國志》「魏志」卷十「荀彧傳」裴注所引寥寥數語輾轉知其存在，因其文既簡短而復不甚可解，姑置不論。推其主旨亦不過舉例說明潁川士較汝南士爲優勝而已！所可注意者，文舉雖非汝南人，而長文則籍屬潁川，故二人之爭論正足以說明地域分化之觀念已深入士大夫之心，此其一。文舉以頡頏天子推尊汝南之士，尤爲當時士氣高漲之證，南北朝以下「士大夫故非天子所命」（《南史》卷三十六「江夷傳」附斆傳引齊武帝語）之時代，在精神意態上殆已濫觴於茲矣！此其二。又文中所稱道士大夫之美德如憂時哭世、遺功社會、破家爲國與夫投命直言諸端，則作者胸中猶存東漢士大夫以天下爲己任之遺意，下視魏晉以下之士唯身家性命之保全是務，未曾有「經國遠圖」（《晉書》卷三十三「何曾傳」語）者，殊不可同日而語也，此其三。然則文舉此論雖簡略，實爲說明漢末士大夫地域分化及漢晉之際士大夫精神意態之轉變之重要文字，讀史者誠不宜忽視之也。

除地域之分化外，士大夫復有上層與下層之分化。而所謂上層與下層之分化者，其初猶以德

14 惠氏《補注》卷九「袁著」條及王先謙《後漢書集解》「梁統傳」附冀傳均以此文末句為陳羣汝潁士論之文，恐誤。

行爲劃分之標準，稍後則演爲爲世族與寒門之對峙，而開南北朝華素懸隔之局，故尤不能不略加考釋也。

《後漢書》卷七十三「朱穆傳」李賢注引謝承書曰：

穆少有英才，學明五經，性矜嚴，疾惡，不交非類。

同書卷八十七「劉陶傳」曰：

陶爲人居簡，不修小節，所與交友，必也同志。好尚或殊，富貴不求合；情趣苟同，貧賤不易意。（按此節前已徵引，茲爲說明不同之事實而重錄之，便閱覽也。）

同書卷九十七「黨錮列傳」：「李膺傳」曰：

膺性簡亢，無所交接，唯以同郡荀淑、陳寔爲師友。

此數例證皆說明當時士大夫之賢者復各有其社交圈子，不妄通賓客。然此中又有可得深析而微辨者：劉子奇之交友惟好尚情趣是問，在東漢士大夫交游之類型中別具一格，固不待論；李元禮之以簡重自居則已與分別華素之風氣甚有淵源，此當於後文再釋；至於朱公叔之不交非類則顯是以德行爲交友之標準，此層尚可證之於其他材料。同書卷九十七「黨錮列傳」：「岑晊傳」曰：

岑晊字公孝，南陽棘陽人也。父豫爲南郡太守，以貪叨誅死。晊年少未知名，往候同郡宗慈。慈以有道見徵，賓客滿門，以晊非良家子，不肯見。

按岑公孝初以其父因貪殘見誅之故，遂不獲宗孝初之接待，是道德標準重於階級觀念之證。若不論善惡，僅就階級觀念言，公孝既爲二千石之子，自應屬於上層士大夫也。同書卷九十八「郭太傳」附「賈淑傳」曰：

賈淑字子厚，林宗鄉人也，雖世有冠冕而性險害，邑里患之。林宗遭母憂，淑來修弔。旣而鉅鹿孫威直亦至，威直以林宗賢而受惡人弔，心怪之，不進而去。林宗追而謝之。

《後漢紀》卷二十三「建寧二年」條下引威直告林宗之語曰：

君天下名士，門無雜賓，而受惡人之唁，誠失其所望，是以去耳！

按賈子厚世代冠冕，然以行止有虧，卒見擯於孫威直，此尤是當時士大夫交往之際，道德意識重於階級意識之明證。而觀夫「君天下名士，門無雜賓」之語，則士大夫之有上層與下層之別，亦即一種特殊之羣體自覺，亦斷可知矣！

《後漢書》「朱穆傳」李賢注引謝承書曰：

（穆）年二十爲郡督郵，迎新太守，見穆曰：「君年少爲督郵，因族勢，爲有令德？

是則二世紀上葉之人，猶有視世族與德行爲二事者，然德行與世族亦非可以截然而分者，蓋子弟德行之純篤與否與其家世背景至有關係，顧亭林謂東漢之士風家法有過於前代（《日知錄》卷十三「兩漢風俗」條），良有以也。故至漢末，家世與德行至少在一般世俗觀念上已有合而爲一之趨勢。《後漢書》卷八十四「楊震傳」附彪傳載孔融之言曰：

楊公四世清德，海內所瞻。……

傳末復曰：

自震至彪，四世太尉，德業相繼，與袁氏俱爲東京名族云。

王符《潛夫論》卷一「論榮」篇曰：

今觀俗士之論也，以族舉德，以位命賢。

此皆德行與家世相維繫之明證也[15]。

《南齊書》卷二十三「褚淵王儉傳」史臣論曰：

自金、張世族，袁、楊鼎貴，委質服乂，皆由漢氏，膏腴見重，事起于斯。

按蕭子顯以南北朝高門華姓之見重起於兩漢，其說甚是。唯西京事遠，可勿置論。若就士大夫對世族與寒門之自覺言之，則至遲在東漢季年，亦卽二世紀中葉以後，確已逐漸形成。《後漢書》卷一百十「文苑傳」：「高彪傳」曰：

高彪字義方，吳郡無錫人也，家本單寒。至彪爲諸生，遊太學，有雅才，而訥於言。常從馬融欲訪大義。融疾，不獲見。乃覆刺遺融書曰：承服風問，從來有年，故不待介者而謁大君子之門，冀一見龍光，以叙腹心之願。不圖遭疾，幽閉莫啓。……公今養痾傲士，故其宜也。融省書慙，追還之。彪逝而不顧。

按季長不見義方之故，雖不可得而確言，竊疑其與華素之別不能毫無關係，蓋季長若果因疾辭客，則義方不致責其傲士，而季長尤不必內疚於心也。考託疾不通賓客本爲當時士大夫自抬身價之舉，如《後漢書》卷九十八「符融傳」曰：

時漢中晉文經，梁國黃子艾，並恃其才智，炫曜上京，臥託養疾，無所通接。洛中士大

15 參閱楊筠如《九品中正與六朝門閥》（商務，民國十九年）頁七〇。

夫好事者承其聲名，坐門問疾，猶不得見。

又惠棟《後漢書補注》卷十六引「李膺家傳」曰：「膺恆以疾不送迎賓客，二十日乃一見也。」可資參證。至於傲士之說，證之於《潛夫論》卷八「交際」篇：

所謂恭者，內不敢傲於室家，外不敢慢於士大夫，見賤如貴，視少如長，其禮先入，其言後出，恩意無不答，禮敬無不報……。

之論，及《後漢書》「文苑傳」：「趙壹傳」所載：

(壹)及西還，道經弘農，過候太守皇甫規。門者不卽通，壹遂遁去。門吏懼以白之，規聞壹名，大驚。乃追書謝曰……今旦外白有一尉，兩計吏，不道屈尊門下，更啓乃知已去。如印綬可投，夜豈待旦。惟君明叡，平其夙心，寧當傲慢加於所天？

之故事，可見亦爲一時風氣，而與貴賤上下之別有關。然則季長之輕慢，得毋以義方「家本單寒」而然耶[16]？

《後漢書》卷一百「孔融傳」(《三國志》「魏志」卷十二「崔琰傳」裴注引《續漢書》略同)曰：

孔融……年十歲，隨父詣京師。時河南尹李膺以簡重自居，不妄接士，賓客勑外，自非當世名人，及與通家，皆不得白。融欲觀其人，故造膺門，語門者曰：我是李君通家子弟。門者言之。膺請融問曰：高明祖父嘗與僕有恩舊乎？融曰：然。先君孔子與君先人

16 《太平御覽》六百六引《雜事》曰：「高彪字義方，吳郡人，……嘗詣大儒馬融，辭不見。彪復利其書曰：伏問高問，為日久矣！冀一見寵光，敘腹心之願，以啓其蔽，不圖辭以疾……。」則季長之疾明是託詞矣！

李老君同德比義而相師友，則融與君累世通家。

按《後漢書》卷九「獻帝紀」：融被殺在建安十三年（二〇八年）[17]，又據《後漢書》本傳融卒年五十六歲，則文舉見元禮在延熹五年（一六二年）。此或是關於上層士大夫以門第家世自矜而形成特殊社交圈子之最早而明確之記載也。《後漢書》卷一百四上「袁紹傳」李賢注引《英雄記》曰：

紹不妄通賓客，非海內知名，不得相見。

按南北朝世族與寒門不相禮接之風實早由東漢啟之。《陳書》卷三十四「文學傳」：「蔡凝傳」曰：

凝年位未高，而才地為時所重，常端坐西齋，自非素貴名流，罕所交接。趣時者多譏焉！

《北齊書》卷二十三「崔㥄傳」附瞻傳曰：

瞻性簡傲，以才地而矜；所與周旋，皆一時名望。

可以互證也[18]。又前嘗引《後漢紀》及《世說新語》所載：李元禮高自標持，後進之士，有升其堂者，皆以為登龍門之事，今考《南史》卷二十六「袁湛傳」附昂傳曰：

昂雅有人鑒，遊處不雜，入其門者，號登龍門。

參合各方面材料觀之，李元禮實為樹立魏晉以下士大夫風範至有關係之人物。《世說新語》為記

---

17 《三國志》「魏志」卷十二裴注謂融被殺在建安十二年，未詳孰是。

18 關於南北朝士大夫之高自標持之風可看《九品中正與六朝門閥》，頁一〇一—三；王伊同《五朝門第》（金陵大學中國文化研究所，民國三十二年）下篇，頁五七—六一。

載魏晉士大夫生活方式之專書，而此一新生活方式實肇端於黨錮之禍之前後，亦即士大夫自覺逐漸具體化、明朗化之時代。其關涉士之個體自覺者，當別於下節論之。然則《世語》所收士大夫之言行始於陳仲舉、李元禮諸人者，殆以其爲源流之所自出，故其書時代之上限在吾國中古社會史與思想史上之意義或尤大於其下限也[19]。至於三國以下華素之別益著，則人多知之，不煩更詞費矣！茲但略取東漢人之世族與寒門之觀念論之，附於本篇之末，以爲瞭解士大夫羣體自覺之一助。東漢之重世族，蓋與選舉制度有密切之關聯。就習見之關於重世族之記載言，幾全爲針對選舉不實之弊而發，如《後漢書》卷三「章帝紀」建初元年（七六年）詔略云：

每尋前世舉人貢士，或起甽畝，不繫閥閱。

李賢注略曰：

言前代舉人務取賢才，不拘門地。

是此處閥閱二字已可作門地解，此或最早言及選舉重世族之文也。同書卷五十六「韋彪傳」引彪上議之言曰：

---

19 陳寅恪《陶淵明之思想與清談之關係》（燕京大學哈佛燕京社，民國三十四年）云：「世說新語記錄魏晉清談之書也。其書上及漢代者，不過追溯原起，以期完備之意。惟其下迄東晉之末劉宋之初迄於謝靈運，固由其書作者只能述至其所生時代之大名士而止，然在吾國中古思想史，則殊有重大意義，蓋起自漢末之清談適至此時代而消滅，是臨川康王不自知覺中却於此建立一畫分時代之界石及編定一部清談之全集也。」（頁三二—三）按陳先生注重清談思想之流變，故重視《世語》年代之下限，其說誠不可易。但若從士大夫新生活方式之全部着眼則尤當注重其上限，清談特其一端耳！而《世語》所載固不限於清談也。

士宜以才行爲先，不可純以閥閱。然其要歸在於選二千石，二千石賢則貢舉皆得其人。

《全後漢文》卷八十九收有仲長統論士之文，略曰：

天下士有三俗：選士而論族姓閥閱，一俗；……。

《潛夫論》卷八「交際」篇曰：

虛談則知以德義爲賢，貢薦則必閥閱爲前。

同書卷一「論榮」篇曰：

今觀俗士之論也，以族舉德，以位命賢，茲可謂得論之一體矣，而未獲至論之淑真也。

又曰：

人之善惡，不必世族；性之賢鄙，不必世俗。

據上引諸條可知東漢選舉之重世族，其理論上之根據，蓋以門地與才德之間頗相符應，故王節信雖於俗士之論頗著微詞，而猶許其爲「得論之一體」。然夷考其實則又殊不然，此諸家議論之所以發也。魏晉南北朝之士常以才地自矜，而一般社會風氣亦好以此衡論人物。今考此種觀念亦已早萌芽於東漢之世。《後漢書》卷九十七「黨錮傳」：「尹勳傳」云：

尹勳字伯元，河南鞏人也。家世衣冠，伯父睦爲司徒，兄頌爲太尉，宗族多居貴位者。而勳獨恃清操，不以地勢尚人。

是其證也。

與世族或閥閱相對待者則有單門、寒門、細族等觀念。王充《論衡》卷三十「自紀」篇曰：

> 充細族孤門。或啁之曰：宗祖無淑懿之基，文墨無篇籍之遺，雖著鴻麗之論，無所稟階，終不爲高。

按王仲任負絕世之才華，所著《論衡》一書爲漢晉之際思想變遷導其先路，然以非世族高門，「無所稟階」之故，遂懼不免於變異妖怪之譏，此可見早在公元一世紀之末，世族與寒門之別已入人心。而東漢人以才德與門地相符應之說，亦可於此得一反證矣！至明白以世族與寒門對舉，最早或見於趙壹之「刺世疾邪賦」，《後漢書》卷一百十下「文苑傳」本傳載其文略曰：

> 故法禁屈撓於勢族，恩澤不逮於單門。

惠棟《後漢書補注》卷十八「單門」條注曰：

> 單門猶孤門。《論衡》曰：充細族孤門，是也。

則世族與寒門之社會地位在二世紀下葉已相去甚遠。而勢族與單門在觀念上之對照乃士大夫有上層下層之別之反映，從又可知矣！《三輔決錄》注引「張芝與李幼才書」云：

> 弭仲叔高德美名，命世之才，非弭氏小族所當有，新豐瘠土所當出也。（《全後漢文》卷六十四引）

按張芝爲奐之長子，文爲儒宗，有草聖之稱，奐亦黨錮中人，卒於光和四年（一八一年），年七十八，則芝當是二世紀下葉之人。（參看《後漢書》卷九十五「張奐傳」及注引王愔《文字志》）。今就此簡略之語觀之，不僅才德與世族相符應之觀念顯然可見，即當時士大夫之地域分化與上層下層之分化亦躍然紙上，故特附錄於此，並以爲本篇之結束焉！

二　士之個體自覺

論漢晉之際士大夫與其思想之變遷者，固不可不注意士之羣體自覺，而其尤重要者則爲個體之自覺，以其與新思潮之興起最直接相關故也。然羣體自覺之背景不明，則個體自覺之源流不暢，玆考釋羣體自覺既竟，乃及於個體自覺焉！

趙翼《廿二史劄記》卷五「東漢尚名節」條評其流弊云：

蓋其時輕生尚氣已成習俗，故志節之士好爲苟難，務欲絕出流輩，以成卓特之行，而不自知其非也。

按東漢士風競以名行相高，故獨行之士輩出，各絕智盡慮以顯一己之超卓，范蔚宗爲之立傳，至有無從統貫之苦，《後漢書》「獨行傳」序曰：

而情迹殊雜，難爲條品；片辭特趣，不足區別。措之則事或有遺，載之則貫序無統。以其名體雖殊，而操行俱絕，故總爲獨行篇焉。

士尚名節之風本漢代選舉制度有以促成之，而獨行亦其時選士之一科，但流變所及，則爲士大夫之充份發揮其個性。雖虛僞矯情，或時所不免，而個體自覺，亦大著於玆。所謂個體自覺者，卽自覺爲具有獨立精神之個體，而不與其他個體相同，並處處表現其一己獨特之所在，以期爲人所認識之義也[20]。執此義以求之，則東漢之末，此類人物極眾，茲但舉一例以概其餘。《後漢書》卷一百十下「文苑傳」：「趙壹傳」曰：

趙壹字元叔，漢陽西縣人也。體貌魁梧，身長九尺，美鬚豪眉，望之甚偉。而恃才倨傲，爲鄉黨所擯，乃作解擯。……光和元年舉郡上計，到京師。是時司徒袁逢受計，計吏數百人皆拜伏庭中，莫敢仰視，壹獨長揖而已。逢望而異之，令左右往讓之曰：下郡計吏而揖三公，何也？對曰：昔酈食其長揖漢王，今揖三公，何遽怪哉！逢則斂衽下堂，執其手延置上坐，因問西方事，大悅。顧謂坐中人曰：此人漢陽趙元叔也，朝臣莫有過之者。吾請爲諸君分坐。坐者皆屬觀，既出，往造河南尹羊陟，不得見。壹以公卿中非陟無足以託名者，乃日往到門。陟自強許通，尚臥未起。壹逕入上堂，遂前臨之曰：竊伏西州，承高風舊矣。乃今方遇而忽然，奈何命也！因舉聲哭。門下皆驚，奔入滿側。陟知其非常人，乃起。延與語，大奇之，謂曰：子出矣！陟明旦大從車騎，奉謁

20 意大利文藝復興最以人之覺醒著稱。名史家 Burckhardt 著意大利文藝復興之文化（*The Civilization of the Renaissance in Italy*）論述之，稱為文化史著述之楷模焉！其書論個體之發展一章頗足為本節之參考，以十四、五世紀意大利知識份子個性發展之環境與歷程與吾國漢晉之際之士極多相似之處故也。但為避免行文之枝蔓計，本文不擬詳加引證比較。讀者對此問題有興趣者，自行參閱該書可也。又以魏晉時代比較於意大利文藝復興，其事不始自作者，可參看森三樹三郎「魏晉時代における人間の發見」一文，《東方文化の問題》，第一號，京都大學，頁一二二—二〇一；J. K. Shryock 英譯劉劭《人物志》之導論中亦以文藝復興之思潮與漢魏時代作一比較：見 *The Study of Human Abilities*, New Haven 1937, P 14.

造壹。時諸計吏多盛車馬帷幙，而壹獨柴車草屏，露宿其傍，延陟前坐於車下，左右莫不歎愕。陟遂與言談至熏夕，極歎而去，執其手曰：良璞不剖，必有泣血以相明者矣！陟乃與袁逢共稱薦之，名動京師，士大夫想望其風采。

今按：趙元叔無往而不標奇立異，以示與人不同，正是其時士大夫發揮其個體自覺至於極端之例。然元叔卒以此傾動公卿，為之延譽，則士大夫間之一般風氣可想而知矣！蓋士大夫所重者為奇人異行[21]，而一般社會所需者則是常情庸德，此所以元叔雖名重士林而不能不見擯於鄉黨也。復次，自元叔求見羊陟以託名之事更可推見其時士大夫求名心之切。東漢士大夫好名之風為選舉制度所直接促成，此層上已言及，且人多知之。《廿二史劄記》卷五「東漢尚名節」條略云：

馴至東漢，其風益盛，蓋當時薦舉徵辟，必採名譽，故凡可以得名者必全力赴之。

是也。然求名之風之源起雖與選舉制度關係密切，但其風既興之後，名之本身已是一獨立自足之價值，而不必定為求仕之手段矣。《後漢書》「黨錮傳」：「范滂傳」載其母之言曰：

汝今得與李、杜齊名，死亦何恨？既有令名，復求壽考，可兼得乎？

此最可見名為獨立之價值及其入人心之深，故能「子伏其死，而母歡其義。」（范蔚宗論）孟博乃以天下為己任之士，其死節別有一種真精神存乎其間，未可以個人或階級之利害說之，固不待

---

21 好異之風尚必當推原至東漢士大夫之個體自覺，魏晉以下不過承其流而加以推波助瀾耳！近人有謂魏晉志怪小說之社會根源在於魏以下知識分子之思想分化者，蓋溯其流而未能窮其源之論也。（參閱范寧「論魏晉時代知識分子的思想分化及其社會根源」，《歷史研究》一九五五年，第四期，頁一三一。）

論。此一精神似亦爲其母所喻，蓋孟博既已垂不朽之名，則死而不死。是名之本身卽是人生之一至高之目的，雖捨生以求之亦可以無憾也。

復有雖擁高名而不肯入仕者，如郭林宗、徐孺子、申屠蟠以及隱逸之流，則尤足說明名具獨立之價值。葛洪《抱朴子》外篇卷四六「正郭」篇引諸葛元遜之言曰：

林宗隱不修遁，出不益時，實欲揚名養譽而已。街談巷議以爲辯，訕上謗政以爲高，時俗貴之，歙然猶郭解、原陟見趨於曩時也。後進慕聲者未能考之於聖王之典，論之於先賢之行，徒惑華名，咸競準的。學之者如不及，談之者則盈耳。

據此則林宗之所爲但以「揚名養譽」爲目的，亦卽唯名是求是也。按《後漢書》卷八十三「徐穉傳」載穉之言曰：

爲我謝郭林宗，大樹將顚，非一繩所維，何爲栖之，不遑寧處？

則林宗斷非但求「揚名養譽」之人，元遜之言蓋不足盡信也。然舉世之士多慕名，其中恐亦不乏唯名是求之徒，則元遜之言非盡不可信，抑又可知也。同書卷六十五「鄭玄傳」載玄「戒子書」略云：

顯譽成於僚友，德行立於己志。若致聲稱，亦有榮於所生。可不深念邪！可不深念邪！

曹子建論名之不朽有云：

太上立德，其次立功。蓋功德者所以垂名也，名者不滅，士之所利。（《三國志》「魏志」卷十九「陳思王植傳」注引《魏畧》）

按士大夫重生前與身後之名，正是個體自覺高度發展之結果。蓋人必珍視其一己之精神存在而求其擴大與延綿，然後始知名之重要。若夫在重集體之社會中，個體自覺為大羣體之意識所壓縮，所謂「一切榮譽歸於上帝」者，則個人之榮辱固無足措意也。十四世紀之意大利亦以個體自覺著稱。其時最負盛名之文士彼特拉克（Petrach）者，早歲慕俗世之榮名，晚年意境不同，著《致後世人書》，道其渴望名垂不朽之至意。近人論西方個人意識之源起者多引彼氏為先例，此亦重視名之價值為個體自覺外在表現之一端，而足資參證者也。

然求名者既多，名實不符之事自所難免。但丁（Dante）處中古與近代之交，一方面雖亦渴慕聲名，一方面則已慨嘆名士多使人失望。漢魏之名士，其情形亦復不殊，《後漢書》卷百十二上「方術傳」范蔚宗論曰：

> 漢世之所謂名士者，其風流可知矣！雖弛張趣舍，時有未純，於刻情修容，依倚道藝，以就其聲價，非所能通物方，弛時務也，及徵樊英、楊厚，朝廷待若神明，至竟無它異。英名最高，毀最甚。李固、朱穆等以為處士純盜虛名，無益於用，故其所以然也。然而後進希之以成名，世主禮之以得衆，原其無用，亦所以為用，則其有用或歸於無用矣！

按所謂處士純盜虛名者，據同書卷九十一「黃瓊傳」曰：

> 先是徵聘處士，多不稱望。李固素慕於瓊，乃以書逆遺之曰：……近魯陽樊君（英）被徵初至，朝廷設壇席猶待神明。雖無大異，而言行所守亦無所缺。而毀謗布流，應時折減者，豈非觀聽望深，聲名太盛乎？自頃徵聘之士胡元安、薛孟嘗、朱仲昭、顧季鴻等，其功業皆無所採。是故俗論皆言處士純盜虛聲。

則是當時之公論，非一二人之私見也。《三國志》「魏志」卷二十二「盧毓傳」（《後漢書》卷九十四「盧植傳」注引《魏志》略同）曰：

> 時舉中書郎。詔曰：得其人與否在盧生耳！選舉莫取有名，名如畫地作餅，不可啖也。毓對曰：名不足以致異人，而可以得常士。常士畏敎慕善，然後有名，非所當疾也。

據上引史料，一方面可知漢魏名士多有不符實者[22]，然另一方面亦可知依當時一般之觀念「名」與「異」爲不可分：有高名之士必當有異行。樊英言行甚謹飭，卒以「無奇譎深策」（見《後漢書》卷百十二上本傳）之異，談者以爲失望，遂致毀謗布流。此尤見時人之重視「名」卽所以重視「異」也。在此種風氣下，士之欲求名者，勢必爭奇鬪姸，各求以特立獨行超邁他人[23]，故其影響所及遂使個人意識益爲滋長。此則求名之風有助於個體自覺之發展，而可以推知者也。然人與人相去本不遠，在同一社會文化環境中，雖競求相異，而終亦不能甚相異。時人之失望與夫盧毓所謂「名不足以致異人」者，職以此故。吾人殊不能因「名」與「異」不盡相合之故，遂疑及求名之風無關乎士之個體自覺也。

個體自覺又可徵之於其時之人物評論。（按上篇論及私謚一節可與人物評論相參證，蓋死後之謚亦可視爲生前題目之一種延長也。此點承楊師蓮生指示。）人物評論爲漢末清議之要旨，亦

---

22 關於漢魏好名之風之討論可參閱唐長孺「魏晉玄學之形成及其發展」一文，前引書頁三一六—九

23 湯用彤先生云：「後漢書袁奉高不修異操，而致名當世。則知當世修異操以要聲譽者多也。」所見甚是，見「讀人物志」，《魏晉玄學論稿》（一九五七）頁八。

魏晉玄理清談一部份之所從出[24]。其關乎玄學思想之淵源者，將別於下節論之，茲但考釋其與個體自覺之關係。東漢之人物評論起源甚早，初年卽已有之，但其風之轉盛則在中葉以後[25]，蓋亦鄉舉里選之制之產物，《日知錄》卷十三「清議」條論兩漢清議曰：

> 鄉舉里選必先考其生平，一玷清議，終身不齒。君子有懷刑之懼，小人存恥格之風。教成於下而上不嚴，論定於鄉而民不犯。

而與士大夫求名之風不可分者也。求名者日眾，清議日隆，人物評論遂發展爲專門之學，卽所謂「人倫鑒識」是已；專門之學既立，人物評論之專家亦隨之產生，郭林宗與許子將特其最著者耳！故《後漢書》卷九十八「許劭傳」曰：

> 天下言拔士者咸稱許、郭。

人物評論與個體自覺本是互爲因果之二事。蓋個體之發展必已臻相當成熟之境，人物評論始能愈析愈精而成爲專門之學，此其所以盛於東漢中葉以後之故也。但另一方面，「人倫鑒識」之發展亦極有助於個人意識之成長，此層可略申論之。

漢代察人之術大體爲由外形以推論內心，自表徵以推斷本質。《論衡》卷二「骨相」篇曰：

> 人命稟於天則有表候於體。察表候以知命，猶察斗斛以知容矣！

---

24 近人於此已多有論及之者。參閱陳寅恪「逍遙遊向郭義及支遁義探源」《清華學報》第十二卷第二期（民國廿六年四月）頁三〇九—三一〇；唐長孺「清談與清議」，前引書，頁二九五—七；湯用彤「讀人物志」，前引書，頁十六。

25 參閱日人岡村繁「郭泰、許劭の人物評論」《東方學》第十輯，頁五九—六〇。

「無形」篇又云：

> 人稟氣於天，氣成而形立，則命相須，以至終死。形不可變化，年亦不可增加。

此種自然命定之理論及觀察人物情性志氣之道，自東漢至曹魏均奉爲圭臬。劉劭《人物志》卷上「九徵」篇曰：

> 蓋人物之本出乎情性，情性之理甚微，而元非聖人之察其孰能究之哉？凡有血氣者莫不含元一以爲質，稟陰陽以立性，體五行而著形。苟有形質，猶可即而求之。

按就「人倫鑒識」之術言之，《人物志》一書較王氏《論衡》所論者自遠爲精密細緻，雖目的不盡同，然其根本方法仍是一脈相傳，觀上引之文可知[26]。所可注意者，自王充以至劉劭之人倫識鑒，在重點方面略有改變，而可以說明時世與思想推移之跡象。茲略加闡釋，聊備一說，固不敢視爲定論也。《論衡》卷三「本性」篇略曰：

> 人性有善有惡，猶人才有高有下也。高不可下，下不可高，謂性無善惡，是謂人才無高下也。稟性受命，同一實也。命有貴賤，性有善惡。謂性無善惡，是謂人命無貴賤也。

據此則評論人之標準有三：曰才、性與命是已。而仲任所重者似尤在於命，同書卷一「命祿」篇

---

26 參閱湯用彤「讀人物志」，頁五—六；湯用彤、任繼愈「魏晉玄學中的社會政治思想和它的政治背景」，《歷史研究》，一九五四年第三期，頁七一。關於《人物志》在漢晉之際思想史上之意義，可看錢穆「略述劉劭人物志」，收入《中國學術思想史論叢》第三冊，台北東大圖書公司印行，一九七七，頁五三—六〇）

曰：

凡人遇偶及遭累害，皆由命也。……是故才高、行厚，未必保其必富貴；智寡、德薄，未可信其必貧賤。或時才高、行厚、命惡，廢而不進；知寡、德薄、命善，興而超踰。故夫臨事知愚，操行清濁，性與才也；仕宦貴賤，治產貧富，命與時也。

及至郭林宗、許子將時，人物評論之重點已在於才性，而命則罕有言及者矣！《後漢書》卷九十八「郭太傳」曰：

其獎拔士人，皆如所鑒。……後之好事或附益增張，故多華辭不經，又類卜相之書。

蓋卜相之書專言命之貴賤與林宗之鑒識才性，迥不相侔，此即林宗對人物評論之改進也。《世說新語》卷二「政事」篇「何驃騎作會稽」條注引泰別傳曰：

泰字林宗，有人倫鑒識，題品海內之士，或在幼童，或在里肆，後皆成英彥，六十餘人。自著書一卷，論取士之本，未行，遭亂亡失。

漢魏之際有關人物評論之著作甚多，而實以林宗之書爲其嚆矢。故「人倫鑒識」之成爲一種專門學問乃自林宗始[27]。而林宗之所以成爲斯學之開山者，其關鍵殆即在於彼能汰除舊觀人術中之卜相成份，亦即不重命之貴賤，而逕從才性之高下、善惡以立說。然亦正唯其學新創之故，好事之徒不知林宗之「人倫鑒識」別於舊術者何在，遂得以卜相之故事妄肆附會，致爲范蔚宗所不取歟？林宗之書今既不傳，而前此之人物評論又皆語焉不詳，則此層自亦無從確論。僅就現存之材料觀

27 陳寅恪先生已指出此點，見「逍遙遊向郭義及支遁義探源」，頁三一〇。

之，林宗之品題實未嘗離開才性之範圍[28]。然則林宗之鑒識所異於舊術之處，今雖不易悉知，但若取與王仲任之說相比較，不重命之貴賤至少當是其中最主要之一點，似可以無疑也。林宗之時，人物評論與命相之術已截然分途。《後漢書》卷一百十下「文苑傳」：「趙壹傳」曰：

初，袁逢使善相者相壹，云：仕不過郡吏，竟如其言。

可見關於命之預言別有相士司其事，非人倫鑒識家所措意也！

今按：漢末鑒識家之祇論才性，不問命運，不僅在思想上爲一大進步，同時在促進個人意識之發展方面亦極具作用。蓋依王仲任之絕對命定之說，則個人直無絲毫用力之餘地，而林宗以才性取人，使人知反躬自責，改過遷善，自然命運之支配力量在觀念上遂被打破，個人至少在德性方面可以自我主宰。《後漢書》卷九十八「郭太傳」曰：

或有譏林宗不絕惡人者。對曰：人而不仁，疾之以甚，亂也。

---

28 《後漢書》「郭林宗傳」所載之鑒識故事均是關於才與性之評論，而重性過於重才。茲引其較明顯之例二三則於下以備參證：

「黃允字子艾，濟陰人也，以儁才知名。林宗見而謂曰：卿有絕人之才，足成偉器，然恐守道不篤將失之矣！」

「謝甄字子微，汝南台陵人也，與陳留、邊讓並善談論，俱有盛名。每共候林宗，未嘗不連日達夜。林宗謂門人曰：二子英才有餘而並不入道，惜乎！」

可見林宗論人每以才與道並舉，道卽指德行，亦卽善惡之性而言也。雖有過人之才而德性可疑，亦為林宗所不取，則又重性過於重才之確證矣。本傳又云：

「王柔字叔優，弟澤，字季道，林宗同郡晉陽縣人也。兄弟總角共候林宗以訪才行所宜。」

今按：才行二字極可注意，蓋卽是才能與性分之另一說法也。據此則才與性為林宗鑒識之兩大標準，亦可謂信而有徵矣。

又載林宗之言曰：

賈子厚誠實凶德，然洗心向善。仲尼不逆互鄉，故吾許其進也。

《續談助》卷四「殷芸小說」引（許劭）別傳曰：

自漢中葉以來，其狀人取士，援引扶持，進導招致，則有郭林宗。

凡此皆可見林宗之「人倫鑒識」實有鼓勵個人自我努力之作用。

抑更有進者，林宗所開始之人倫鑒識既以才性之分析爲本，則分之愈精，析之愈微，個人之一切特徵亦愈益顯露，雖人心不同，各如其面，而才性之所近亦自有類型可辨。故才性之分析既因同以見異，復自異以求同，而具體之人物批評遂亦不得不發展爲抽象之討論矣。今觀夫林宗評袁逢高、黃叔度之言曰：

奉高之器，譬諸汎濫，雖清而易挹；叔度汪汪若千頃陂，澄之不清，淆之不濁，不可量也。（《後漢書》卷八十三「黃憲傳」）

雖爲譬喻之辭，已饒玄遠之趣。許子將年代略後於林宗，其月旦人物亦時涉抽象之言，故其論陳寔、陳蕃曰：

太丘道廣，廣則難周；仲舉性峻，峻則少通。（《後漢書》卷九十八「許劭傳」）

即是據比較抽象之觀念以爲鍼貶也。又論荀靖、荀爽兄弟曰：

二人皆玉也，慈明外朗，叔慈內潤。（《三國志》「魏志」卷十「荀彧傳」注引皇甫謐《逸士傳》。按《後漢書》卷九十二「荀淑傳」章懷注《逸士傳》作《高士傳》，許劭作汝南許章。當是異文，不足詳辨也。）

「外朗」與「內潤」亦是抽象之觀念也。

林宗所著之書惜已不傳，無從比較。但其書既討論取士之本，則恐不能不涉及較抽象之原理，如今尚傳世之劉劭《人物志》之所論者。然則抽象原理之探求，蓋出於人物鑒識之學本身之要求，至於魏晉之際，天下多故，名士少有全者，故阮嗣宗言必玄遠，而未嘗評論時事，臧否人物（見《三國志》「魏志」卷十八「李通傳」注引王隱《晉書》及《世說新語》卷一「德行」篇「阮嗣宗至愼」條注引李秉「家誡」），最多亦不過加深原已存在之探討原理之傾向，絕非玄風暢發之根本原因也。其關涉思想變化之處，將於下篇論之。茲所欲強調者，卽人物評論之成爲專門之學，實由郭林宗奠其基，而抽象原理之探求，就創始之意義言，亦或由郭林宗倡其風，至少郭林宗與許子將於其評論人物之時已運用比較抽象之概念，非純粹作具體之褒貶，則可以斷言。若取尚存之劉劭《人物志》言之，其書以後出故，析論之精微容或超邁林宗之作，但恐亦不能完全無關於後漢之流風。《隋書》卷三四「經籍志」子部名家類載梁代所著錄有關人物評論之作中，有《刑聲論》與《通古人論》各一卷，皆不明撰人，豈盡出魏晉人之手耶？或者其中之一爲後漢人所作乎？蓋林宗既已有論取士之本之書，而其事復爲世人所知，則其書雖未行，其說似不應全失。同時或稍後之人繼起有作，固亦情理所可有也。總之，史料不足，不宜妄測，姑誌所疑，以俟再考[29]。

---

29 湯用彤先生謂人物評論成為專門之學事在曹魏之世，又以探求人事之原理，事始魏初，（「讀人物志」，頁十六—七）雖不失史家謹愼之旨，但若就漢晉間思想變遷之一般背景言之，似嫌稍遲。蓋思想發展之階段未必盡與政治發展相符合也。其詳當於下篇論之。

郭林宗之才性分析既已由具體批評進至比較抽象之論斷，則其時士大夫個體自覺之發展必已達甚高之程度。而林宗與子將等鑒識專家對士大夫個性所作之比較抽象之解剖，又必然更進一步推動個體自覺之發展，亦可想而知。此層雖在舉例論證之範疇以外，但若就「人倫鑒識」之學自漢至魏晉之發展歷程推之，殊爲不證自明之事。今觀《人物志》一書辨析人之表徵有九，流業有十二，材能有八，觀人之術有八，而鑒察之繆亦有七。凡此之類，皆爲人物評論學長期發展與夫直接從事人物分析之結果，非徒玄思冥想所能至者也。然則不徒孔才時鑒識之術視林宗時遠爲精密，即人物個性之發展亦較之前代更爲多彩多姿矣。若謂此種個性之發展純因政治上用人標準之改易而然，而全未受人物評論學之刺激，則殊難使人置信。

與人物評論密切相關而亦可以說明士大夫之個體自覺者，尚有二事：即重容貌與談論是已。《人物志》卷上「九徵」篇曰：

雖體變無窮，猶依乎五質。（按：謂五行也。）故其剛柔明暢，貞固之徵，著乎形容，見乎聲色，發乎情味，各如其象。……夫儀動成容，各有態度：直容之動，矯矯行行，休容之動，業業蹌蹌，德容之動，顒顒卬卬。夫容之動作，發乎心氣，心氣之徵則聲變是也。夫氣合成聲，聲應律呂，有和平之聲，有清暢之聲，有回衍之聲。夫聲暢於氣，則實存貌色，故誠仁必有溫柔之色，誠勇必有矜奮之色，誠智必有明達之色。

同書卷中「八觀」篇曰：

夫人厚貌深情，將欲求之，必觀其辭旨，察其應贊。夫觀其辭旨，猶聽音之善醜；察其應贊，猶觀智之能否也。故觀辭察應，足以互相別識。

據此則容貌與談論實為「人倫鑒識」之重要表徵，宜乎漢晉之際士大夫講求之也[30]。屠隆鴻《苞節錄》卷一曰：

晉重門第，好容止。崔、盧、王、謝子弟生髮未燥，已拜列侯，身未離襁褓，而已被冠帶。膚清神朗，玉色令顏，縉紳公言之朝端，吏部至以此臧否。士大夫手持粉白，口習清言，綽約嫣然，動相誇許，鄙勤樸而尚擺落，晉竟以此雲擾。

今按尚容止，習清言為兩晉南朝士大夫之習尚，但其風並不始於晉代，或以為與正始清談相伴而生，如《三國志》「魏志」卷九「何晏傳」注引《魏略》曰：

晏性自喜，動靜粉帛不去手，行步顧影[31]。

則亦未能窮其源也。按漢晉之際之史傳稱當時人言論丰采之美者，或當以《後漢書》卷九十上「馬融傳」為最早[32]。其言曰：

馬融……為人美辭貌，有俊才。

其他類似之記述尚多，如同書卷九十八「郭太傳」：

30 日人岡崎文夫亦謂言與貌為當時士大夫博取聲譽之兩種手段。見所著《魏晉南北朝通史》，昭和二十九年再版，頁五〇四。

31 楊筠如，《九品中正與六朝門閥》，頁八〇。

32 賀昌羣，《魏晉清談思想初論》，頁十五。

郭太……善談論，美音制。……身長八尺，容貌魁偉。

「符融傳」：

（李）膺……每見融，輒絶它賓客，聽其言論。融幅巾奮袁，談辭如雲。膺每捧手歎息。

同書卷九十四「盧植傳」：

盧植……身長八尺二寸，音聲如鐘。

卷九十二「荀淑傳」附悅傳：

悅……性沉靜，美姿容。

卷一百十下「文苑傳」：「趙壹傳」：

趙壹……體貌魁梧，身長九尺，美須豪眉，望之甚偉。

同書「酈炎傳」：

（酈）炎……，言論給捷，多服其能理。

以上數例皆信手列舉，以見後漢士大夫注重容貌與談論之一斑。而尤足以顯示士大夫之個體自覺者，則爲彼等之自我欣賞。同書卷九十三「李固傳」載時人作飛章虛誣固罪曰：

大行在殯，路人掩涕。固獨胡粉飾貌，搔頭弄姿，槃旋偃仰，從容冶步，曾無慘怛傷悴之心。

按此雖飛章誣奏，未可全信，但李固平時必有此顧影自憐之習氣，故人得加之以罪。縱使李固本人不如此，當時士大夫中亦必有此類行爲之人，誣奏者始能據之以狀固，則可以斷言。由是觀之，魏晉以下士大夫手持粉白，口習清言，行步顧影之風氣悉啟自東漢晚季，而爲士大夫個體自覺高度發展之結果也。復次，關於清談之名稱及其起源，雖近人論之者已極詳備，無須再贅，但有一點必須指出：卽清談一辭自漢至晉其意義先後凡三變。錢大昕《十駕齋養新錄》卷十八「清談」條曰：

> 魏晉人言老、莊，清談也；宋、明人言心性，亦清談也。

此正始以後何晏、王弼輩之清談，而以老莊思想爲其內容者也。然清談一名之成立實早於魏世，漢晉之際所謂清談又與清議爲同義語，亦卽人物評論是也。如《三國志》「蜀志」卷八「許靖傳」曰：

> 靖雖年踰七十，愛樂人物，誘納後進，清談不倦。

《晉書》卷四十五「劉毅傳」孫尹舉毅爲青州大中正表有云：

> 臣州茂德惟毅，越毅不用，則清談倒錯矣！

皆其例也[33]。此外尚有第三種清談，其意義卽是士大夫平時之雅談。《後漢書》卷八十八「臧洪傳」云：

> 前刺史焦和好立虛譽，能清談。

《三國志》「魏志」卷七「臧洪傳」注引《九州春秋》亦謂和

> 入則見其清談干雲，出則渾亂，命不可知。

《後漢書》卷一百「鄭太傳」（《三國志》「魏志」卷一「武帝紀」注引張璠《漢紀》同）曰：

---

33 此處論清談與清議之關係本唐長孺「清談與清議」一文，見前引書頁二八九—二九七。又關於漢晉清談內容之詳細分類，可參看板野長八，「清談の一解釋」，《史學雜誌》，第五十編第三號，頁七〇—九八。

> 孔公緒能清談高論，噓枯吹生。

此數條或是關於清談之最早記載。按「清談干雲」蓋狀其人之善於言辭，如符融之談辭如雲是也。至於孔公緒之「清談高論」，縱使有人物評論之涵義[34]，亦決非純指月旦臧否而言，似仍當解釋爲一般性之談論。《文選》卷四十二應璩「與侍郎曹長思書」有云：

> 悲風起於閨闥，紅塵蔽於機榻，幸有袁生，時步玉趾，樵蘇不爨，清談而已。

可見漢魏士大夫有談論之習。其風雖與人倫臧否至有關聯，然不必定以評論人物爲話題。然則人物以外清談之內容果何如乎？此層因史料闕略，甚難有滿意之答案。但其中必涉及思想學術之討論，而開正始清談之風，則猶可從下引史料微窺其消息。《後漢書》卷七十九「王充傳」注引袁山松書曰：

> 充所作論衡，中土未有傳者。蔡邕入吳始得之，恆秘玩以爲談助，其後王朗爲會稽太守，又得其書。及還許下，時人稱其才進。或曰：不見異人，當得異書。問之，果以論衡之益。由是遂見傳焉。

按王仲任爲晚漢思想界之陳涉，而《論衡》一書違儒家之說，合黃老之義，尤與老莊思想之興起極有關係。今觀漢魏士大夫如蔡邕、王朗之流皆寶秘其書以爲談論之資，而卒得流傳，則仲任思想影響及於漢魏之際之思想變遷者必至爲深微。茲以其事佚出本篇範圍，姑不置論，待下篇涉及思想變遷之時再加申說。此處所當注意者，蔡中郎秘玩《論衡》以爲談助一語，實透露當時士大

34 「清談與清議」，頁二九一。

夫清談內容之一斑。易言之，此「談助」之談字，卽指平日談論之所謂淸談而言。然則漢末名士之淸談，除人物評論之外，固早已涉及學術思想之討論矣。自來中外學者論淸談之源起者，大致都著重其政治背景，而謂淸談乃漢代淸議之變相，因黨錮之禍及魏晉之世政治壓迫太重，士大夫遂漸由具體指斥朝政及批評人物轉而爲抽象之談玄[35]。此說雖有相當眞實性，但似不足爲解釋淸談源起之全部理由。蓋此說過份重視淸談與淸議之關係，故假定漢末士大夫之談論內容多限於具體人物之批評，及至名士在政治上遭受打擊，始轉入抽象原理之探討，於是月旦人物一變而爲談論思想。鄙見以爲漢末士大夫之淸談實同時包括人物批評與思想討論二者：李元禮每擯絕它賓聽符融言論，而爲之捧手歎息。符融之言論所以如此引人入勝者，豈能盡在於具體人物之批評，又豈能僅爲其辭藻華麗或音調鏗鏘之故哉！斯二人在思想上殆必有符合冥會之處，故聽者爲之心醉而不覺深爲歎賞耳。其後名士既多以指斥當權人物招禍，遂於談論之際日益加强思想之討論，而人物批評亦隨之愈趨抽象化，淸談與淸議在性質上亦因之而不復能相混矣[36]。由是言之，老莊淸談

35　持此說者中國方面有陳寅恪先生（《陶淵明之思想與淸談之關係》，頁三，「逍遙遊向郭義及支遁義探源」頁三〇九。），湯用彤先生（「讀人物志」，頁一六。）范壽康先生（《魏晉的淸談》頁二三九—四〇），日本方面有靑木正兒（「淸談」，岩波講座，《東洋思潮》，昭和九年九月，頁五。）。

36　宮崎市定亦謂淸談與淸議意義原本相同，其後淸議卽漸衰，淸談乃與之分離。又謂淸談與淸議之分化事在漢魏之交。（見所著「淸談」一文，《史林》第三十一卷第一號，頁五。）按：宮崎氏討論淸談與淸議之關係，其角度雖與作者不同，但其劃分二者離合之時代則頗可與本文相發明。又斯波六郎「後漢末期の談論について」（《廣島大學文學部記要》第八號，頁二一三—二四二，一九五五年十月）亦分「談論」爲「批評的」與「探究的」兩類。前者以人物批評爲主，後者則討論學術思想。「批評的談論」盛於桓靈之世，「探究的談論」則盛於靈献之世，讀者並可參閱。最近 Richard B. Mather 英譯《世說新語》(*Shih-shuo hsin-yü: A New Account of Tales of the World*, University of Minnesota Press, 1976) 亦在其序言中對淸議與淸談的關係有所討論。

乃自漢代清談中學術思想之談論逐步演變而來。此所以魏晉之清談不徒在形式上可上溯其源至東漢，卽其思想內容亦有遠源可尋也。（說詳後）鄙意必如此解釋，魏晉清談之風氣及其思想之源流始均能明暢，較之專從政治影響立論者，似更爲圓滿。茲以談論一事爲士大夫個體自覺之重要表徵，而又與魏晉清談思想之關係極深，故附辨其淵源如此。

以上論士大夫之個體自覺大體皆從外在之現象着眼，而未嘗接觸其內心之意趣。然自覺云者，本屬內心之事，故深微而難察。今欲從內心方面探求當時士大夫之自我覺醒，則不能不一究其思想情感、行爲模式及人生理想諸端。但由於篇幅及體例所限，所論祇能以直接關涉個體自覺者爲斷，無取乎詳備也。《後漢書》卷一百十三「逸民傳」：「戴良傳」曰：

> 良少誕節，母憙驢鳴，良嘗學之以娛樂焉。及母卒，兄伯鸞居廬啜粥，非禮不行。良獨食肉飲酒，哀至乃哭，而二人俱有毀容。或問良曰：子之居喪，禮乎？良曰：然。禮所以制情佚也，情苟不佚，何禮之論！夫食旨不甘，均致毀容之實，若味不存口，食之可也。論者不能奪之。良才既高達，而議論尚奇，多駭流俗。同郡謝季孝問曰：子自視天下，孰可爲比？良曰：我若仲尼長東魯，大禹出西羌，獨步天下，誰與爲偶！

按：戴叔鸞之言行，皆「如心揣度，以決然否」（《論衡》卷二十六「知實」篇），雖驚世駭俗而不之顧，又自許爲天下獨步。凡此均足爲士大夫個體自覺深入內心之明證，與虛僞矯飾以求名譽者蓋貌合而神離也。今觀叔鸞之不拘禮法及跌蕩放言，在若干方面均開漢晉士大夫任誕之先聲，而自來論漢晉之際之士風轉變少有注意及之者，誠可異也。叔鸞之年代《後漢書》本傳無考，但同書卷八十三「黃憲傳」曰：

同郡戴良才高倨傲，而見憲未嘗不正容，及歸，罔然若有失也。其母問曰：汝復從牛醫兒來邪？對曰：良不見叔度，不自以爲不及。既覩其人，則瞻之在前，忽焉在後，固難得而測矣！

則正是郭林宗同時之人，此其時代之尤可注意者也。同時及稍後之士大夫頗多傲慢絕俗之人，如趙元叔之恃才倨傲，爲鄉黨所擯，前已言及之。此外尚不乏其例，同書卷一百十一「獨行傳」：「范冉傳」曰：

冉好違時絕俗，爲激詭之行。

同書卷一百十下「文苑傳」：「禰衡傳」曰：

禰衡……少有才辯，而氣尚剛傲，好矯時慢物。

蓋皆戴叔鸞之流亞也。至於後世之士大夫，其思想議論及行爲模式與叔鸞先後輝映而復爲世所耳熟能詳者，則有孔文舉與阮嗣宗。同書卷一百「孔融傳」載路粹枉奏融有云（參閱《三國志》「魏志」卷十二「崔琰傳」裴注引孫盛《魏氏春秋》）：

又前與白衣禰衡，跌蕩放言，云：父之於子，當有何親？論其本意，實爲情欲發耳！子之於母亦復奚爲？譬如寄物瓶中，出則離矣。既而與衡更相贊揚。衡謂融曰：仲尼不死，融答曰：顏回復生。

叔鸞之議論尚奇，驚駭流俗，惜不知其內容如何，無從取與文舉之言互證。但二者在形式上之相似性已可說明其時一部分具個體自覺之士大夫，在思想議論上，但求心之所是，不與流俗苟同之共同趨向。至於文舉與正平之互相標榜，則亦是叔鸞獨步天下之意，而士之個體自覺亦可於此微覘之也。抑更有可論者，文舉此論出自王充《論衡》「物勢」、「自然」兩篇[37]，正可爲上文論漢末清談已涉及思想之討論一節作註解。蓋孔、禰二氏此種談論，自反對者視之，固是「跌蕩放言」，就彼等自身言之，則正是所謂「清談」也。今按：文舉與伯喈本有雅故，《後漢書》「孔融傳」云：

> （融）與蔡邕素善。邕卒後，有虎賁士，貌類於邕。融每酒酣引與同坐，曰：雖無老成人，且有典刑。

據此則文舉之論若非聞之於伯喈，亦必因後者之故而得讀《論衡》。然則上文關於伯喈秘玩《論衡》以爲談助之解釋，得此一旁證，乃益無可疑矣！

《晉書》卷四十九「阮籍傳」曰：

> 阮籍……性至孝。母終，正與人圍碁。對者求止，籍留與決賭。既而飲酒二斗，舉聲一號，吐血數升。及將葬，食一蒸肫，飲二斗酒，然後吟訣。直言窮矣，舉聲一號，因又吐血數升。毀瘠骨立，殆至滅性。（並可參看《世說新語》卷五「任誕」篇「阮籍當葬母」條。）

《世說新語》卷五「任誕」篇曰：

> 阮籍遭母喪，在晉文王坐，飲酒肉。司隸何曾亦在坐，曰：明公方以孝治天下，而阮籍

37　此點錢師賓四早已言之，見《國學概論》（商務，民國十九年），上冊，頁一三八—一三九。

以重喪顯於公坐，飲酒食肉，宜流之海外，以正風教。文王曰：嗣宗毀頓如此，君不能共憂之，何謂？且有疾而飲酒食肉，固喪禮也。籍飲噉不輟，神色自若。

今按：嗣宗雖不守世俗所謂之禮法，而內心實深得禮意。此正戴叔鸞所謂「禮所以制情佚也，情苟不佚，何禮之論！」之微旨，此等思想情感若非具高度之內心自覺而敢於對一切流行之觀念與習俗皆抱持批判之態度，則斷不能有也。故葛洪《抱朴子》外篇卷二十七「刺驕」篇抨「傲俗自放」之風，以戴叔鸞與阮嗣宗並論，而稱其出乎自然，非效顰者所及。由是觀之，竹林之狂放，其來有自，豈一時之外在事態如政治影響之類所能盡其底蘊哉！

士大夫之內心自覺復可徵之於對個體自我之生命與精神之珍視。《後漢書》卷九十上「馬融傳」曰：

永初二年大將軍鄧騭聞融名，召爲舍人，非其好也，遂不應命。客於涼州武都，漢陽界中。會羌虜飈起，邊方擾亂，米穀踊貴，自關以西，道殣相望。融既飢困，乃悔而歎息，謂其友人曰：古人有言，左手據天下之圖，右手刎其喉，愚夫不爲，所以然者，生貴於天下也。今以曲俗咫尺之羞，滅無貲之軀，殆非老莊所謂也。

此種「生貴於天下」之個人主義人生觀，正是士大夫具內心自覺之顯證，毋須更有所解說也[38]！同書卷一百十下「文苑傳下」：「張升傳」曰：

升少好學，多關覽而任情不羈。其意相合者則傾身交結，不問窮賤；如乖其志好者，

38 關於馬季長之人生觀之討論可參看賀昌羣《魏晉清談思想初論》。頁十六—九。但賀書過份強調政治背景，未能深入士大夫內心轉變之隱微，故所論尚不免膚泛耳！

雖王公大人終不屈從。（按：可參照上篇論同志條所引「劉陶傳」之文。）常歎曰：死生有命，富貴在天。其有知我，雖胡越可親；茍不相識，從物何益！

按：任情不羈，唯一己之好尚是從，皆是極端以自我爲中心之思想，亦足爲內心自覺之具體說明也。

茲請進而就人生理想方面討論士大夫之內心自覺。《後漢書》卷七十九「仲長統傳」曰：

統……每州郡命召，輒稱疾不就。常以爲凡遊帝王者，欲以立身揚名耳！而名不常存，人生易滅，優遊偃仰，可以自娛。欲卜居清曠，以樂其志。論之曰：使居有良田廣宅，背山臨流，溝池環帀，竹木周布，場圃築前，果園樹後。舟車足以代步涉之難，使令足以息四體之役；養親有兼珍之膳，妻孥無苦身之勞。良朋萃止，則陳酒肴以娛之；嘉時吉日，則烹羔豚以奉之。躕躇畦苑，遊戲平林，濯清水，追涼風，釣遊鯉，弋高鴻，諷於舞雩之下，詠歸高堂之上。安神閨房，思老氏之玄虛，呼吸精和，求至人之彷彿。與達者數子，論道講書，俯仰二儀，錯綜人物，彈南風之雅操，發清商之妙曲。消搖一世之上，睥睨天地之間，不受當時之責，永保性命之期。如是則可以凌霄漢，出宇宙之外矣！豈羨夫入帝王之門哉！

按：漢晉之際士大夫論人生理想之文甚多，然罕有如公理「樂志論」之詳盡透徹，足爲典範者。此論雖頗簡略，但就內心自覺之觀點言，其中所涉及之問題甚多。今析而論之，約有數端：

一、避世思想

吾國遯世思想起源遠古[39]，本未可以內心自覺一端說之，即漢代之隱逸亦多出於政治原因[40]。唯獨漢末士大夫之遯世，頗有非外在境遇所能完全解釋者。今觀「樂志論」可知士大夫之遯世雖云有激而然，但其內心實別有一以個人爲中心之人生天地，足資寄托。范蔚宗云：

然觀其甘心畎畝之中，憔悴江湖之上，豈必親魚鳥，樂林草哉？亦云性分所至而已！（《後漢書》「逸民傳」序）

性分本內生於心，非可外求，蔚宗之論亦可謂得其一端矣！惠棟《後漢書補注》卷十九引胡廣「徵士法高卿碑」，略云：

翻然鳳舉，匿耀遠遁，名可得而聞，身難可得而覩……所謂逃名而名我隨，避聲而聲我追者已。揆君分量，輕寵傲俗，乃百世之師也。

《後漢書》卷一百十三「逸民傳」：「法眞傳」載田羽荐眞之言有云：

幽居恬泊，樂以忘憂，將蹈老氏之高蹤，不爲玄纁屈也。

則高卿內心確有丘壑，故能自得其樂也。又碑文「輕寵傲俗」之語復可與上文論倨傲放言之風相參證，益可見高卿具內心之自覺。復次，東漢士大夫本有好名之習，今高卿、公理並聲名而鄙薄之，視爲外在之物，不可久長，則其重視個人短暫之人生，內在之享樂，而不肯爲外物騁其心志

39 關於古代之避世思想，可參閱錢師賓四近著「論春秋時代人之道德精神」下篇「介之推」條，《新亞學報》第二卷第二期（一九五七，二月）。

40 漢代之隱逸可看松本雅明「後漢の逃避思想」，《東方學報》，東京，第十二冊之三，昭和十六年，頁三八一—四一二。

之意，固甚顯然也。由是觀之，漢末之遯世思想確反映個人之內心覺醒[41]，而魏晉以下士大夫之希企隱逸，大體上亦當作如是之了解，可以無疑矣[42]！

二、養生與老莊

「樂志論」：「安神閨房，思老氏之玄虛；呼吸精和，求至人之彷彿」。李賢注曰：

老子曰：玄之又玄，虛其心實其腹。呼吸，謂咽氣養生也。莊子曰：吹煦呼吸，吐故納新。又曰：至人無己也。

漢代士大夫之重養生者多習黃老之術[43]，《後漢書》卷一百十三「逸民傳」：「矯愼傳」曰：

矯愼……少學黃老，隱遯山谷，因穴爲室，仰慕松喬導引之術。

今按：此傳以黃老與導引之術並舉，雖不明言二者之關係，但老子「虛心實腹」（《道德經》三章）之言既可曲解爲導引之術，則老子書必因方術之士之媒介而早與養生延年之觀念發生聯繫[44]。至於莊子之書，既有養生之篇（內篇：「養生主」），復明著吐納導引之說（外篇：「刻

41 松本雅明氏已於此點畧有論及，見前引文，頁四〇〇，四〇九—四一〇。

42 王瑤「論希企隱逸之風」，《中古文人生活》（棠棣，一九五一）論魏晉以下士大夫之避世甚詳，但惜其過份着重政治社會背景，而未能自士之內心覺想立論。中古士大夫最重脫落形跡。宅心玄遠，故得魚則忘筌。今之治史者雖當發掘其現實之根源，但亦不宜矯枉過正，而完全忽視其內在之一面。否則縱得其形象亦必不能心知其意也。

43 黃老觀念在漢代凡數變，養生道術不過其一端已。茲以非本文所欲論列，故不詳及。其詳可看秋月觀暎「黃老觀念の系譜」，《東方學》第十輯，頁六九—八一。又《後漢書》「文苑列傳上」「蘇順傳」：「（順）安和間以才學見稱，好養生術，隱處求道。」亦顯與黃老之學有關。

44 此點可參考秋月觀暎之文。頁七二—三。

意」），揆之情理自亦不能不爲習養生之術者所注意。或者方術之道家久稱黃老，莊生之名遂爲所掩，故言養生者不曰老莊耳！正始以後玄理之老莊與漢代之黃老誠不可同日而語，然若欲於斯二者之間覓一遞嬗之線索，則誠不能不注意及此也。《晉書》卷四十九「嵇康傳」曰：

> 嵇康……長好老莊，……常修養性服食之事。彈琴詠詩，自足於懷，以爲神仙稟之自然，非積學所得。至於導養得理，則安期、彭祖之倫可及，乃著養生論。

則老莊與養生之並舉亦若嬌愼之例，其間關係如何雖尚待進一步之研究，但老莊思想與養生修道，既同爲漢晉以下士大夫人生理想中之重要構成分子，亦即心身寄托之所在，則二者之間必有可以互相溝通之處，殆無疑也[45]。夫養生爲極端重視個體生命之表現，固不待論。然其事起源甚早，故不得僅據此點而肯定其與士之內心自覺有關。所可注意者，仲長統與嵇康之養生，其最終目的並不僅在於求自然生命之延長，而尤在於獲得內在之自足自樂，不爲外物所累。仲長公理之言前已備引，毋待再贅。至於嵇叔夜之養生觀，則可自傳世之《嵇中散集》中所載「養生論」及「答難養生論」二文見之。「養生論」有云：

> 是以君子知形恃神以立，神須形以存。情生理之易失，知一過之害生，故修性以保神，安心以全身。愛憎不棲於情，憂喜不留於意。泊然無感，而體氣和平。又呼吸吐納，服食養身，使形神相親，表裏俱濟也。

按：上文有「精神之於形骸，猶國之有君也。」之語，則知叔夜之意，精神尤貴於形體，亦內重

45 參看湯用彤《漢魏兩晉南北朝佛教史》（中華，一九五五）上册，頁一二一。

於外之說也。又曰：

> 善養生者，則不然矣！清虛靜泰，少私寡欲。知名位之傷德，故忽而不營，非欲彊而禁也。識厚味之害性，故棄而弗顧，非貪而後抑也。外物以累心不存，神氣以醇白獨著。曠然無憂患，寂然無思慮。又守之以一，養之以和。和理日濟，同乎大順。然後蒸以靈芝，潤以醴泉，晞以朝陽，綏以五絃。無爲自得，體妙心玄。忘歡而後樂足，遺生而後身存。

此內心自得其樂之說也。此意又暢發之於「答難養生論」，其言曰：

> 故世之難得者，非財也，非榮也，患意之不足耳！意足者，雖耦耕甽畝，被褐啜菽，莫不自得。不足者雖養以天下，委以萬物，猶未愜然。則足者不須外，不足者無外之不須也。

又云：

> 故以榮華爲生具，謂濟萬世不足以喜耳！此皆無主于內，借外物以樂之，外物雖豐，哀亦備矣。有主于中，以內樂外，雖無鐘鼓，樂已具矣。故得志者，非軒冕也；有至樂者，非充屈也。得失無以累之耳[46]！

據上所引則叔夜之養生乃在于充實內心之生活，使方寸不爲外物所累，而怡然自得其樂。是知

---

46 關於叔夜養生思想之討論可參看 Donald Holzman, *La vie et la pensée de Hi K'ang*（嵇康之生活與思想）Leiden, 1957, pp. 52-57。又引文參用魯迅之《嵇康集》，《魯迅三十年集》，第五冊。

《晉書》本傳（《三國志》「魏志」卷二十一「王粲傳」注引嵇喜撰「嵇康傳」同）謂其「自足於懷」者，洵非虛語也。養生之旨既在於求內在自足，而非徒自然生命之延續，則當與舊日導引之徒有所不同，正足爲士大夫內心自覺之說明，又從可知矣。抑更有可論者，叔夜養生之說復與避世思想密切相關，至其立論之本則又不離乎老莊思想之樊籬，然則養生與老莊之關係豈不益耐深思耶！《莊子》外篇「刻意」篇曰：

就藪澤，處閒曠，釣魚閒處，無爲而已矣。（奚侗《莊子補注》謂「無爲」當作「爲無」。《說文》：無，亡也；亡，逃也；「爲無」猶言爲逃也。）此江海之士，避世之人，閒暇者之所好也。吹呴呼吸，吐故納新，熊經鳥申，爲壽而已矣。此道引之士，養形之人，彭祖壽考者之所好也。

據此比觀，則漢晉之際士大夫避世與養生之思想蓋深有契於漆園之旨。至莊子稱道引之士爲養形之人，而叔夜養生，神重於形者，則正古今養生觀念承遞轉變之痕跡所在，亦漢晉之際士大夫內心自覺之所由見也。

三、經濟背景

東漢士大夫之羣體自覺有其經濟背景，近人之論豪族發展者已多道及，可不煩再贅。但士之自覺亦具經濟之基礎，而與思想變遷關係至深，則尚未能甚受治史者之注意。今按：「樂志論」前半段所論者皆關涉經濟狀況之辭，最足爲士之個人經濟基礎之一般反映，茲稍加申引，以見梗概。《後漢書》卷一百「鄭太傳」曰：

鄭太，字公業，河南開封人，司農衆之曾孫也，少有才略。靈帝末，知天下將亂，陰交結豪桀。家富於財，有田四百頃，而食常不足，名聞山東。……（董）卓旣遷都長安，天下飢亂，士大夫多不得其命。而公業家有餘資，日引賓客，高會倡樂，所贍救者甚衆。

按：漢晉之際，士大夫之個人經濟情況大體皆甚好，故多能賓客滿座，高會倡樂，如公業之所爲者。而與新思潮之發展極有關係之人物，尤多屬此類，此甚可注意者也。同書卷九十上「馬融傳」曰：

融才高博洽，爲世通儒，敎養諸生，常有千數，……達生任性，不拘儒者之節。居宇器服，多存侈飾，常坐高堂，施絳紗帳，前授生徒，後列女樂。

同書卷九十一「周舉傳」附勰傳（參閱《蔡中郎文集》卷二「汝南周勰碑」）云：

勰，字巨勝，少尚玄虛。……常隱處竄身，慕老聃清淨，杜絕人事，巷生荊棘，十有餘歲。至延熹二年，乃開門延賓，游談宴樂。

司馬彪《九州春秋》（《三國志》「魏志」卷十二「崔琰傳」注引。並可參閱《後漢書》卷一百本傳）曰：

孔（融）雖居家失勢，而賓客日滿其門，愛才樂酒，常歎曰：坐上客常滿，樽中酒不空，吾無憂矣。

《三國志》「魏志」卷九「曹眞傳」附爽傳曰：

(何)晏等專政，共分割洛陽野王典農部桑田數百頃，及壞湯沐地以爲產業。……爽……又私取先帝才人七八人，及將吏、師工、鼓吹、良家子女三十三人，皆以爲伎樂。詐作詔書，發才人五十七人，送鄴臺，使先帝婕妤教習爲技，擅取太樂樂器，武庫禁兵，作窟室，綺疏四周，數與(何)晏等會其中，縱酒作樂。

上舉數例中，馬融、孔融及何晏三人爲漢晉之際思想變遷之關鍵性人物，而皆富於貲產，且又好游談宴樂，足證彼等思想發展與經濟生活殊有不可分割之關係。蓋飲宴伎樂既所以遂達生任性之旨，游談好客亦淸言高論之所由來也。《抱朴子》外篇卷二十五「疾謬」篇論漢末士大夫交往之風氣略云：

漢之末世，則異於玆，蓬髮亂鬢，橫挾不帶，或褻衣以接人，或裸袒而箕鋸。朋友之集，類味之遊，莫切切進德，誾誾修業，攻過弼違，講道精義。其相見也，不復叙離濶，問安否，賓則入門而呼奴，主則望客而喚狗。其或不爾，不成親至，而棄之不與爲黨。及好會，則狐蹲牛飮，爭食競割，掣撥淼摺，無復廉恥。以同此者爲泰，以不爾者爲劣，終日無及義之言，徹夜無箴規之益。誣引老莊，貴於率任，大行不顧細體，至人不拘檢括，嘯傲縱逸，謂之體道。

據此則士大夫狂放之風，宴樂之習，遊談之俗，凡所以反映士之內心自覺者，皆與老莊思潮之興起有密切之聯繫。而依《抱朴子》之見解，則此諸種生活習慣實爲促使士大夫趨赴老莊之根本原因

[47]。然則士大夫之內心自覺雖絕非經濟基礎一點所能完全決定，但後漢中葉以來士人一般經濟狀況之漸趨豐裕與生活之日益優閒，亦必曾助長內心之自覺，並影響及士風與思想之轉變，殆無疑也。仲長公理之生活理想與夫馬季長等之實際生活狀態，均說明當時士大夫具有相當深厚之經濟背景。亦由於彼等之生活理想一部份建立於經濟基礎之上，故其實際生活中遂時見有奢侈與好財之陋習，而似不免與其內心之玄遠超逸形成尖銳之對照，但若衡之以達生任性之旨，則至少在彼輩心中固可以無衝突也。王戎為竹林中人，《世說新語》卷一「言語」篇「諸名士共至洛水戲」條載王夷甫之言曰：

> 我與安豐（註：戎也）說延陵子房，亦超超玄箸。

同卷「德行」篇「王戎和嶠同時遭大喪」條劉注引「晉諸公贊」中鍾會荐王戎之語曰：

> 王戎簡要。

然同書卷六「儉嗇」篇劉注引王隱《晉書》曰：

> 戎好治生，園田徧天下，翁嫗二人常以象牙籌，晝夜算計家資。

清談最尚簡要，而王戎有之，故其言超超玄箸，然在個人經濟生活方面則又庸俗瑣碎有如是者。（詳見《世說新語》「儉嗇」篇及《晉書》本傳。）人或不解，以為戎故以此自晦。實則經濟生

---

47 《後漢書》卷九十二「陳寔傳」范蔚宗論曰：「漢自中世以下，閹豎擅恣，故俗遂以遁身矯絜放言為高。（章懷注：放肆其言，不拘節制也。）士有不談此者，則芸夫牧豎已叫呼之矣。」是以士風與思想之轉變歸之於政治原因。

按：政治因素誠不可否認，但歷來論此一段思想史者均過分強調此點。本篇則專從士之內心自覺立論，故對此層不能不畧人之所詳，讀者幸勿據蔚宗之說而疑本篇所論也。

活之豐裕本爲士大夫人生理想中之一重要項目，與其思想之玄遠似相反而實相成。此亦「樂志論」先陳「居有良田廣宅」等經濟理想，然後始及「老氏之玄虛」等精神生活之微意也。

四、山水怡情

「樂志論」又極言山水林木之自然美，此亦關係士之內心自覺而開魏晉以下士大夫怡情山水之胸懷者也。《文心雕龍》卷二「明詩」篇有云：

> 宋初文詠，體有因革。莊老告退，而山水方滋。

此言夫詩文之以山水爲對象至劉宋之時始興耳。若夫怡情山水，則至少自仲長統以來即已爲士大夫生活中不可或少之部分矣。《文選》卷四十二書中魏文帝「與朝歌令吳質書」有云：

> 每念昔日南皮之遊，誠不可忘。……馳騁北場，旅食南館。浮甘瓜於清泉，沈朱李於寒水。白日既匿，繼以朗月；同乘並載，以遊後園。輿輪徐動，參從無聲；清風夜起，悲笳微吟。樂往哀來，愴然傷懷。

同書同卷應休璉（璩）「與從弟君苗、君胄書」曰：

> 閒者北遊，喜歡無量，登芒濟河，曠若發矇。風伯掃途，雨師灑道。按轡清路，周望山野。……逍遙陂塘之上，吟詠菀柳之下。結春芳以崇佩，折若華以翳日。弋下高雲之鳥，餌出深淵之魚。蒲且讚善，便嬛稱妙。何其樂哉！

則山水之美與哀樂之情相交織，而尤足爲內心自覺之說明也。自茲以往，流風愈廣，故七賢有竹林之遊，名士有蘭亭之會。其例至多，蓋不勝枚舉矣。自然之發現與個體之自覺常相伴而來，文藝復興時代之意大利一方面有個人主義之流行，另一方面亦是士人怡情山水之開始。但丁發其端，彼特拉克繼其後，登山臨水，遂蔚成風尚。自然景物不僅爲文士吟詠之題材，抑且爲畫師描寫之對象，此亦足資參證者也。又《莊子》卷七外篇「知北遊」有云：

> 山林與，皋壤與，使我欣欣然而樂與。樂未畢也，哀又繼之。

是士大夫之怡情山水，哀樂無端，亦深有會於老莊之思想也[48]。

復次，魏晉南朝以下士大夫有田園或別墅之建築，近人考證者甚多，然大抵皆從經濟史之觀點出發，非茲篇所欲論[49]。茲所欲說明者，田園或別墅之建築尚另有其精神之背景，即漢魏以來士大夫怡情山水之意識是已。此一精神啟自仲長統之「樂志論」，經曹魏名士如應休璉輩之發揚，下迄西晉南朝，而未嘗中斷也。於何徵之？曰：可徵之於謝靈運之「山居賦」。《宋書》卷六十七「謝靈運傳」曰：

> （靈運）出爲永嘉太守，郡有名山水，靈運素所愛好。出守既不得志，遂肆意遊遨，徧歷諸縣，動踰旬朔。民間聽訟，不復關懷。所至輒爲詩詠，以致其意焉。……靈運父祖

---

48 關於士大夫怡情山水與老莊思想有關一點，王瑤「玄言、山水、田園」（《中古文學風貌》，棠棣，一九五一，頁四七—八三。）一文略有涉及。但王氏之文主旨在論東晉之詩，與本篇作意迥別。又該文對怡情山水之起源亦未能追溯至盡，蓋用心既殊，文字體例遂不能不異耳。

49 參看陶希聖、武仙卿合著，《南北朝經濟史》，商務，民國二十六年，頁三一—八，唐長孺「南朝的屯、邸、別墅及山澤占領」《歷史研究》，一九五四年第三期，頁一〇一—一四。吳世昌「魏晉風流與私家園林」即指出魏晉園林之盛係由於士大夫對山水美之認識與欣賞。吳文中又討論及魏晉人物之生活情調等，亦頗可與本文參證，見《學文》第一卷第二期，民國二十三年六月一日，頁八〇—一一四。（此文承楊師蓮生示知。）

竝葬始寧縣，並有故宅及墅，遂移籍會稽。修營別業，傍山帶江，盡幽居之美。與隱士王弘之、孔淳之等縱放爲娛，有終焉之志。每有一詩至都邑，貴賤莫不競寫，宿昔之間，士庶皆徧，遠近欽慕，名動京師。作山居賦，幷自注以言其事。

靈運之愛好山水，固是承漢魏兩晉以來士大夫欣賞自然美之共同精神，而其以山水入詩，尤在南朝詩史上具劃時代之成就，觀上引劉彥和「山水方滋」之說可以知之。唯獨其「修營別業，傍山帶江，盡幽居之美」一點，除有家世之淵源外[50]，實有慕於仲長公理與應休璉之遺風。「山居賦」云：

昔仲長願言，流水高山；應璩作書，邙阜洛川。勢有偏側，地闕周員。

自注曰：

仲長子云：欲使居有良田廣宅，在高山流水之畔。溝池自環，竹木周布。場圃在前，果園在後。應璩與程文信書云：故求道田，在關之西。南臨洛水，北據邙亡。託崇岫以爲宅，因茂林以爲蔭。謂二家山居，不得周員之美。

據此則客兒顯有追懷二氏之意，並自詡山川之美爲前修所不及也。又所引仲長之文與今傳「樂志論」有小異，亦可注意。應休璉之書已別無可考，但休璉營宅洛川之事，據《文選》卷四十二書中應休璉「與從弟君苗、君胄書」曰：

50　「山居賦」注云：「余祖車騎（按卽謝玄）……經始山川。實基於此。」賦文「仰前哲之遺訓。」注曰：「謂經始此山，遺訓於後也。」並可參看唐長孺上引文，頁一〇二。

來還京都，塊然獨處。營宅濱洛，困於囂塵。

則洵非虛語。是知田園或別墅之生活，若在仲長統之時尙屬理想，至少至應休璉之世已化爲現實矣。此亦考中古田園或別墅之源起所不可不論者也。

五、文學與藝術

「樂志論」：「諷於舞雩之下，詠歸高堂之上。」及「彈南風之雅操，發清商之妙曲。」數語，關涉士大夫之文學與藝術修養，亦內心自覺之具體表現，不可不略有考論。然茲事所涉甚廣，非本節所能詳。故僅稍引端緒，以展示其與士之個體自覺之關係。

東漢中葉以降士大夫多博學能文雅擅術藝之輩，如馬季良、蔡伯喈、邊文禮、酈文勝、禰正平等皆是也。布加特論十五世紀意大利之個人發展以博雅與多才爲其中重要之徵性，亦可與此相比觀。士大夫具文學藝術之修養本不足異，如《漢書》卷六十六「楊敞傳」附惲傳載惲「與孫會宗書」有云：

家本秦也，能爲秦聲；婦趙女也，雅善鼓瑟。奴婢歌者數人。酒後耳熱，仰天拊缶，而呼烏烏。其詩曰：田彼南山，蕪穢不治。種一頃豆，落而爲萁。人生行樂耳，須富貴何時！是日也，拂衣而喜，奮褎低卬，頓足起舞。

卽是一例。然就文學藝術之欣賞爲生活理想之一部分並蔚成風尙而言，則其事實起於東漢中葉以後，亦士大夫普遍具內心自覺之徵象。

章實齋《文史通義》卷三「文集」篇有云：

> 兩漢文章漸富，爲著作之始衰。……自東京以降，訖乎建安，黃初之間，文章繁矣。然范、陳二史(「文苑傳」始於《後漢書》。)所次文士諸傳，識其文筆，皆云所著詩、賦、碑、箴、頌、誄若干篇，而不云文集若干卷。則文集之實已具，而文集之名猶未立也。

東漢以來文章特盛，故蔚宗修史創「文苑傳」以紀其事，此世所習知者也。然文章何以必至東京而始盛？向來論者咸齗齗於文集成立時代之考辨，而鮮有深究之者，良可慨也。近人論中古文學雖有知魏晉之際爲文學觀念轉變與文學價值獨立之關鍵者[51]，亦有稱魏晉之文學批評爲「自覺時期」者[52]，但於其所以然之故，殊未能爲之抉發。最近錢師賓四論中國純文學獨特價值之覺醒，亦謂其在建安時代，而以曹丕「典論」爲之始，此誠不易之論。而尤當注意者則爲其對建安文學之覺醒所提出之解說，其言曰：

> 文苑立傳，事始東京，至是乃有所謂文人者出現。有文人，斯有文人之文。文人之文之特徵，在其無意於施用。其至者，則僅以個人自我作中心，以日常生活爲題材，抒寫性靈，歌唱情感，不復以世用攖懷。是惟莊周氏所謂無用之用，荀子譏之，謂知有天而不知有人者，庶幾近之。循此乃有所謂純文學，故純文學作品之產生，論其淵源，實當導始於道家[53]。

據此，則文學之自覺乃本之於東漢以來士大夫內心之自覺，而復與老莊思想至有淵源。今按：此

---

51 參閱羅根澤，《魏晉六朝文學批評史》，商務，民國三十六年上海初版，頁三—六。
52 參閱王瑤「文論的發展」，《中古文學思想》，棠棣，一九五一，頁八〇。
53 錢穆「讀文選」，《新亞學報》，第三卷第二期，一九五八，頁三。

說極精當，與上文論士大夫內心自覺在其他方面之表現者如出一轍。蓋士大夫自覺爲漢晉之際最突出之現象，而可徵之於多方，文學亦其一端耳。

除文學之外，士之內心自覺又可由其藝術修養見之。就漢晉間史傳考之，當時士大夫最常習之藝術至少有音樂，書法及圍碁三者。圍碁一事非所欲論，茲僅就音樂與書法二點略抒所見，以其較能說明士之個體自覺也。東漢自馬融以來即多有妙解音律者，茲稍舉例說明如下。《後漢書》卷九十上「馬融傳」云：

> 善鼓琴，好吹笛。……常坐高堂，施絳紗帳；前授生徒，後列女樂。

而融著作中又復有「琴歌」一項，則季長之深於音樂，可不待論。同書卷九十下「蔡邕傳」亦謂邕：

> 妙操音律。桓帝時中常侍徐璜、左倌等五侯擅恣，聞邕善鼓琴，遂白天子，勅陳留太守督促發遣。

同書卷一百十下「文苑傳下」：「酈炎傳」云：

> 炎有文才，解音律。

同卷「禰衡傳」云：

> 衡方爲漁陽參撾，蹀躧而前。容態有異，聲節悲壯，聽者莫不慷慨。

魏晉以下士之善音律者尤眾，毋詳加徵引之必要。茲但舉建安七子與竹林七賢中各一人爲例證，以概其餘。《三國志》「魏志」卷二十一「王粲傳」注引《文士傳》曰：

> (阮) 瑀善解音，能鼓琴，遂撫絃而歌。

《世說新語》卷三「雅量」篇「嵇中散臨刑東市」條云：

嵇中散臨刑東市，神氣不變。索琴彈之，奏廣陵散。曲終曰：袁孝尼嘗請學此，吾靳固不與，廣陵散於今絕矣。

由於士大夫多好音樂，故頗有優美之物語流傳。《後漢書》「蔡邕傳」曰：

在吳。吳人有燒桐以爨者，邕聞火烈之聲，知其良木。因請而裁爲琴，果有美音。而其尾猶焦，故時人名曰：焦尾琴焉。初邕在陳留也，其鄰人有以酒召邕者，比往而主以酣焉。客有彈琴於屏，邕至門試潛聽之曰：憘！以樂召我而有殺心何也？遂反。將命者告主人曰：蔡君向來，至門而去。邕素爲邦鄉所宗，主人遽自追而問其故，邕具以告，莫不憮然。彈琴者曰：我向鼓絃，見螳螂方向鳴蟬，蟬將去而未飛，螳螂爲之一前一卻。吾心聳然，惟恐螳螂之失之也。此豈爲殺心，而形於聲者乎？邕莞然而笑曰：此足以當之矣。

又同傳注引張隲《文士傳》曰：

邕告吳人曰：吾昔嘗經會稽高遷亭，見屋椽竹東間第十六可以爲笛。取用果有異聲。

《續談助》卷四「殷芸小說」曰：

馬融歷二縣兩郡七年，在南郡四年，未嘗論刑殺一人。性好音樂，善鼓琴吹笛，笛聲一發，感得蜻蛚出吟，有如相和。

音樂既爲士大夫日常生活之一節目，而其事又無關乎利祿，則必因與士之內心情感起感應，亦如純文學之例可知。《文選》卷四十繁休伯（欽）「與魏文帝牋」曰：

頃諸鼓吹，廣求異妓。時都尉薛訪車子，年始十四，能喉囀引聲，與笳同音，白上呈見，果如其言。卽日故共觀試，乃知天壤之所生，誠有自然之妙物也。……時日在西隅，涼風拂衽。背山臨谿，流泉東逝。同坐仰歎，莫不泫泣殞涕，悲懷慷慨。

可知士大夫之於音樂誠如所謂情發乎中，有其不能自已者在，亦如其於自然之欣賞與文學之創作然也。音樂於士之內心生活既有如是密切之關係，故論者或以爲君子必當解音樂。《文選》卷四十二書中曹子建「與吳季重書」（參《曹子建集》卷九）曰：

夫君子而不知音樂，古之達論，謂之通而蔽。墨翟不好伎，何爲過朝歌而迴車乎？足下好伎，值墨翟迴車之縣，想足下助我張目也。

漢晉之際士之重視音樂，觀陳思王此數語，卽可以知之矣。

前引魏文帝「與吳質書」中有「清風夜起，悲笳微吟，樂往哀來，愴然傷懷」之語，李善注曰：

莊子：仲尼曰，樂未畢，哀又繼之。

則音樂亦如自然景物，最能激發哀樂之情，而復與老莊思想相通。故魏晉之士大夫多以音樂與內心之哀樂相應，至嵇叔夜著「聲無哀樂論」，（《嵇中散集》卷五），始駁流行之說。作者於音樂理論昧無所知，不敢於此妄有論列。茲所欲強調者，卽漢晉間士大夫好樂之風實爲彼輩悲涼感慨之人生觀之產物，而非徒生活之點綴品是已。易言之，卽與純文學之獨立，同源於士之內心自覺也。文學與音樂於是遂同爲人生藝術之一部份，而可以相提並論。《文選》卷五十「論二」二魏文帝「典論」有云：

文以氣爲主，氣之淸濁有體，不可力彊而致。譬諸音樂，曲調雖均，節奏同檢，至於引

> 氣不齊，巧拙有素，雖在父兄，不能以移子弟。

是二者不僅對人生具相同之功能，抑且其技巧亦有可以互喻者在也[54]。音樂與漢晉間士大夫生活之關係又可徵之於嵇叔夜之「琴賦序」（《嵇中散集》卷二，又見《文選》卷十八「音樂下」。）其言略曰：

> 余少好音聲，長而翫之。以爲物有盛衰，而此無變，滋味有猒，而此不勌。可以導養神氣，宣和情志。處窮獨而不悶者，莫近於音聲也。

觀乎「導養神氣，宣和情志。」「處窮獨而不悶。」之語，則音樂之爲個體內心自覺之表現，蓋可以思過半矣。

最後請略論書法與個體自覺之關係。此層昔人固未嘗措意，今茲所論亦多爲想像妄測之詞，故附於篇末，以示不敢視爲定說之意云爾。書法之藝術化，其事始於東漢，故書者頗知自寶其書，而賞玩者亦搜求之不遺餘力。《三國志》「魏志」卷一「武帝紀」裴注引衞恆「四體書勢序」（參考《晉書》卷三十六「衞瓘傳」附恆傳）曰：

> 上谷王次仲善隸書，始爲楷法。至靈帝好書，世多能者。而師宜官爲最，甚矜其能。每書輒削焚其札，梁鵠乃益爲版，而飲之酒，候其醉而竊其札。鵠卒以攻書至選部尚書，於是公欲爲洛陽令，鵠以爲北部尉。鵠後依劉表，及荆州平，公募求鵠。鵠懼自縛詣門，署軍假司馬。使在祕書，以勒書自效。公嘗懸著帳中，及以釘壁玩之，謂勝宜官。

---

54 饒宗頤「陸機文賦理論與音樂之關係」（見一九六一年日本京都出版之《中國文學報》第十四號，頁二二——三七。）對此點有詳細說明，足補此篇之所未及。

按：當時所謂四體書者，指古文、篆、隸及草也（參閱《三國志》「魏志」卷二十一「劉劭傳」注引「四體書勢序」）。斯四者之間草書最能表現個性，其次則爲隸書。上所引者爲衞恆序隸書之文，則師宜官與梁鵠蓋以隸書名家者也。今觀師氏之自珍，梁氏之竊取與孟德之賞玩，可知隸書已爲士大夫極所欣賞之藝術。而漢晉之際，士大夫所最欣賞之書法則爲草書，故時人有草聖之目。《後漢書》卷九十五「張奐傳」曰：

（奐）長子芝，字伯英，最知名。芝及弟昶字文舒，並善草書，至今稱傳之。

章懷注引王愔《文字志》（參《三國志》「魏志」卷二十一「劉劭傳」注引衞恆「草書序」）曰：

芝……尤好草書，學崔、杜之法。家之衣帛，必書而後練。臨池學書，水爲之黑，下筆則爲楷則，號怱怱不暇草書，爲世所寶，寸紙不遺。仲將謂之草聖也。

今按：衞恆「草書序」曰：

漢興而有草書，不知作者姓名，至章帝時齊相杜度，號善作篇。後有崔瑗、崔實，亦皆稱工。杜氏結字甚安，而書體微瘦；崔氏甚得筆勢，而結字小疏。

據此則草書固亦盛興於東漢。（按漢簡中已見有草書。）仲將者韋誕字，亦以善書名，事跡略見於《三國志》「魏志」：「劉劭傳」注引《文章叙錄》。此外雅擅此道者尚大有人在，如《後漢書》卷一百十下「文苑傳下」：「張超傳」曰：

張超字子並，……靈帝時從車騎將軍朱儁征黃巾，爲別部司馬。……超又善於草書，妙絕時人，世共傳之。

草書之外復有行書，亦始於東漢。張懷瓘《書斷列傳》（「百川學海」本）卷一「行書」條曰：

案行書者後漢潁川劉德升所作也，卽正書之小僞，務從簡易，相間流行，故謂之行書。

同卷「劉德升」條云：

字君嗣，潁川人，桓、靈之時以造行書擅名。雖已草剏，亦甚妍美，風流婉約，獨步當世[55]。

然則書法之盛行於東漢果何故耶？其一部份原因誠當求之於文具如紙筆與墨之改進。侯康《後漢書補注續》「蔡倫傳」條曰：

漢人能爲紙者，蔡倫之外，又有左伯。書斷云：伯字子邕，東萊人，漢興用紙代簡，至和帝時蔡倫工爲之，而子邕尤得其妙。故蕭子良答王僧虔書云：子邕之紙，妍妙輝光。案韋誕亦謂：工欲善其事，必先利其器；用張芝筆，左伯紙，及臣墨，然後可以逞徑丈之勢。

然自另一角度言，文具之改進亦可謂是書法流行之結果，蓋必因士大夫對文具已有迫切之需求，而後始有人注意筆墨之改進也。故文具之進步最多祇是書法興盛之片面原因，而非全部原因。鄙意以爲欲於書法興盛之根本原因求一比較滿意之解答，恐不能不深致意於其時代之背景。書法之藝術化起於東漢而尤盛於其季世，在時間上實與士大夫自覺之發展過程完全吻合，謂二者之間必有相當之聯貫性，則或不致甚遠於事實也。嘗試論之，東漢中葉以後士大夫之個體自覺旣隨政

55 參考唐長孺「讀抱朴子推論南北學風的異同」，《魏晉南北朝史論叢》，頁三五二—六。

治、社會、經濟各方面之發展而日趨成熟，而多數士大夫個人生活之優閒，又使彼等能逐漸減淡其對政治之興趣與大羣體之意識，轉求自我內在人生之享受，文學之獨立，音樂之修養，自然之欣賞，與書法之美化遂得平流並進，成為寄托性情之所在。亦因此之故，草書始為時人所喜愛。蓋草書之任意揮灑，不拘形跡，最與士大夫之人生觀相合，亦最能見個性之發揮也。此觀崔瑗所著《草書勢》（《晉書》卷三十六「衞瓘傳」附恆傳）可知。復次，草書之藝術性之所以強於其他書體者，尤在其較遠於實用性，亦如新興文學之不重實用而但求直抒一己之胸襟者然。衞恆序篆書曰：

> 太和中（韋）誕為武都太守，以能書留補侍中，魏氏寶器銘題皆誕書云。（《三國志》「魏志」卷二十一「劉劭傳」注引《四體書勢》。）

此篆書實用之一端也。其序隸書曰：

> （梁）鵠字孟黃，安定人，魏宮題署，皆鵠書也。

此又隸書實用之一端也。此外如傳世之漢魏碑文亦多為隸書，則世所習見者也。而草書之起源雖據崔瑗《草書勢》乃由於「應時諭指，用於卒迫，兼功並用，愛日省力。」但及其藝術化之後，則較之其他諸體，反離實用最遠，故其在政治與社會上之一般實用價值如何，今已無從考見，亦因此之故，遂益成為士大夫寄托性情之一種藝術矣。

二十餘年前陳寅恪先生嘗考論天師道與書法之關係，以為南北朝時代之書法與道教寫經有關[56]。其說發人之所未發，至為精當。然鄙意以為其間猶有可申論之處，茲不辭譏笑而附著吾說於下。兩晉南北朝士大夫之生活、思想、感情既多承漢魏士風而來，則書法自當爲陶冶性情之一種藝術，而不主實用可知。但寫經在宗教上雖爲一種功德，然畢竟不得不謂之爲書法之實用，而稍遠於純粹之藝術矣。然則就表面觀之，陳說豈不與上文所論有牴牾難通之處耶？而按之實際，則殊不然。蓋寫經僅限於用正書或隸書，並不用草書，茲僅就陳先生原文所舉之例證，轉摘一二條於下，以實吾說，《眞誥》卷十九「敍錄」云：

三君（楊君羲，許長史謐，許椽翽）手跡，楊君書最工；不今不古，能大能細。大較雖祖効郗法，筆力規矩並於二王。而名不顯者，當以地微，兼爲二王所抑故也。椽書乃是學楊，而字體勁利，偏善寫經。畫符與楊相似，鬱勃鋒勢，殆非人功所逮。長史章草乃能，而正書古拙。符又不巧，故不寫經也。

《太平御覽》卷六百十六引《太平經》云：

郗愔性尚道法，密自遵行。善隸書，與右軍相埒。自起寫道經，將盈百卷，於今多有在者。

《雲笈七籤》卷一百七陶翊撰「華陽隱居先生本起錄」云：

（隱居先生）祖隆，好讀書善寫。父貞寶善藁隸。家貧以寫經爲業，一紙值四十。

據此可知寫經必須爲善正書或隸書之人，許長史雖擅草書，而正書古拙，遂不寫經。則尤是草書不用之於道家寫經之證也。今尚傳世吳索紞所書之《道德經》五千言，亦爲道教典籍，而其書體

56　陳寅恪「天師道與海濱地域之關係」，《中央研究院歷史語言研究所集刊》，第三本第四分（民國廿二年），頁四六二—五。

正作正體或隸體[57]，足爲旁證。由是觀之，兩晉南北朝時書法藝術之一部份——隸書——雖曾爲道教所利用（實則漢魏隸書亦有實用性，已見前。），而其中最爲士大夫性情所寄，亦最宜於發揮個性之部份——草書——則仍不失爲一種無所爲而爲，不以實用爲主之藝術也。故陳說雖是，然殊不足據之以證吾說爲非。誠恐好學深思之讀者於此或有所惑，故略辨釋其疑點如此。

三　漢晉之際新思潮之發展

上二節中既陳士之自覺甚詳，玆請進而略論其時之思想變遷。唯平章學術，其事至爲不易，非作者之力所敢承，且限於篇幅，勢亦不能於漢晉間之學術思想爲全面之評述。故所論將僅及發展之大勢，而復以足與前二節之旨互相發明者爲斷，或者可於考鏡源流一端略有助益歟？

《顏氏家訓》卷三「勉學」篇曰：

學之興廢，隨世輕重。漢時賢俊皆以一經宏聖人之道，上明天時，下該人事，用此致卿相者多矣。末俗已來不復爾，空守章句，但誦師言，施之世務，殆無一可。故士大夫子弟皆以博涉爲貴，不肯專儒。

吳承仕《經典釋文序錄疏證》曰：

57　見饒宗頤「吳建衡二年索紞寫本道德經殘卷考證」，《東方文化》，香港，一九五五年，第二卷第一期。

漢師拘虛迂闊之義，已爲世人所厭。勢激而遷，則去滯著而上襄玄遠[58]。

按儒家經術之衰與老莊思想之興最爲漢晉間學術思想變遷之大事。此一轉變之原因雖甚多，要可自兩方面言之。一爲客觀方面之原因：漢人通經所以致用，今經學末流既不能施之世務，則其勢乃不得不衰，此顏氏之論也。一爲主觀方面之原因：一種學術思想之流行除因其具實用之價值外，又必須能滿足學者之內心要求。而漢儒說經既羼以陰陽五行之論，復流於章句繁瑣之途，東京以降遂漸不足以饜切人心，其爲人所厭棄則尤是事有必至，此吳氏之說也。本篇僅就士之自覺之背景考察思想之變遷，故所涉不出主觀方面之範圍，而置客觀之因素不論焉！

漢魏之際儒學漸衰，近人頗有論及之者[59]。茲先就章句式微之事實，以說明思想轉變之趨向。章句之繁瑣，西漢已然，降及東京，其風彌甚。王充著《論衡》於章句之學已頗加鍼砭，謂其蔽塞人心，不足通識今古，如卷十二「謝短」篇曰：

> 夫儒生之業五經也，南面爲師，旦夕講授章句，滑習義理，究備於五經，可也。五經之後，秦漢之事不能知者，短也。夫知古不知今，謂之陸沉，然則儒生所謂陸沉者也。五經之前，至於天地始開，帝王初立者，主名爲誰，儒生又不知也。夫知今不知古，謂之盲瞽。五經比於上古，猶爲今也。徒能說今，不曉上古，然則儒生所謂盲瞽者也[60]。

---

58 轉引自孫德宣「魏晉士風與老莊思想之演變」，《中德學誌》第六卷第一、二期合刊，民國三十三年六月，頁二三〇。

59 同上文，頁二二七—二三〇，劉大杰，《魏晉思想論》（中華，民國二十八年）頁七—十二。

60 王充批評章句之說甚多，此不詳擧。可看錢穆，《國學概論》，上冊，頁一三四—五所引諸條。

東漢中葉以下，據史傳之記載，鄙薄章句者益眾，茲略引數例如下。《後漢書》卷九十二「荀淑傳」曰：

荀淑……少有高行，博學而不好章句，多爲俗儒所非。

同書同卷「韓韶傳」曰：

子融，字元長，少能辨理，而不爲章句學。

同書卷九十四「盧植傳」曰：

盧植……少與鄭玄俱事馬融，能通古今學，好研精，而不守章句[61]。

故范蔚宗「儒林列傳序」總論之曰：

本初元年梁太后詔大將軍下至六百石，悉遣子就學。……自是游學增盛，至三萬餘生。然章句漸疏，而多以浮華相尚，儒者之風蓋衰矣。

東漢章句學衰，而後期尤甚，此人所共知者也。若欲進而考論漢晉間思想流變之眞相，則不能不究詰章句衰微之根本原因何在。《後漢書》卷一百十下「文苑列傳下」：「邊讓傳」載蔡邕荐讓之

61　賀昌羣，《魏晉清談思想初論》，頁十五，誤讀此句，謂指馬融。復論之曰：「研精，則重義理，不守章句，則破除家法，此在專重名物訓詁之漢代經學中，實為一種革命行為。」今按賀氏於後漢經今古學之分野實有所未透。馬季長為古學大師，古學固主訓詁而不為章句者。（此本錢師賓四說。見「兩漢博士家法考」，《兩漢經學今古文平議》，香港，新亞研究所，一九五八，頁二一三。）《後漢紀》卷十九「永和五年」條云：「融……學不師受，皆為之訓詁。」是融學主訓詁明矣。故馬氏雖為漢魏間學術轉變中之重要人物，然賀氏此處則實推尊之而未當也。又王瑤「玄學與清談」，《中古文學思想》，棠棣，一九五一，頁五〇，亦同此誤，蓋據賀氏之論為己有而復未翻檢原文也。按：王氏書中尚有此類襲用他人材料而不注明出處之例，此不具論。故參考王書者不可不慎也。

言曰：（參《蔡中郎文集》卷七「荐邊文禮」）

> 初涉諸經，見本知義。授者不能對其問，章句不能逮其意。

據此則漢末學者治經蓋有求根本義之趨向，而章句煩瑣適足以破壞大體，遂爲當時通儒所不取也。此意徐幹《中論》尤暢發之，卷上「治學」篇曰：

> 凡學者大義爲先，物名爲後，大義舉而物名從之。然鄙儒之博學也，務於物名，詳於器械，矜於詁訓，摘其章句，而不能統其大義之所極，以獲先王之心。

東漢古學兼通數家大義，不守一家之師法章句，故其學日盛，前舉例中荀淑與盧植皆古學之規模也。鄭玄最稱古學大師，《後漢書》卷六十五本傳范蔚宗論曰：

> 及東京學者亦各名家，而守文之徒滯固所稟，異端紛紜，互相詭激。遂令經有數家，家有數說，章句多者或乃百餘萬言。學徒勞而少功，後生疑而莫正，鄭玄括囊大典，網羅衆家，刪裁繁蕪，刊改漏失，自是學者略知所歸。

然本傳猶謂「玄質於辭訓，通人頗譏其繁」者，蓋鄭氏學通今古，調停取捨之間已兼有章句之性質，故其註經多至百餘萬言[62]。由是觀之，鄭學之爲一時學者所歸，固在於「網羅眾家，刪裁繁蕪」，而其學行之未久卽招致反對者，則實由於其刪裁之未盡，猶不免流爲煩瑣，與當時學者尋求根本義之內心要求有所未合也。故繼鄭氏經學簡化運動而起者，復有漢末劉表所倡導之荆州學

62　關於今古學問題，參閱「兩漢博士家法考」，頁二一一—二二一。

派[63]。荆州學之內容今已不易確知，但其學術趨向猶不難考見。嚴可均《全後漢文》卷九十一王粲「荆州文學記」「官志」曰：

> 有漢荆州牧曰劉君……乃命五業從事宋衷（忠）所作文學延朋徒焉。宣德音以贊之，降嘉禮以勸之。五載之間，道化大行。耆德故老綦毋闓等負書荷器，自遠而至者三百有餘人。

此言夫其盛況也。《後漢書補注》卷十七「劉表傳」引「劉鎮南碑」（《全三國文》卷五十六）云：

> 君深愍末學遠本離直，乃令諸儒改定五經章句，刪剗浮辭，芟除煩重。

此則言其爲學之大體也。按劉表之名見於《後漢書》「黨錮傳」序，爲八及之一（本傳謂爲八顧，尙別有異說，可毋細辨。）而倡經學簡化之運動，則蔚宗所謂「章句漸疏，多以浮華相尙」者，誠信而有徵矣。「刪剗浮辭，芟除煩重」最爲荆州學精神之所寄，而其實際之領導人物則是宋仲子。仲子特以注《太玄》爲天下所重，據近人所考，固是發明玄理之作[64]。重玄理，卽是探求根本義也。而尤可注意者，則是宋衷之學與鄭玄經學之關係。《三國志》「蜀志」卷十二「李譔傳」曰：

> 李譔……與同縣尹默俱游荆州，從司馬徽、宋忠等學。譔具傳其業，又從默講論義理。……著古文易、尚書、毛詩、三禮、左氏傳、太玄指歸，皆依準賈（逵）、馬（融），異於鄭玄。與王氏殊隔，初不見其所述，而意歸多同。

---

63 近人之論荆州學者多重其與魏晉玄學之關係，本篇則綜論漢晉間學術思想之共同趨向，故儒道之辨，非所措意。參閱湯用彤「王弼之周易論語新義」，《魏晉玄學論稿》，八四—一〇二，錢穆「記魏晉玄學三宗」《莊老通辨》，香港，一九五七年，頁三一九—三二〇，賀昌羣《魏晉清談思想初論》，頁六〇—六二。

64 參看湯用彤「王弼之周易論語新義」，頁八六。賀昌羣《魏晉清談思想初論》，頁六一—六二。

王氏者，指王肅也。同書「魏志」卷十三肅本傳曰：

> 肅字子雍。年十八，從宋忠讀太玄，而更爲之解。……初肅善賈、馬之學，而不好鄭氏。采會同異，爲尚書、詩、論語、三禮、左氏解，及撰定父朗所作易傳，皆列於學官。

按李王二氏所居殊隔，而著書反鄭氏之學，意歸多同，此則必因其同源於宋衷之故。由是而推之，則荊州之學必於鄭學之繁有所不慊，故益加刪落，以求義理之本也。蓋東京以降，經學有今古之分，異端紛紜，莫衷一是，而學者探根本、重義理之要求則與日俱增。鄭玄之「網羅眾家，刪裁繁蕪」，即相應於此一時代之需要而起者也。鄭學既出，眾論翕然歸之。皮錫瑞《經學歷史》，「經學中衰時代」篇云：

> 鄭君徒黨徧天下，即經學論，可謂小一統時代。

誠是也。然鄭氏雖爲當時之顯學，而其說出於折衷調停，猶近章句之煩瑣。一般經生或可於此得所依傍，博通古今好學深思之士則尚心有未安，而不得不別爲探本抉原之謀，此荊州之學之所由來也。《三國志》「魏志」卷六「劉表傳」注引《英雄傳》謂表

> 乃開立學官，博求儒士，使綦毋闓、宋忠等撰定五經章句，謂之後定。

顯亦康成「述先聖之元意，整百家之不齊」（鄭玄「戒子書」語）之精神也。近人論荊州之學皆知其爲魏晉玄學之濫觴，而於其爲鄭氏經學簡化運動之更進一步之發展一點，似未深加注意。荊州學上承鄭學精神而來，但同時亦爲對鄭學之反動，此層猶有可得而微論者。鄭學之特徵之一在其「兼通今古，溝合爲一」（借用皮錫瑞語），而荊州學正復有之。蓋荊州儒者既多至三百餘人，其

中必兼攬今古各家，非盡屬古學之士可知。又其所撰定之五經，號爲章句，亦顯其今學之痕跡。《南齊書》卷三十三「王僧虔傳」載虔「誡子書」有曰：

且論注百氏，荆州八袠，又才性四本，聲無哀樂，皆言家口實，如客至之有設也。

又曰：

八袠所載，凡有幾家？

則荆州新學固不止一家。然自其書爲清談家之口實一點觀之，則必尚簡要，重義理，仍是古學之家數。然則荆州之學「網羅眾家」，固與鄭學不殊也。復次，鄭學雖以繁見譏，然其根本精神實在於「刪裁繁蕪」，與荆州學風之「刪剗浮辭，芟除煩重」者，又無以異也。至於荆州導啟魏晉道家之玄風，鄭學結束兩漢儒家之經術，雖爲二者殊異之所在，然實亦所處時代不同有以致之耳[65]！

---

65 荆州學為鄭學之繼續與反動，又可徵之於王肅之經學。王氏初亦治鄭學，後以義理頗有未安者，故卒改轅易轍。其「注孔子家語序」云：「鄭氏學行五十載矣。自肅成童始志於學，而學鄭氏矣。然尋文責實，考其上下，義理不安，違錯者多，是以奪而易之。」

本傳謂肅善鄭、馬之學，則似王氏反鄭而復歸於鄭氏前期之古學矣，而夷考其實，則殊不然。皮氏《經學歷史》曰：「案王肅之學亦兼通今古文。……故其駁鄭，或以今文說駁鄭之古文，或以古文說駁鄭之今文，不知漢學重在顓門，鄭君雜糅今古，近人議其敗壞家法，肅欲攻鄭，正宜分別家法，各還其舊，而辨鄭之非，則漢學復明，鄭學自廢矣。乃肅不惟不知分別，反效鄭君而尤甚焉。」

鹿門為今文學家，其譏評鄭王或不免存門戶之見。但其謂王氏亦兼通今古，效鄭君而尤甚，則皆有實據，可以信從。此即可見王氏之學一方面為鄭學之反動，而一方面則又承鄭學之流衍而來也。王氏之學直接出於宋衷，復與李譔同其指歸，大體亦「欲超脫漢學繁瑣之名物訓詁，而反之於義理。」（賀昌羣，前引書，頁十五。）故最足為荆州學與鄭學關係之旁證。至經學之終於不振，則其故別有在，當於後文詳之，此不具論。

荊州學之內容今已不能詳知，然其《易》與《太玄》之新註爲漢晉間天道觀轉變之關鍵所在，王弼、何晏之形上學即承此而起，此今人之定論也。夫易爲專門之學，作者未涉樊籬，安敢妄加論述。茲以其事關涉漢晉間學術思想發展之趨向至鉅，故就近人之考論略察其演變之跡，匪敢於易學之本身有所推斷也。漢儒以象數說易，故囿於形器，具體質實則有餘，抽象玄虛則不足，蓋通經致用之一般風氣下之必然結果也。自董仲舒以天人相應之旨說《春秋》，後世說易諸家遂頗有專主陰陽災異者，孟喜、京房特其最盛者耳。陰陽災異說之前提在假定天有意志，而復表現其意志於行動之中。人唯自天之行動如祥瑞災異之類得知天之意志，而不能於天之本體有所認識。依此種觀點，則人對天之知解無以超乎形象之外。此所以王弼注易唱得意忘言，擯落象數，獨明本體，一掃漢人繁亂支離之天道觀，而建立玄學中之抽象本體論，遂成爲漢晉間學術思想之一大事因緣也。但王弼玄學體系之建立雖有天授，亦頗承東漢以來之學術精神，不可不稍加解說。就一般天道觀念而論，王仲任著《論衡》已於漢代陰陽災異之說有廓清之功，而其積極方面之建樹，則在倡道家自然無爲之天道觀，開啟後來王弼、何晏輩所謂天地萬物以無爲本之思想。《論衡》卷十八「自然」篇曰：

> 天動不欲以生物，而物自生，此則自然也。施氣不欲爲物，而物自爲，此則無爲也。

又曰：

> 春觀萬物之生，秋觀其成，天地爲之乎？物自然也。如謂天地爲之，爲之宜用手，天地安得萬萬千千手，並爲萬萬千千物乎？

據此則仲任雖未能建立宇宙本體說，然已確知自萬象繽紛以察天道爲不足據矣。知夫天地無爲而萬物自然，則災異之說自失其立論之根據，故曰：

夫天無爲，故不言。災變時至，氣自爲之。夫天地不能爲，亦不能知也。

卷十四「譴告」篇亦曰：

夫天道，自然也，無爲。如譴告人，是有爲，非自然也。黃老之家論說天道，得其實矣。

至於仲任與易學之關係亦有當注意者在。卷十四「寒溫」篇云：

夫天道自然，自然無爲，二令參偶，遭適逢會，人事始作，天氣已有，故曰道也。使應政事，是有，非自然也。易京氏布六十四卦於一歲中，六日七分，一卦用事，卦有陰陽，氣有升降，陽升則溫，陰升則寒。由此言之，寒溫隨卦而至，不應政治也。

是仲任固反對以災異說易而牽合於人事也。又文中引京氏易以斥天人相應之說者，正是所謂以子之矛攻子之盾，蓋「寒溫」篇原是針對京氏易而發者也。《漢書》卷七十五「京房傳」略曰：

京房……治易事梁人焦延壽，其說長於災變，分六十卦，更直日用事（宋祁曰：別本作六十四卦。），以風雨寒溫爲候，各有占驗。房用之尤精。」

是其明證。仲任之天道論與王、何本體論有淵源，說已見前；其批判京氏易亦可與東漢易學之發展相發明。《後漢書》卷一百九上「儒林傳上」：「劉期傳」曰：

建武中……陳元、鄭衆皆傳費氏易，其後馬融亦爲其傳。融授鄭玄，玄作易注，荀爽又作易傳。自是費氏興而京氏遂衰。

則費氏易代京氏而興爲東漢易學之一大變化。《前漢書》卷八十八「儒林傳」：「費直傳」曰：

費直……長於卦筮，亡章句，徒以彖象系辭十篇文言，解說上下經。

可知費氏易之特徵乃在其亡章句與以傳解經二點。故「至少至馬融之世，陰陽術數災異之說寖衰，而漸回復於著重以義理解經之趨勢矣。」[66] 此仲任之批判京氏易在思想上當與東漢易學發展有聯貫性之證也。馬融、鄭玄以下治易而著者尙有宋衷，《三國志》「吳志」卷十二「虞翻傳」注引翻別傳所載「易注奏」有云：

孝靈之際，潁川荀諝，號爲知易。臣得共注，有愈俗儒。……南郡太守馬融，名有俊才，其所解釋，復不及諝。若乃北海鄭玄，南陽宋忠，雖各立注，忠小差玄，而皆未得其門。

今按：宋衷《易注》不傳，其說不易詳考，然就虞翻並舉鄭宋，復加以比較而言，則宋氏易必爲馬鄭一派，而更有改進也。前文論荊州之學下開魏晉玄學而上承鄭玄之經學簡化運動，易學之傳衍似可爲此說之實例。王輔嗣注易原出荊州，近人考證已確，毋庸再及，茲但略引二家之說於下，以資證明。湯用彤先生云：

王弼之家學，上溯荊州，出于宋氏。夫宋氏重性與天道，輔嗣好玄理，其中演變應有相當之聯繫也。又按王肅從宋衷讀太玄，而更爲之解。張惠言說，王弼注易，祖述肅說，

66 賀昌羣，前引書，頁十。

特去其比附爻象者。此推論若確，則由首稱仲子，再傳子雍，終有輔嗣，可謂一脉相傳者也[67]。

錢師賓四云：

> 王弼之學，原於荊州。……隋書經籍志劉表有周易章句五卷，梁有宋忠注周易十卷。弼父業乃劉表外孫，則弼之易學，遠有端緒[68]。

至輔嗣注易與鄭氏易學之關係，近人則較少注意，而或有致疑者。然其事佚出本篇範圍，無詳考之必要。茲僅就大關鍵處略着數語，以見漢晉間易學發展之一般線索足矣。《隋書》「經籍志」卷一「經籍一」曰：

> 後漢陳元、鄭衆皆傳費氏之學，馬融又爲其傳，以授鄭玄，玄作易注。荀爽又作易傳。（按以上皆據《後漢書》「儒林傳」語，前已引之。）魏代王肅、王弼並爲之注，自是費氏大興。

據此則漢晉間易學傳衍之共同線索爲費氏之易。費氏易爲古學，所重在義理，與京氏之以陰陽術數災異說易者大異。就論易之方法言，費學之最大特色則在以傳解經。古今學者辯論此點者皆注重其起原之問題，或謂起於王弼，或謂導自鄭玄，或謂始由費直，而莫能定[69]。據湯用彤先生之

67 「王弼之周易論語新義」，頁八七。按：牟潤孫著《論魏晉以來之崇尚談辯及其影響》（香港中文大學出版，一九六六年）駁湯用彤說，謂王僧虔「誡子書」中所云「荊州」不指劉表時，或乃東晉初年事。（頁一八—二一）惟牟說亦無確據，僅屬推測而已。

68 「記魏晉玄學三宗」，頁三一九—三二〇。

69 參閱皮錫瑞《經學通論》，第一册，易類，「論以傳附經始於費直，不始於王弼，亦非本於鄭君」條。

說，反求古傳，輕視後師章句，爲漢晉易學新陳代謝之關鍵，故於輔嗣以傳解經之精神深致推崇[70]，其論是也。淸儒姚配中則謂經傳之合始自費直[71]，若就純方法之意義言，亦是也。顧亭林《日知錄》卷一「朱子周易本義」條略曰：

謂連合經傳始於輔嗣，不知其實本於康成也。

則康成無論如何爲費王間之一關鍵人物，不能因費氏合經傳於先（顧亭林亦已注意及之。）遂否定其在易學變遷史上之地位也。鄭氏之易傳自馬融，而高貴鄉公言經傳連文僅及康成而不及季長（事見《三國志》「魏志」卷四「高貴鄉公髦紀」），卽是東漢中葉以後重合經傳始於康成之證。由是觀之，輔嗣以傳解經之法與其謂其遠承費直，不如謂其近襲鄭玄之更合於情實也。淳于俊對高貴鄉公之問曰：

鄭玄合彖象於經者，欲使學者尋省易了也。

此語實透露鄭玄注易旨在得其大義之消息，而與東漢中葉以後學術思想着重根本原理之探求之一般趨勢甚相符合。輔嗣本體之學不過承此大潮流而益以恣肆之思之結果耳。然此殊非鄭王易學在思想內容上相同之謂也。輔嗣易學，祖述王肅，而肅固反鄭之巨擘。《隋書》「經籍志」亦嘗言之曰：

梁、陳鄭玄王弼二注列於國學，齊代唯傳鄭義。至隋，王註盛行，鄭學浸微，今殆盡矣。

70 「王弼之周易論語新義」頁八八—八九。
71 皮錫瑞，前引書論以傳附經條所引。

故鄭王異義，古今無間辭，但若不論內容，僅就漢晉間思想發展之一般趨向觀之，二者之間固猶有承遞之跡可言。《南齊書》卷三十九「陸澄傳」載澄「與王儉書」有云：

> 晉太興四年，太常荀崧請置周易鄭玄注博士，行乎前代。于時政由王庾，皆儁神清識，能言玄遠，捨輔嗣而用康成，豈其妄然！泰元立王肅易，當以在玄、弼之間。

據此可知鄭玄與王弼之易，異中有同。而王肅雖反鄭，其易注仍不免爲康成與輔嗣間之過渡。其先後演變之跡豈不居可見乎？在同一求原理、尙簡化之潮流中，康成易學結束漢代象數術之舊，而輔嗣則導啟魏晉本體論之新，斯誠李光弼入郭子儀軍，壁壘旌旗非復舊觀，時爲之，亦人爲之也。余故備論其事，以爲荊州之學承先啟後之一例焉！

以上論東漢中葉以後儒學之發展，自馬、鄭以至荊州，皆以鄙章句之煩瑣而重經典之本義，爲其間一貫線索。其流變所及則漸啟捨離具體事象而求根本原理之風，正始玄音乃承之而起，此學術思想將變之候也。漢魏之際，延篤、曹植有「仁孝論」，朱穆有「崇厚絕交論」，劉梁有「破羣論」、「和同論」，雖思想不出儒家之範圍，其捨事象而言原理，則已開魏晉論文之先河[72]。漢末儒學棄末流之繁而歸於本義之約，其事雖人所習知，但其所以有此轉變之故，則尙有待於進一步之探究。竊以爲一切從外在事態之變遷而迂曲爲說者，皆不及用士之內心自覺一點爲之解釋之確切而直截。蓋隨士大夫內心自覺而來者爲思想之解放與精神之自由，如是則自不能滿足於章句之支離破碎，而必求於義理之本有統一性之了解。此實爲獲得充份發展與具有高度自覺之精

72　詳見李源澄「漢魏兩晉之論師及其名論」，《文史雜誌》第二卷第一期，民國卅一年一月，頁一九—二〇。

神個體，要求認識宇宙人生之根本意義，以安頓其心靈之必然歸趨也。故東漢學術自中葉以降，下迄魏晉玄學之興，實用之意味日淡，而滿足內心要求之色彩日濃。跌蕩放言之輩如孔文舉、禰正平、嵇叔夜之罹禍雖多少皆與其思想有關，然卒不之顧，其重內心而輕外物之精神爲何如耶！此亦漢晉之際學術思想之發展不得純以政治狀況等外在事態釋之之故也。湯用彤先生嘗論之曰：

大凡世界聖教演進，如至于繁瑣失眞，則常生復古之要求。耶穌新教，倡言反求聖經。佛教經量部稱以慶喜（阿難）爲師。均斥後世經師失教祖之原旨，而重尋求其最初之根據也。夫不囿於成說，自由之解釋乃可以興。思想自由，則離拘守經師，而進入啓明時代矣[73]。

斯言是也。然其間猶有可得而說者，即何以宗教與學術史上之復古要求產生於某一時代而非別一時代？質言之，何以經學之簡化運動必興於東漢末期，而基督教之復古運動亦必遲至十五、六世紀始得發生？則其間當有時代之背景。漢晉間之思想變遷，吾人既持內心自覺之說論之矣，而基督新教反求聖經之運動亦正具同一背景。蓋基督教經中古諸經師之詳盡發揮，亦流爲章句（sentences）之繁瑣，而漸昧於大義。及至十四世紀以後文藝復興與起，個人之自覺日益發展，於是人文主義學者如伐拉（Valla）、伊拉斯瑪斯（Erasmus）之流，乃起而整理聖經，言訓詁而舉大義，馬丁路德之宗教革命思想一部份卽導源於此。故基督教之反求聖經所以遲至十六世紀始蔚成廣泛之運動者，良由個體自覺至是始發展成熟耳。漢晉間學術思想之變遷以個體內心之自覺

73 「王弼之周易論語新義」，頁八七。

為其背景之說，得此一有力之旁證，乃益可無疑矣。

抑更有可論者，離具體之事象而求抽象之原理，其事並不限於儒家之經典，而實遍及精神領域之各方面。雖時序先後，所得深淺或有不同，然其表現爲尋求事物之最高原理之趨向則一，斯尤足爲內心自覺之說明矣。茲僅就人物評論、文學與音樂三端略徵史料，以實吾說。（按：此數事，中篇均已論及。茲所以重言之者，蓋爲說明當時人理論化之傾向也。目的不同，取材亦異，雖稍嫌枝蔓，讀者諒之。）

中篇論人物評論已指出斯學之理論化早始於郭林宗，下及曹魏論識鑒原理之作益多，今傳世之劉劭「人物志」即其一也。故關於此點，可不必再贅，茲但取魏晉之世重以精神鑒人之事論之，不徒以其爲時人思想自具體至抽象之發展之一端，抑且與玄學之興極有淵源也。漢代鑒人注重形體，故《論衡》有「骨相」之篇。然在仲任已感自形體觀人之不足，「骨相」篇有云：

相或在內，或在外，或在形體，或在聲氣。察外者遺其內，在形體者亡其聲氣。

至郭林宗、許子將之批評人物，則似已留意於神味，觀前篇所引史料可知。而正式提出觀察精神爲鑒識之最高原則者，則是劉劭。《人物志》卷上「九徵篇」云：

夫色見於貌，所謂徵神；徵神見貌，則情發於目。

又云：

物生有形，形有神精；能知精神，則窮理盡性。

神鑒之法，既在觀人之目，故蔣濟著論謂觀眸子可以知人[74]。其實眸子之說起於孟子，王仲任亦已注意及之，謂清濁稟之於天，不可改易。（《論衡》卷三「本性論」）但以瞻形得神為普遍之識鑒方法，則事起魏晉以後。《抱朴子》卷二十一「清鑒」篇曰：

區別臧否，瞻形得神，存乎其人，不可力為。

今按形不盡神及瞻形得神之旨，正是漢末以來捨具體事象而求抽象原理之精神之表現。故論人物之重神而遺形亦猶論天道之重本體而忽象數也。與神鑒之論相輔而行者有所謂「言不盡意」之說，《藝文類聚》卷十九歐陽建「言盡意論」曰：

世之論者以為言不盡意，由來尚矣，至乎通才達識咸以為然。若夫蔣公之論眸子，鍾傅之言才性，莫不引此為談證。

王弼注易遂採此法，益輔以莊生「得魚忘筌」之旨，而建立本體論。於是「言不盡意」，「得意忘言」卒成魏晉玄學中之一根本方法，推其源流固出自漢魏以來之人倫識鑒也[75]。

純文學之發展其事較遲，故文學理論亦不如其他方面之成熟，但理論化之傾向則已隨文學價值之獨立而俱來。此可徵之於曹丕之「典論論文」。「典論」首論作家，然後始略及文體及文學理論，此蓋初期文論之一般特色，頗受東漢以來人物評論之影響而然也[76]。《文選》卷五十二「論二」：「典論論文」曰：

夫文本同而末異，蓋奏議宜雅，書論宜理，銘誄尚實，詩賦欲麗。此四科不同，故能之

---

74 參閱湯用彤「言意之辨」，《魏晉玄學論稿》，頁二八。
75 此說湯用彤先生析論最精，詳見「言意之辨」。
76 參閱王瑤「文論的發展」，《中古文學思想》，頁八六—九三。

者偏也，唯通才能備其體。文以氣爲主，氣之清濁有體，不可力強而致。

魏文既主本同之說，又謂「文以氣爲主」，則顯是承認文學具有最高之原理。至其四科分論，曰雅、曰理、曰實、曰麗，則又是對每一文體予以理論化，而抉出其本質也。繼魏文而有作者，有陸士衡之「文賦」，雖其時代稍晚，然猶可據之以見文學理論化之發展。「文賦」（《文選》卷十七，「論文」）首述萬象紛然，四時移逝之態，而繼之曰：

籠天地於形內，挫萬物於筆端。始躑躅於燥吻，終流離於濡翰。理扶質以立幹，文垂條而結繁。

其執一控多，執簡馭繁之意至爲顯然。蓋士衡生當玄學已盛之後，雖入洛以前僻處江東，恐亦不能完全無感於玄風，故賦中所論實以文之功能在表現天地萬物之本體[77]。其言曰：

課虛無以責有，叩寂寞而求音。

又曰：

伊茲文之爲用，固衆理之所因，恢萬里使無閡，通億載而爲津。

此與魏文之論文以氣爲說者，極可表現魏晉前後思想之變遷，亦可見文學理論受流行思想之影響爲如何也。至其論文體之說則曰：

詩緣情而綺靡，賦體物而瀏亮，碑披文以相質，誄纏緜而悽愴，銘博約而溫潤，箴頓挫而清壯，頌優遊以彬蔚，論精微而譎誑。雖區分之在茲，亦禁邪而制放，要辭達而理舉，故無取乎冗長。

77 參同上，頁九九—一〇〇。

較「典論」所言意境遠爲深到，然其於分論諸體之性質後，乃進而陳文學之最高原則，歸之於約，並拈一理字爲說，則猶是師魏文之遺意，而同表現爲自具體之文學批評進至抽象原理之探求之趨向也。

音樂之理論化所能言者較少，今但約論之，以見大勢所趨而已。嵇叔夜著「聲無哀樂論」（《嵇中散集》卷五）設秦客與主人辯難，一反一復，詳論音聲之理，蓋卽一篇推理嚴謹之樂論也。茲摘其中關於探求抽象原理之語如下，不僅以其關係音樂理論化之問題，且以見玄學思想持論之一斑也。其言曰：

> 夫推類辨物，當先求之自然之理。理已足，然後借古義以明之耳。今未得之于心，而多恃前言以爲談證，自此以往，恐巧歷不能紀耳。

音樂亦爲當時士大夫「推類辨物」之一端，宜乎當求其自然之理。然探求原理之道則在直指本心，問其義安否，而不得徒引古人爲權威；及已內得于心，然後再借古義以爲說。此卽陸象山「六經註我」之意，尤足爲內心自覺之說明。又論中復應用「得意而忘言」[78]之方法，則叔夜之樂論蓋卽其玄學思想之引申也。《文選》卷十八收「琴賦」一篇（《嵇中散集》卷二），題目雖仿自王子淵「洞簫賦」、馬季長「長笛賦」，然一比較其內容則發現有一至不相同之點：卽王、馬諸賦大體僅能於樂聲之描繪曲盡其致，而叔夜則借琴音而論樂理，用意顯與前人違異。此點但引「琴賦序」中之言卽可充份證明，不必多事摘錄也。序云：

> 然八音之器，歌舞之象，歷世才士並爲之賦頌，其體制風流，莫不相襲。稱其材幹，則以危苦爲上；賦其聲音，則以悲哀爲主；美其感化，則以垂涕爲貴。麗則麗矣，然未盡

78　此據魯迅《嵇康集》，他本皆奪「忘」字。

其理也。推其所由，似元不解音聲；覽其旨趣，亦未達禮樂之情也。衆器之中，琴德最優，故綴叙所懷，以爲之賦。

是其有心與前修立異，固已自點出之矣。與叔夜同時而交游至密者，尚有人焉，亦著文專論樂理，則阮嗣宗是也。嗣宗「樂論」原文太長，不能全引。然其文既曰：「夫樂者，天地之體，萬物之性也。合其體，得其性，則和；離其體，失其性，則乖。」又云：「故八音有本體，五聲有自然。」而「此自然之道」即「樂之所始。」則其文之爲總論音樂原理，可以不待繁言而決矣。又全文主旨在強調「聖人之樂和而已矣」，而頗不取後世之「以哀爲樂」。故曰：「樂者，使人精神平和，衰氣不入，天地交泰，遠物來集，故謂之樂也。今則流涕感動，噓唏傷氣，寒暑不適，庶物不遂，雖出絲竹，宜謂之哀。奈何俛仰嘆息，以此稱樂乎？」此不但與上引嵇叔夜「琴賦序」若合符節，即與「聲無哀樂」之論亦消息相通也[79]。然則至遲在阮、嵇之世，音樂之欣賞亦已發展至探求抽象原理之階段，一如文學之例，此其故不益可以深長思耶！

---

79 引文據「中國古典文學叢書」本之《阮籍集》（上海古籍出版社，一九七八，卷上）。又本文初撰時余以阮嗣宗「樂論」仍持儒家傳統「刑教一體，禮樂外內」之立場，與其平素為說大異，故妄疑此文或非嗣宗之舊。復以《文選》李善注叔夜「琴賦」引「樂論」之語（「琵琶箏笛，間促而聲高；琴瑟之體，間遼而音埤。」）為今本所不見，遂取以為「樂論」原文，其實誤也。稍後細讀戴明揚《嵇康集校注》（人民文學出版社，一九六二）卷五「聲無哀樂論」，始知李善所引兩語皆已在其中，不過分散兩處耳。戴氏案語曰：「文選注引此題阮籍樂論，誤也，嚴輯全三國文據此以附於阮籍樂論後，亦誤。」（頁二一五）故今修訂舊文，改引「樂論」原文為證。復次 Donald Holzman 新著 *Poetry and Politics, The Life and Works of Juan Chi* (Cambridge University Press, 1976) 亦指出余之錯誤，（第五章註一，頁二六四），附此誌謝。Holzman 更引夏侯玄「辨樂論」中所引「樂論」之文（見嚴可均輯《全三國文》卷二十一），尤足證「樂論」無可疑也。（頁八八，九二）今觀「樂論」以儒家禮樂「遷善成化，風俗移易」為說，則此文當是嗣宗早年「有濟世志」時代之作品。

漢晉之際儒術衰而道家盛，自來論之者亦已多矣。其言有得有失，今亦不克一一爲之疏通證明。茲但從自覺之觀點檢討二家離合興衰之故，雖不能整齊眾說，綱擧目張，亦可於世運升降與學術流變之關係，略發其覆，較之輕評往哲，高下由心，或猶稍得乎論世知人之旨也。至於儒道之爭，門戶之判，從來論者，最所縈懷，雖事洵非虛，而其情則猶別有可說。竊不自量，欲破故壘而更進一新解焉！

今欲知儒學之所以衰，不能不知儒學在漢代社會文化上之功用。范蔚宗《後漢書》「儒林傳」論曰：

> 自光武中年以後，干戈稍戢，專事經學，自是其風世篤焉！其服儒衣、稱先生、遊庠序，聚橫塾者，蓋布之於邦域矣。若乃經生所處，不遠萬里之路；精廬暫建，贏糧動有千百。其耆名高義，開門受徒者，編牒不下萬人。皆專相傳祖，莫或訛雜。至有分爭王庭，樹朋私里，繁其章條，穿求崖穴，以合一家之說。……夫書理無二，義歸有宗，而碩學之徒，莫之或徙，故通人鄙其固焉。……然所談者仁義，所傳者聖法也，故人識君臣父子之綱，家知違邪歸正之路，自桓靈之間，君道秕僻，朝綱日陵，國隙屢啓。自中智以下，靡不審其崩離。自權彊之臣息其窺盜之謀，豪俊之夫屈於鄙生之議者，人誦先王言也，下畏逆順勢也。至如張溫、皇甫嵩之徒，功定天下之半，聲馳四海之表，俯仰顧眄，則天業可移，猶鞠躬昏主之下，狼狽折札之命，散成兵，就繩約，而無悔心。暨乎剝橈自極，人神數盡，然後羣英乘其運，世德終其祚。跡衰敝之所由致，而能多歷年者，斯豈非學之效乎？

同書卷九十六「陳蕃傳」論曰：（參考卷九十一末蔚宗之論）

> 桓、靈之世，若陳蕃之徒，咸能樹立風聲，抗論惽俗，而驅馳險阨之中，與刑人腐夫同朝爭衡，終取滅亡之禍者，彼非不能絜情志、違埃霧也。愍夫世士以離俗爲高，而人倫莫相恤也。以遯世爲非義，故屢退而不去；以仁心爲己任，雖道遠而彌厲。及遭際會，協策竇武，自謂萬世一遇也。懍懍乎伊、望之業矣。功雖不終，然其信義足以攜持民心，漢世亂而不亡，百餘年間，數公之力也。

按：蔚宗所論儒學之效用極爲精當，其史識之卓越，誠不易企及。據此則儒學實與漢代一統之局相維繫，儒學之功能在此，其所以終於蹶而莫能振者亦在此。蓋自東漢中葉以來，士大夫之羣體自覺與個體自覺日臻成熟，黨錮獄後，士大夫與閹宦階級相對抗之精神既漸趨消失，其內在團結之意態亦隨之鬆弛，而轉圖所以保家全身之計。朱子所謂「剛大方直之氣，折於凶虐之餘，而漸圖所以全身就事之計」者，誠是也。自此以往，道術既爲天下裂，士大夫以天下爲己任之精神遂漸爲家族與個人之意識所掩沒。徐孺子寄語郭林宗：「大樹將顛，非一繩所維，何爲栖栖，不遑寧處？」即是士大夫不復以國家或社會爲念之證。蔚宗謂「世士以離俗爲高，而人倫莫相恤」，得其情矣。自黨錮以後下迄曹魏，就士大夫之意識言，殆爲大羣體精神逐步萎縮而個人精神生活之領域逐步擴大之歷程[80]。當時社會上最具勢力之士大夫階層既不復以國家社會爲重，而各自發

---

80 關於此一發展之過程板野長八氏有極精審之分析，見所著「何晏王弼の思想」《東方學報》，東京，第十四册之一（昭和十八年）第三，第四兩節。

展與擴大其私生活之領域，則漢代一統之局其勢已不得不墜[81]。一統之局既墜，則與之相維繫之儒學遂失其效用，而亦不得不衰矣。故推原溯始，儒學之衰，實爲士大夫自覺發展所必有之結局。

明乎儒學之所以衰，然後始可與論玄學之所由興。青木正兒氏論清談思想之萌芽，採武內義雄之說，謂儒家體制訓詁拘泥末節之弊至魏明帝太和、青龍之際爲最甚，而清談適起於此時，此二現象間之因果關係可以推測云[82]。此說自今日視之，已不足信。蓋儒學章句繁瑣之弊，早在東漢中葉已爲治經者所不滿，其後鄭玄以至荊州學派之簡化運動卽承此要求而起，前文已論及之。王弼注易又復承此一運動而更進一步探求宇宙萬物之根本原理，遂牽連及於老子，通儒道而爲一。故自學術思想之發展階段言，玄學之興乃是漢末以來士大夫探求抽象原理之最後歸趨。儒學之重心在人倫日用，形而上之本體本非所重，故夫子之言性與天道不可得而聞。漢末經學之簡化運動，充量至極，亦僅能闡明羣經之大義，而不能於宇宙萬物之最高原理提出「統之有宗，會之有元」之解答，此在魏晉之士則猶以爲未達一間，而無以滿足其內心深處之需求也。《世說新語》卷一「言語」篇曰：

劉尹與桓宣武共聽講禮記。桓云：時有入心處，便覺咫尺玄門。劉曰：此未關至極，自

81 《國史大綱》，上册頁一五六云：「國家本是精神的產物，把握到時代力量的名士大族，他們不忠心要一個統一的國家，試問統一國家何從成立。」亦是此意。

82 「清談」，頁四，范壽康亦採青木之說，謂道家思想之興，除政治之黑暗與混亂有以致之外，尚由於經學之支離與瑣碎。見《魏晉的清談》頁二三八—九。又按范氏此文之根本觀念幾全取青木氏之說，故此下不復再引。

是金華殿之語。

此雖東晉時事，然殊可以反映魏晉士大夫對儒學之一般心理，儒家經典所講者僅爲人事之理，故仍「未關至極」，必須進而探究統攝宇宙萬物之最高原理，始爲達玄境而可以安頓其自覺心也。《三國志》「魏志」卷十「荀彧傳」注引何劭「荀粲傳」曰：

粲諸兄並以儒術論議，而粲獨好言道。常以爲子貢稱夫子之言性與天道不可得聞，然則六籍雖存，固聖人之糠粃。粲兄俁難曰：易亦云：聖人立象以盡意，繫辭焉以盡言，則微言胡爲不可得而聞見哉？粲答曰：蓋理之微者非物象之所擧也。今稱立象以盡意，此非通于意外者也，繫辭焉以盡言，此非言乎繫表者也。斯則象外之意，繫表之言，固蘊而不出矣。

此尤爲傳統儒學因未能發展其形上之學，故不復饜切人心之證，亦「咫尺玄門」一語之確解也。然此處牽涉一極重要之問題，不可不略加討論。青木正兒論清談之起源，謂不始於正始時代之王、何，而啟自太和初年傅嘏與荀粲之談論。今按：青木之說雖不無可取之處，然殊「未關至極」，茲請略言之。傳統之解釋以清談始於正始者，並非純指思想談論而言，而謂援引老莊正式標立宇宙本體之論由王弼、何晏造其端也。若僅就思想談論而言，則其事固當遠溯至漢末，此點中篇已言之。然考青木之意，則實以談老莊之玄虛發軔於荀、傅。青木氏之說出，中日學者多引據之，而日本方面尤視爲莫大之創見，故已久成定讞[83]。余於青木氏立論之根據嘗反覆推究，終

83 見板野長八「清談の一解釋」，《史學雜誌》第五十編第三號，頁七〇—七一。

覺心有未安，故敢略陳鄙見，以就教於中外博學通識之士。前引「荀粲傳」又云：

太和初到京邑與傅嘏談。嘏善談名理，而粲尚玄遠，宗致雖同，倉卒時或有格而不相得意。裴徽通彼我之懷，爲二家騎驛。頃之，粲與嘏善。（參考《世說新語》卷二「文學」篇「傅嘏善虛勝」條及注。）

《世說新語》「文學」篇注引「管輅傳」曰：

裴使君（徽）有高才逸度，善言玄妙也。

青木氏以荀、傅之「同宗致」，即是同奉道家之言，又謂「玄遠」、「虛勝」、「玄妙」皆指純粹道家之玄學而言[84]。今按青木氏所引之證據中最爲有力者爲傳中「粲諸兄並以儒術論議，而粲獨好言道。」一語。但一考上下文氣，即知此處「道」字不必定指道家，而似以解作天道或道術之「道」爲得。茲分三點證之。一、上文謂諸兄並以儒術論議，則下文之「道」字顯是承「術」字而來。術者具體而多端，道則爲最高之抽象原理，適成對比，且與全篇旨意符合。若謂道家，則當作「好道」或「好道家言」，不得云「好言道」。二、下接「夫子之言性與天道不可得聞」則尤爲上文「道」字之確詁。三、全篇主旨在說明「言不盡意」，亦即從具體事象不足以見抽象原理之意，故鄙薄「術」而重視「道」，謂六籍皆聖人之糠粃。且全篇無一字及老莊之言，惟引《易經》爲說，益見與道家無關。若取《世說新語》「文學」篇注引粲別傳之言較之，更可見余說之非謬。其言曰：

84　「清談」，頁五—六。

粲諸兄儒術論議各知名。粲能言玄遠，常以子貢稱夫子之言性與天道，不可得而聞也。

> 然則六籍雖存，固聖人之糠粃。

此處省去「道」字，而代以「玄遠」，則「道」與「玄遠」可以互訓。後世雖有解「玄遠」爲老莊者[85]，然最多祇是後起之義，正始以前決不當作如是解。今試就本證論之。粲傳謂「嘏善談名理，而粲尚玄遠，宗致雖同，倉卒時或有格而不相得意。」若改此句之「玄遠」爲「老莊」或「道家」，則復成何說耶？《世說新語》卷一「德行」篇「晉文王稱阮嗣宗至愼」條注引李康（當作秉）「家誡」曰：

> 上（文王）曰：然天下之至愼者，其唯阮嗣宗乎？每與之言，言及玄遠（按《晉書》卷四十九本傳謂籍「發言玄遠」，其義尤顯。）而未嘗評論時事，臧否人物，可謂至愼乎？

此處「玄遠」二字雖在正始之後，亦顯不能易爲「老莊」或「道家」。蓋「評論時事」、「臧否人物」皆涉具體，足以招禍，故嗣宗但言「玄遠」。是知「玄遠」者，抽象之謂也。今司馬文王不在能言之列，若嗣宗每與之言，必言老莊，則文王亦必知其爲不誠不實之游辭，方老羞成怒之不暇，更何至再三興至愼之歎乎？《世說新語》曰：

> 傅嘏善言虛勝，荀粲談尚玄遠。每至共語，有爭而不相喻。裴冀州釋二家之義，通彼我之懷，常使兩情皆得，彼此俱暢。

據此則粲、嘏二人之思想本不相同，故裴徽亦但能疏通二家，使各得其情，並非合二義爲一，明

85　如湯用彤「讀人物志」頁十七即謂「玄遠乃老莊之學」，或係受青木之說之影響而然也。

矣。至於二人「宗致」相同者，則或爲俱尙抽象原理一點。蓋「虛勝」亦是重抽象而不涉具體之義[86]。現存關涉荀粲之直接材料甚少，然就此有限之材料觀之，殊未見粲爲道家之確證。原文具在，可以覆按。後世之人胸亙老莊清談之一念，遂不覺望文生義耳。若知夫士大夫之談論思想不必定涉老莊，而其風已暢於漢末[87]，又知夫尙玄遠，卽探求抽象原理，爲漢晉間士大夫內心自覺之一般傾向，無論儒、道、名理以至文學藝術而皆然，則正始之音，其來有自，而太和玄談亦無足異矣。故謂荀、傅之談論已先王、何而涉及宇宙之本體則可，至於援引道家，正式建立玄學體系，則王弼、何晏實爲吾國中古思想史上劃時代之人物，他人不能奪其席也。靑木氏旣謂荀、傅皆同奉道家，而卒以二人屬之名理派，足見劃分學派，其事極爲困難[88]。蓋其時士大夫重天地萬物之根本原理之探求，凡可以達到此目的之方法，無論其爲儒、道或名理皆加援引，並無後世門戶之見。正始以後，眾流滙合，雖輕重之間各有偏倚，然益不易強爲之分別流派也。近世論清談

86 湯用彤，同上文，頁十七。

87 《後漢書》「孔融傳」載路粹枉奏文舉曰：「融前與白衣禰衡跌蕩放言，云父之於子，當有何親？論其本意，實為情欲發耳。子之於母，亦復奚為？譬如寄物缾中，出則離矣。」按文舉此論本之王充，見《論衡》「物勢」，「自然」等篇。（參考錢穆《國學概論》，上册，頁一三八—九所論。）此又漢末談論已涉及思想之一例，可與中篇論清談演變之文相參證。文舉此論雖與玄門尚有隔，然已是從自然主義之觀點對親子關係之本義為進一步之探求，漢晉間探求原理之風氣已不難由此而略覘之也。森三樹三郎前引文亦謂文舉此論是早期清談之表現，極確。但又謂此論旨在「否定名分」，則未能深識文舉之意也。（頁一三八）

00 《顏氏家訓》卷三「勉學」篇曰：「荀奉倩喪妻，神傷而卒，非鼓缶之情也。」似亦以奉倩歸之老莊一派。但顏書並未提供任何新材料，故作為證據之價值殊不甚高。或者之推以奉倩尚玄虛，復有喪妻之事，遂牽連及之耳。故奉倩雖為早期玄學家之一，而現存史料殊不足證明其為道家也。

思想之起源又多主自名理家演變而來之說（人物評論卽屬於名理一派。）[89]此亦一偏之見。蓋論者徒見名理一派由具體事象發展至抽象原理之過程，而不見其他精神活動之領域亦莫不循同一趨向而進行，此豈能一一歸之於名理學之影響？卽以王輔嗣爲例，其易學源出荊州，爲漢末儒學簡化運動之餘緒，其注老亦有漢代之淵源可尋，如馬融已有《老子注》。由是言之，正始之清談思想，其來源爲多元而非一元也。

復次，論魏晉玄學者，又謂其爲對儒學之直接反動[90]，則亦未能得持論之正。儒學之簡化旣早已蔚成運動，與玄學之尚虛玄至少在發展之趨向上，並行不悖，則二者之間似不應爲正與反之關係。何晏、王弼皆儒道雙修，並未叛離儒門，此點近人已有定論。故就一部份意義言，玄學正是儒學簡化之更進一步之發展，所謂「千里來龍，至此結穴」者是也。如上文論易學之變遷可爲例證。而此層之所以成爲問題者，仍在對荀粲與其兄討論「言不盡意」一段文字之解釋。荀粲曰：「六籍雖存，固聖人之糠粃。」湯用彤先生與松本雅明氏均據此語而斷定爲道家對儒學之激烈反抗[91]，鄙見於此點殊不敢苟同。若前文對「好言道」之解釋爲不誤，則荀氏爲道家一點已根本不能成立。吾人若掃除荀粲爲道家之先入之見，再對原文細加玩味，卽可知奉倩之言雖似激烈大

89 如唐長孺「魏晉玄學之形成及其發展」頁三二一—二；湯用彤、任繼愈「魏晉玄學中的社會政治思想和它的政治背景」，頁七二—三，皆因着重政治背景而過分強調名理學對玄學形成之作用。但湯先生《魏晉玄學論稿》中涉及玄學源起之處則立論甚為平實。

90 青木正兒「清談」，頁四；松本雅明「魏晉における無の思想の性格（一）」，《史學雜誌》第五十一編第二號，頁十五。

91 湯用彤「言意之辨」頁三六—七；松本雅明，同上文，頁十五。

膽，而實無反抗儒學之意，蓋其全文唯在闡明「言不盡意」之旨。本乎此旨，則六籍既爲聖人之言，自不足據之以窺聖道，而奉倩固以能言夫子之性與天道自負者，宜乎其糠粃六籍而不之顧矣。此亦猶漢末儒者以章句不足以知經籍之大義，遂鄙薄之而反求諸經傳之本文，奉倩不過更進一步並經傳而棄之，欲逕求聖人之道耳。前文謂玄學在部份意義上承繼漢末以來儒學反求本義之精神而發揮之至極，此亦其一端也。

儒道雖平流並進，然正始以後道家一支波瀾日闊，而儒家則漸呈泉源枯竭之象，一盛一衰，其故果安在哉？前論儒學之衰，在於漢代一統之局之不復能持續，故儒學喪失其舊有社會文化之效用。所謂儒學之效用者，具體言之，即其名教綱常之說可以維持穩定之社會關係，使上下有別，長幼有序，父子君臣等皆各安其份而已。然漢末以來，君臣一倫既隨人心之分裂而漸趨淡漠，而父子一倫亦因新思潮之影響而岌岌可危[92]。此外如夫婦朋友之關係亦莫不發生變化[93]，儒教舊有之安定作用遂不復能發揮矣。至於當時士大夫及一般子弟之所以背儒而向道者，則因儒術具有其普遍性與約束性，遠不若老莊自然逍遙之旨深合其自覺心靈追求自由奔放之趨向也。《嵇中散集》卷七「難自然好學論」有云：

> 推其原也，六經以抑引爲主，人性以從欲爲歡。抑引則違其願，從欲則得自然。然則自然之得，不由抑引之六經，全性之本，不須犯情之禮律。固知仁義務於理僞，非養眞之

92　孔融之跌蕩放言，雖用心無他，但于當時社會必不能不發生影響。其後阮嗣宗亦曰：「殺父乃可，至殺母乎？」尤屬危言聳聽之類，而皆足以促進社會之解體也。此層可論者甚多，茲以佚出本文範圍，故不詳及。

93　此層可參考森三樹三郎前引文，頁一四六—九。

要術；廉讓生于爭奪，非自然之所出也。

叔夜此論最能道出儒學見鄙而道家轉盛之癥結所在，推其旨意，蓋由于重精神之自由也。《三國志》「魏志」卷二十三「常林傳」注引《魏略》「清介傳」所載沐並戒其子以儉葬之言略曰：

夫禮者生民之始教，而百世之中庸也。故力行者則爲君子，不務者終爲小人。然非聖人，莫能履其從容也。是以富貴者有驕奢之過，而貧賤者譏於固陋。於是養生送死，苟窃非禮。……此言儒學撥亂反心，鳴鼓矯俗之大義也。未是夫窮理盡性，陶冶變化之實論也。若能原始要終，以天地爲一區，萬物爲芻狗，該覽玄通，求形景之宗，同禍福之素，一死一生之命，吾有慕於道矣。夫道之爲物，惟怳惟忽……。

沐德信於正始中爲三府長史，必有聞於王、何之玄論，故文中之道，取老子之旨。其人立身處世猶宗儒義，然求精神之自由則轉慕莊老。是知儒學雖經簡化，而終不能適應時代人心之需要，以挽救其衰落之命運者，實其本身之性質有以致之。還視老莊之言，則宗自然而返眞我，外與物以俱化，內適性而逍遙，宜乎一世才智之士皆趨之若鶩，而莫能自拔矣。故儒學衰敝之原因，亦卽道家興盛之根據，探本窮源，要皆歸於士之內心自覺而已[94]。

94 錢師賓四云：「魏晉南朝三百年學術思想，亦可以一言以蔽之，曰『個人自我之覺醒』是已。」（《國學概論》上冊，頁一五〇）其發明玄學思想與個人自覺之關係最早。其後松本雅明氏亦從個人自覺與個性解放之觀點解釋魏晉「無」之思想性格，所論益詳。（見「魏晉における無の思想の性格」一文，連載於《史學雜誌》第五十一編第二至第四號。）最近森三樹三郎氏復本「人之發見」之觀念綜論魏晉文化，所涉及之範圍尤廣，雖時代稍遲，然時有可與本文互相發明之處。文中論儒道之興衰以「人間性」為言，亦可為個人自覺說之參證（「魏晉時代における人間の發見」）。本文略人之所詳，故於此點不多考論也。

然玄學之發展，正始以降下迄晉初，路轉峯迴，猶多曲折，其間有自然與名教之爭，崇有與貴無之辨，若徒持個體自覺一觀念以爲說，則亦失之遠矣。自來論玄學之演變者，皆嘗爲之分別流派，然所依據之標準各異，故爲說不同：有依思想之內容者[95]，有依時代之先後者[96]，有依持說之新舊者[97]，亦有依階級之利害者[98]。由於着重點不同，所涉及之問題亦各殊，而皆有所得。本篇所欲論者既不在檢討諸家之得失，亦不敢妄爲綜合調停之說，而僅在試從自覺之觀點對玄學之發展歷程重加解釋，故與諸家縱有異同，亦非存心立異或曲意從同，其間蓋有不期然而然者耳！依本文上二篇所論，漢晉之際士大夫之自覺至少可分爲羣體與個體之二不同層次。此二層次之自覺雖有不同，然皆順士大夫社會成長之同一歷史潮流而來，故其間關係至爲密切。至於羣體自覺與個體自覺間之交互作用究竟如何，本文則未嘗論及。一則其事甚難，取證不易；再則牽涉過廣，亦有乖文章之體例。茲以考釋魏晉思想之流變必須涉及此點，故併而論之，蓋亦可以見其

95 青木正兒「清談」分玄學為名理、析玄與曠達三派；湯用彤「魏晉玄學流別略論」（《魏晉玄學論稿》，頁四八—六一。）將魏至東晉之僧俗玄學思想依立論內容分為四派而綜述之。

96 錢師賓四「記魏晉玄學三宗」則依時代先後分王何、阮嵇、與向郭為三派而考論其承衍變化；松本雅明論「無」文中亦依時序分別流派；又 E. Balazs "Entre rèvolte nihiliste et èvasion mystique" *Etudes Asiatiques*, 1.2, 1948 pp 27-55. 取徑亦同。英譯本見 *Chinese Civilizaion and Bureaucracy*, pp. 226-254

97 湯用彤「魏晉思想的發展」（前引書附錄，頁一二〇—一三一。）復分魏晉思想為新舊二派而論之；孫德宣「魏晉士風與老莊思想之演變」論思想分化則分為守舊、調和與改進三派，用意與湯氏相近。

98 湯用彤、任繼愈「魏晉玄學中的社會政治思想和它的政治背景」；范寧「論魏晉時代知識分子的思想分化及其社會根源」；唐長孺「魏晉玄學之形成及其發展」大體皆本階級之政治經濟利害着眼。

大概焉！

與漢代一統之局相維繫之儒學至鄭康成或荆州學派之簡化而告一段落，曹魏雖有恢復儒統之努力，而卒不能成功。《三國志》「魏志」卷十五「劉馥傳」載劉靖上疏陳儒訓之本略曰：

> 黃初以來，崇立太學，二十餘年而寡有成者，蓋由博士選輕，諸生避役，高門子弟恥非其倫。故夫學者雖有其名，而無其人，雖設其敎而無其功[99]。

是其明證，是以魏晉以下純學術性之儒學雖未嘗中斷，而以經國濟世或利祿爲目的之儒敎則確然已衰。[100] 士大夫於如何維繫社會大羣體之統一與穩定既不甚關切，其所縈懷者遂唯在士大夫階層及士大夫個體之社會存在問題。就此一角度言，魏晉思想之演變，實環繞士大夫之羣體自覺與個體自覺而進行。蓋羣體自覺與個體自覺並不能常融合無間，其間頗有衝突抵觸之事。如何消解此類衝突而使羣己關係獲致協調，遂爲思想家所不能不注意之一中心問題。而對同一問題之不同答案，則形成流派之根本原因所在也。

正始之世，何晏、夏侯玄之輩雖口唱玄音，然未嘗遺落世務，且矜心欲有所爲，此固盡人知之矣。所可注意者，正始之世爲士大夫階層在政治上升降之一關鍵。蓋曹魏以寒族繼漢而興，不得不用刑名法術以立威，故士大夫頗受壓抑，上起孟德，下逮元仲，其風愈後而彌甚。《三國志》「魏志」卷三「明帝紀」注引《魏書》曰：

---

99 「魏志」卷十三「王肅傳」注引《魏略》論此事最爲詳備。玆爲節省篇幅計，故從略也。

100 森三樹三郎，前引文，頁一三七。

（明帝）好學多識，特留意於法理。

同書卷十三「王肅傳」注引《魏略》云：

至太和、青龍中，中外多事，人懷避就。雖性非解學，多求請（入）太學。……諸生本亦避役，竟無能習學。

此皆足說明魏明主名法之治，而頗擾士大夫階層。明乎此，然後始能確知王弼、何晏輩主張無為而治之意義，實在批判曹魏之苛政，而為士大夫羣體與個體爭取自由也。《文選》卷十一何平叔「景福殿賦」有云：

除無用之官，省生事之政，絕流遁繁禮，反民情於太素。

李善注引《典略》曰：

魏明帝……許昌作殿，名曰景福，既成，命人賦之，平叔遂有此作。

其向明帝進言之意實至為顯著。《列子》卷四「仲尼」篇張湛注引何晏「無名論」轉述夏侯玄之言曰：

天地以自然運，聖人以自然用。

亦無為之旨也，而王弼注老發揮此意尤暢[101]。《老子》五十八章「其政悶悶」，王注曰：

101 白樂日氏（E. Balazs "Entre rèvolte nihiliste et èvasion mystique" p. 36. 見英譯本頁二三五—六）認為王弼較之何晏較少道家虛無之色彩，而自《易經》所表現之宇宙全體秩序中尋索已喪失之社會秩序，尤具積極之精神。今按：此種說法似是而非，可不詳辨。至於王何之比較則甚不易，似無從得此印象。何晏嘗注《論語》，頗注意儒家禮制典章，其對社會秩序之著重決不在純粹思想家之王輔嗣之下。又：白氏謂王、何皆嘗注老易，亦誤。《世說新語》「文學」篇「何晏為吏部尚書」條注引《魏氏春秋》僅謂晏「善談易老。」又《世語》載何平叔嘗注《老子》，見王注精奇，遂棄之，別作《道德論》。（此事「文學」篇凡兩見，文字小異。）是何晏僅注《老子》，未及《易經》也。

言善治政者，無形、無名、無事、無政可舉，悶悶然卒至於大治。

又「其政察察」注曰：

立刑名，明賞罰，以檢姦僞，故曰察察也。

二十七章「故無棄人」注曰：

聖人不立形名以檢於物，不造進向以殊棄不肖，輔萬物之自然而不爲始。

皆一方面批評名法之治，一方面復主張無爲之意也。爲政者若能法自然，爲無爲，則羣己兩融，人人皆得適其性而遂其情矣。故二十九章末注曰：

聖人達自然之至，暢萬物之情，故因而不爲，順而不施。除其所以迷，去其所以惑，故心不亂而物性自得之也。

又十八章，「六親不和有孝慈，國家昏亂有忠臣」注曰：

若六親自和，國家自治，則孝子忠臣不知其所在矣。魚相忘於江湖之道，則相濡之德生也。

正始之世，士大夫之放誕尚未形成風氣，故羣體與個體之間並無顯著之衝突，此點在王、何諸人思想中亦有痕跡可求。論王、何思想者均謂其儒道兼綜，其說是也，然不知此正是羣體自覺與個體自覺未有罅隙之象徵。蓋大體言之，儒家注重羣體之綱紀秩序，道家則鼓舞個體之自由放任。今王、何諸人兼蓄而並攬之，於羣己皆有安頓，此顯有其社會背景，非故作調和妥協之論，殆可以推而知之也。抑更有可論者，自然與名教，無與有，在其後爲思想衝突之焦點者，在王、何均有安排，而未成爲問題。《老子》三十二章「始制有名」王弼注曰：

始制謂樸散始爲官長之時也。始制官長，不可不立名分，以定尊卑，故始制有名也。

此名教出於自然，亦卽二者並非對立之說也。《列子》卷四「仲尼」篇引何晏「無名論」曰：

夫道者惟無所有者也。自天地已來，皆有所有矣，然猶謂之道者，以其能復用無所有也。

此則有無相通之說也。

正始之後，竹林名士再振玄風，魏晉思想又進入高潮階段[102]。竹林七賢之性格思想及家世背景頗不一致，甚難一概而論。但若僅就其思想大趨觀之，較之正始則遠爲注重個體之自由，而輕忽羣體之秩序。此亦有其政治社會之背景，蓋典午當權，一反曹魏名法之政，務尚寬簡，士大夫固已無須爭取羣體之自由，如前在曹魏之世之所爲矣。近人有以司馬氏之代魏爲東漢儒家大族之復興者，誠有以也[103]。然此處有一疑難之點：卽司馬氏既代表士大夫階層之利益，何以復對當時諸名士如何晏、夏侯玄、李豐之輩大加誅戮？實則此點並不難解釋，蓋此諸人皆以姻戚關係依附魏室以實現其無爲之政治理想，與司馬氏之欲篡奪曹家政權，其間雖無基本政策之殊異，而殊有

102 關於竹林七賢尚未見有全面而深入之研究，最近 Holzman 撰 "Les sept sages de la forêt des bambous et la société de leur temps", *T'oung Pao*, 44 (1956) 論七賢及其時代社會之背景甚平允，可以參看。（按：中文專著現有何啓民，《竹林七賢研究》，中國學術著作獎助委員會叢書，台北，一九六六）

103 陳寅恪「崔浩與寇謙之」，《嶺南學報》第十一卷第十一期（一九五〇年十二月）頁一二六；唐長孺「魏晉玄學之形成及其發展」，頁三二六—七。

權力之衝突，故卒至積不相容。《三國志》「魏志」卷九注引《魏略》曰：

> （許）允聞李豐等被收，欲往見大將軍（司馬師）。已出門，回遑不定，中道還取袴。豐等已收訖，大將軍聞允前，遽怪之曰：我自收豐等，不知士大夫何爲忽忽乎？

斯雖權詐之語，然亦可藉以說明典午之誅戮名士乃出於個人間權力之鬭爭，非欲與士大夫階層爲敵也。士大夫階層既不甚受干擾，個體自覺乃益得發展，竹林名士遂至率性放任，不拘禮法。其表現於思想方面者，則爲菲薄經籍，直談莊老。此一轉變亦轉可說明曹魏與典午政權性質之不同，蓋若在魏明之世，名法見崇而浮華受抑，則竹林之風流必無出現之可能也。司馬氏既當國，士大夫羣體之自由大致已不成問題，但亦因此之故士大夫內部轉發生分化：在朝者重社會秩序之維持，在野者重個體自由之開拓。當時所謂名教與自然之異同者，從士大夫自覺之觀點言之，實起于對羣體與個體之着重點不同。何以言之？蓋士大夫發展其內心之自覺既久，則自然形成鄙薄世事而遊心物外之個性，與流行之禮法乃扞格難通，此觀中篇所論可知。然若人人皆極端發揮其任情不羈之個性，而不願爲禮法所繩，則社會必趨於解體，亦爲不證自明之理。何曾輩禮法之士所以深疾阮嗣宗者，職以此故，是以名教與自然之對立雖與士大夫之政治立場關係極爲密切[104]，然其涵義殊非政治立場一點所能盡也。茲請略論之。竹林七賢之中，眞正反抗司馬氏之政權者唯嵇叔夜一人，而叔夜之所以卒爲司馬氏所殺，雖與其反名教之激烈思想有關，然根本原因則在於其爲曹魏之姻戚，且有實際反抗司馬氏之行動兩點。關於叔夜之死因，如《三國志》「魏志」卷

104 此義陳寅恪先生論之最精，見《陶淵明之思想與清談之關係》，頁二—三三。

二十一「王粲傳」注引《魏氏春秋》及《世說新語》「雅量」篇注引《晉陽秋》及《文士傳》等所言者皆不及《晉書》卷四十九本傳之完備。其言略曰：

「嵇康……與魏宗室婚，拜中散大夫。……東平呂安……爲兄所枉訴，以事繫獄，辭相證引，遂復收康。……（鍾會）因潛康欲助毋丘儉，賴山濤不聽。……康、安等言論放蕩，非毀典謨，帝王者所不宜容，因釁除之，以淳風俗。帝既服聽信，會遂幷害之。」

據此則叔夜之取禍實因其實際參與反抗司馬氏之政治活動，至於思想激進則猶是次要之因素。叔夜與毋丘儉之勾連，事誠有之。《三國志》「魏志」「王粲傳」注引《世語》曰：

毋丘儉反，康有力，且欲起兵應之。以問山濤，濤曰不可。儉亦已敗。

是知鍾士季之能因私怨（事見上引《世語》條）讒害叔夜，易言之，卽能動司馬昭之心，端因叔夜有顧覆性之活動，否則叔夜雖倡自然而反名教，罪亦當不至死。觀夫司馬懿之誅何晏及司馬師之戮夏侯玄、李豐等，卽可以知叔夜終不得不死之故矣！阮嗣宗非毀名教，較之叔夜猶爲有過，然以無政治派系之牽連，遂常得司馬文王之護持，而以壽終。（參閱《三國志》「魏志」卷廿一「王粲傳」注引《魏氏春秋》，《嵇中散集》卷二「與山巨源絕交書」及《晉書》卷四十九本傳等。）由是乃益知叔夜之不必死於名教也。叔夜之死因既明，然後乃可進而論名教與自然之對立，至少在部份意義上與羣體自覺與個體自覺之衝突有關。禮法之士中最疾嗣宗者爲何曾。頗考在政治方面所表現之人格如何，茲姑不加評論。但若就其家族私德言之，固是遵禮守法之士，以其平日批評嗣宗之旨衡之，亦可謂言行相符者也。《晉書》卷三十三本傳曰：

曾性至孝，閨門整肅。自少及長，無聲樂嬖幸之好。年老之後，與妻相見，皆正衣冠，相待如賓，己南向，妻北面，再拜上酒，酬酢既畢，便出。一歲如此者，不過再三焉！

又引傅玄著論稱曾及荀顗有云：

以文王之道事其親者，其潁昌何侯乎？其荀侯乎？古稱曾、閔，今曰荀、何；內盡其心以事其親，外崇禮讓以接天下。孝子百世之宗，仁人天下之命；有能行孝之道，君子之儀表也。

顗者在生前與身後均不爲人所諒，其家族私德是否出乎僞作，今已無從考證，且在此亦非關重要。但就客觀效用方面言，則何氏之遵循名教，確有利於士大夫羣體綱紀之維持，無可疑也。傅玄亦以反玄虛、重綱紀著稱，自是名教中人。《晉書》卷四十七本傳載玄上疏曰：

近者魏武好法術，而天下貴刑名；魏文慕通達，而天下賤守節。其後綱維不攝，而虛無放誕之論盈于朝野，使天下無復清議，而亡秦之病，復發於今。

其不滿當時老莊自然之意態溢于言表。《意林》引傅子有云：

經之以道德，緯之以仁義，織之以禮法，既成而後用之。

則其積極之社會理想也。本傳又曰：

玄天性峻急，不能有所容。每有奏劾，或値日暮，捧白簡，整簪帶，竦踊不寐，坐而待旦。於是貴游懾伏，臺閣生風。

其爲人之嚴正又可知。若此之類與其謂之純爲司馬氏一家一姓之利益着想，則不如謂其注重士大夫羣體秩序之維持之更爲妥當也。徒以司馬氏已居最高之統治地位，亦因而最能收遵奉名敎之利，遂使人於此難加分辨耳！

另一方面，嵇叔夜、阮嗣宗輩亦非不知羣體秩序之重要，尤非不知當世禮法之士所疾於彼輩者爲何，然而卒不顧者，一則不甘與當時詐僞鄙俗之社會共浮沉，一則內心自覺之境拓之已深，其性格確與具有高度束縛性之名敎無法相容也。阮嗣宗「大人先生傳」略曰：

> 世之所謂君子，惟法是修，惟禮是克，手執圭璧，足履繩墨，行欲爲目前檢，言欲爲無窮則，少稱鄉黨，長聞鄰國，上欲圖三公，下不失九州牧。獨不見羣蝨之處褌中，逃乎深縫，匿乎壞絮，自以爲吉宅也。行不敢離縫際，動不敢出褌襠，自以爲得繩墨也。然炎丘火流，焦邑滅都，羣蝨處於褌中而不能出也。君子之處域內，何異夫蝨之處褌中乎？（《阮步兵集》原文太長，此從《晉書》本傳引。）

此鄙世厭俗之意也。《嵇中散集》卷二「與山巨源絕交書」曰：

> 又縱逸來久，情意傲散，簡與禮相背，嬾與慢相成。而爲儕類見寬，不攻其過。又讀莊老，重增其放，故使榮進之心日頹，任實之情轉篤。此猶禽鹿少見馴育，則服從敎制，長而見羈，則狂顧頓纓，赴蹈湯火。雖飾以金鑣，饗以嘉肴，愈思長林而志在豐草也。

此內心自覺縱放已久，不復能爲禮法所拘之說也。嵇、阮集中此類思想隨處可見，不必多所徵引。雖其中不無遁辭之成分，然殊不得謂其全非肺腑之言也。細玩嗣宗之「大人先生傳」及叔夜「與山巨源書」，則儼然仲長統之「樂志論」，因知其內心修養，積之有素，豈朝夕之間，因反抗一家一姓之政權，便遽能有此恬澹襟懷，而持以爲出處進退之權衡哉？嗣宗與叔夜雖逍遙已久，不能遵世俗之禮法，然其本心則實未嘗欲破壞羣體之綱紀。《世說新語》卷五「任誕」篇云：

阮渾長成，風氣韻度似父，亦欲作達。步兵曰：仲容已預之，卿不得復爾。

注引「七賢論」曰：

籍之抑渾，蓋以渾未識己之所以爲達也。

《嵇中散集》卷十「家誡」篇所詔示於其子者亦多小心戒愼之辭[105]。而《晉書》卷四十三「山濤傳」復曰：

（嵇）康後坐事，臨誅，謂子紹曰：巨源在，汝不孤矣。

《世說新語》卷二「政事」篇曰：

嵇康被誅後，山公舉康子紹爲祕書丞，紹咨公出處。公曰：爲君思之久矣，天地四時猶有消息，而況人乎？

不孤之語若屬可信，則叔夜豈已有遺民不世襲之意耶？然則顧亭林「敗義傷教」之論（《日知錄》卷十三「正始」條）不徒可歎，抑更可悲矣。史料闕略，無從遽斷，尤不敢存厚誣前賢之意。不過舉此數例以說明阮、嵇諸人雖宗自然而未忘名教，雖開拓個體之自由而無意摧毀羣體之綱紀而已。後進不達其心而妄爲折巾效顰之舉，卒致中原板蕩，典午東遷，然諸賢固不任其過也。

就人格而論，老莊之徒與名教中人，賢與不肖隔自雲泥，此當時及後世之公論也。然其故固不在名教與自然之本身有所軒輊，亦非羣體與個體可有高下之判。追本窮源實在名教中人未能忘

105 參閱魯迅「魏晉風度及文章與藥及酒之關係」一文所論，《魯迅全集》第三卷《而已集》，頁五〇四。

情富貴，而老莊之徒猶有安於貧賤者耳！《晉書》卷三十三「何曾傳」曰：

然性奢豪，務在華侈。帷帳車服，窮極綺麗；厨膳滋味，過於王者。……食日萬錢，猶曰無下箸處。……時司空賈充權擬人主，曾卑充而附之。……以此為正直所非。

同書卷三十九「荀顗傳」曰：

顗明三禮，知朝廷大儀，而無質直之操，阿意苟合於荀勗、賈充之間。初皇太子將納妃，顗上言賈充女姿德淑茂，可以參選。以此獲譏於世。

如此禮法君子，宜乎嗣宗譏之為蝨處褌中也。返視阮、嵇，則意境迥別！《阮步兵集》「大人先生傳」有云：

彼勾勾者，自以為貴夫世矣，而惡知夫世之賤乎茲哉！故與世爭貴，貴不足爭；與世爭富，則富不足先。必超世而絕羣，遺俗而獨往……

《嵇中散集》卷四「答難養生論」曰：

富與貴是人之所欲者，蓋為季世惡貧賤，而好富貴也。未能外榮華而安貧賤，且抑使由其道，猶不爭不可令，故許其心競。中庸不可得，故與其狂狷。此俗之談耳，不言至人當貪富貴也。

由是而知自然與名教之優劣端在此而不在彼也。豈惟名教與自然而已哉！即同主老莊自然，其高下亦莫不由是而判。此則竹林名士之所以不得不始合而終離也。《世說新語》卷一「言語」篇曰：（參閱《晉書》卷四十九本傳）

嵇中散既被誅，向子期舉郡計入洛。（司馬）文王引進問曰：聞君有箕山之志，何以在此？對曰：巢、許狷介之士，不足多慕。王大咨嗟。

向子期入洛誠可謂之改圖失節。然其所以至此者，亦非一朝一夕之故，其間猶別有可說者。同書注引「向秀別傳」略曰：

其進止無不同，而造事營生業亦不異。

是其人個性本有隨波逐流之一面，與嗣宗之放達，叔夜之激烈，固區以別之矣。《嵇中散集》卷四黃門郎向子期「難養生論」有云：

若夫節哀樂，和喜怒，適飲食，調寒暑，亦古人之所脩也。至于絕五穀，去滋味，窒情欲，抑富貴，則未之敢許也。……夫天地之大德曰生，聖人之大寶曰位，崇高莫大于富貴。然則富貴，天地之情也。貴則人順己行義于下，富則所欲得以財聚人，此皆先王所重，開之自然，不得相外也。又曰：富與貴，是人之所欲也。但當求之以道，不苟非義。……若覩富貴之過，因懼而背之，是猶見食之有噎，因終身不餐耳。

據此則子期思想亦自與阮、嵇有異[106]。子期本其不忘富貴之心以注莊，郭子玄又推其意而廣之，遂大暢玄風，立名敎與自然合一之新說，與阮、嵇等自然與名敎對立之論截然分途矣。向、郭名敎與自然相同之說，近人已自不同之觀點加以討論，茲不欲更與時賢爭刀錐之末。與本篇旨趣有

106 子期與阮、嵇思想意態之不同，錢師賓四嘗備論之，見「記魏晉玄學三宗」。又 Holzman 在其《嵇康之生活與思想》書中謂子期之入仕蓋與其平日所持之哲學相合，（見頁二七，註三）其說與湯用彤先生相同，見「向郭義之莊周與孔子」，《魏晉玄學論稿》，頁一〇五。

關，而不能不略加注意者，厥惟向、郭新義對羣體與個體之安頓如何耳！前已言及，王、何之世，士大夫羣體自覺與個體自覺尚未有顯著之衝突，故羣己關係在其名教出于自然之理論中已獲得初步之解決。正始以後士大夫羣體之發展既不復有拘束，遂益與現實權利相混，而趨向腐化虛僞之一途。希志高遠而不甘隨波逐流之士大夫，重以內心自覺之所積已入深邃之境，於此一羣體所遵循之禮法，乃最不能堪，而務以衝決世俗之網羅爲快。其奔放騰躍之所及，乃寖有破壞世俗綱紀之勢，至爲禮法之士所不見容。此卽以何曾、荀顗爲代表之名教，與以阮籍、嵇康所代表之自然，所由形成對立也。然一世之士方以富貴爲念，阮、嵇求個體自由解放之情雖爲彼輩所深喜，其澹泊自甘之旨則非彼輩所能從，向、郭之解莊，卽承此風而起者也。由是觀之，竹林諸賢之分化蓋時勢之所趨，叔夜縱不見誅，亦未必能阻子期之入洛耳[107]！向、郭解莊，大旨相同，向書今已不傳，姑就郭注畧推論之，不能詳及也。郭象「莊子注序」有云：

> 通天地之統，序萬物之性，達死生之變，而明內聖外王之道。

據此則子玄實欲將王、何以來所有關於宇宙、自然、人事之抽象理論爲一總集結，而成一首尾完具之思想體系。無論就時代或思想內容而論，老莊玄學發展至郭子玄，確已達到此種大綜合之階段。唯此點佚出本篇範圍，可以不論。所可注意者，序言所謂「內聖外王之道」，自本篇之觀點

107 向秀撰「難養生論」及解莊均在叔夜生前，足證其自然與名教合一之思想早有淵源，非激於一時之事，亦非為自身出處作理論上之辯護也。至於山濤，據《晉書》卷四十三本傳，早歲卽語其妻曰：「忍饑寒，我後當作三公。但不知卿堪作夫人不耳！」是亦自來已有入仕之念。其與叔夜等為竹林之遊，殆一時之偶相過從耳！

言，實卽在消融個體自覺與羣體自覺之衝突，使獲得一更高之綜合也。向、郭旣主名教與自然不異，則不能不肯定君臣尊卑等有關羣體之綱紀。《莊子》卷一「齊物論」：「如是皆有爲臣妾乎」郭注云：

> 臣妾之才而不安臣妾之任，則失矣！故知君臣、上下、手足、外內乃天理自然，豈直人之所爲哉！

「其遞相爲君臣乎」注云：

> 夫時之所賢者爲君，才不應世者爲臣。若夫天之自高，地之自卑，首自在上，足自居下，豈有遞哉！

卷二「人間世」：「臣之事君義也」注曰：

> 千人聚不以一人爲主，不亂則散。故多賢不可以多君，無賢不可以無君。此天人之道，必至之宜。

「以禮飲酒者始乎治」注曰：

> 尊卑有別，旅酬有次。

此皆尊君臣之倫，重尊卑之序之說也。然向、郭解莊，其根本精神並不在此。故卷四「胠篋」：「則聖人之利天下也少，而害天下也多」注曰：

> 信哉斯言。斯言雖信，而猶不可亡聖者，猶天下之知未能都亡，故須聖道以鎮之也。羣知不亡而獨亡聖知，則天下之害又多於有聖矣！然則有聖之害雖多，猶愈於亡聖之無治也。

西方近代政治思想家嘗有「政府爲必要之罪惡」之說，影響甚大。而郭子玄固已於千餘年前暢論斯義，誠可謂「孤明先發」者矣。子玄之意既不在推尊綱紀秩序，其所望於政府者則在無爲，卷四「在宥」：「聞在宥天下，不聞治天下也」注曰：

所貴聖王者，非貴其能治也，貴其無爲而任物之自爲也。

子玄之無爲思想與王、何復有不同。王、何之無爲主要在反對生政以擾民，子玄之無爲則是當政者鼓勵民之自爲，亦卽要求個體之積極自由也。此義遍及全書，茲但引二三例如下。「在宥」：「無爲也而後安其性命之情」注云：

無爲者，非拱默之謂也，直各任其自爲，則性命安矣！

卷五「天運」：「使天下兼忘我難」注云：

聖人在上，非有爲也。恣之使各自得而已耳！自得其爲則衆務自適，羣生自足。

卷八「徐無鬼」：「予又奚事焉」注云：

夫爲天下莫過自放任。自放任矣，物亦奚攖焉！故我無爲而民自化。

子玄所注重者在個體之積極自由，而其說於「逍遙遊」注開宗明義卽已點出之。其言曰：

夫大小雖殊，而放縱於自得之場，則物任其性，事稱其能，各當其分，逍遙一也。豈容勝負於其間哉！

然人人皆適性逍遙則必不能無衝突，故須強調「各當其分」一點。同篇「水之積也不厚」注云：

故理有至分，物有定極，各足稱事，其濟一也。若乃失乎忘生之主，而營生於至當之外，事不任力，動不稱情，則雖垂天之翼不能無窮，決起之飛不能無困矣。

依子玄之意，人人皆當守其本分，不可逾越，此卽重羣體之綱紀而遵名敎也。然人在其本分之內則當放任其性，以逍遙自適，此卽倡個體之自由而宗自然也。夫放於自得之場，各得其分，而皆可以逍遙，則雖湛浮富貴之鄉亦無妨乎宅心玄遠，而發展個體之自覺矣。「逍遙遊」：「藐姑射之山有神人居焉」注曰：

> 夫聖人雖在廟堂之上，然其心無異於山林之中。世豈識之哉！徒見其戴黃屋，珮玉璽，便謂足以纓紱其心矣！見其歷山川，同民事，便謂足以憔悴其神矣！豈知至至者之不虧哉！

卷三「大宗師」：「孔子曰：彼遊方之外者也，而丘遊方之內者也。」注云：

> 夫理有至極，外內相冥，未有極遊外之致而不冥於內者也。未有能冥於內而不遊於外者也。故聖人常遊外以弘內，無心以順有。故雖終日揮形而神氣無變，俯仰萬機而淡然自若。

此卽所謂「內聖外王之道」，亦名敎自然合一之妙諦也。子玄旣抱如是之觀點，則宜乎其於叔夜、嗣宗輩之務以超世絕俗爲高者，期期以爲不可。而別創一「玄同」之新說，以調和統一個體與羣體之衝突焉！「逍遙遊」：「吾將爲賓乎」注略曰：

> 若獨亢然立乎高山之頂，非夫人之有情於自守，守一家之偏尙。……故俗中之一物，而爲堯之外臣耳！

卷四「在宥」：「獨有之人是之謂至貴」注曰：

> 夫與貴玄同，非求貴於衆，而衆人不能不貴，斯至貴也。若乃信其偏見，而以獨異為心，則雖同於一致，故是俗中之一物耳！非獨有者也。

嗣宗、叔夜自許能超世絕俗，而子玄反以「俗物」相譏，子玄誠得夫「理無是非」（「齊物論」注發明此義最詳。）之旨哉！此等處雖無確證，亦可斷其必為子玄之創解。蓋子期注莊之時，正豫於竹林之遊，縱有情於富貴，又何至作是語耶？觀夫子玄之不許「獨異為心」，即知彼所謂「獨有之人」，唯有流於貴遊子弟之通達，而不復有眞正內心自覺可言矣。至於「玄同」之說，據卷五「天地」：「汝將固驚邪」注曰：

> 故與世同波，而不自失，則雖遊於世俗，而泯然無迹。豈必使汝驚哉！

及卷七「山木」：「子其意者」注所云：

> 夫察焉小異，則與衆為迕矣。混然大同，則無獨異於世矣。

又「逍遙遊」：「若夫乘天地之正」注曰：

> 故乘天地之正者，卽是順萬物之性也。……此乃至德之人，玄同彼我者之逍遙也。

則正是順世隨俗之自然義，與子期「難養生論」所言者旨趣符合，知必為向、郭兩家所共有之見解也。順世隨俗既為自然，與時消息自亦為向、郭自然義中所應有之節目。卷二「人間世」注曰：

> 與人羣者，不得離人，然人間之變，故世世異。宜惟無心而不自用者，為能隨變所適，而不荷其累也。

嗚呼！此非山巨源所謂「天地四時，猶有消息」一說之理論化耶？夫叔夜、嗣宗亦非眞以自然與名教爲對立，名教苟出乎自然，則二者正可相輔相成。徒以魏末之名教，如何曾輩所代表者，殊非嗣宗、叔夜所能堪，故不得不轉求自我之超世絕俗耳！史稱阮、嵇等均嘗有濟世志，殆亦欲轉移一世之頹風，使末流之禮法重返於自然之本。不期富貴移人，嗣宗、叔夜所志不遂，而向、郭解莊，反使絕俗之自然下儕於末流之名教，於是昔日之變俗歸眞，今悉爲移眞從俗矣！《晉書》卷四十九「向秀傳」謂秀爲莊書解隱：

發明奇趣，振起玄風。讀之者超然心悟，莫不自足一時也。

郭象「莊子注序」曰：

雖復貪婪之人，進躁之士，暫而攬其餘芳，味其溢流，彷彿其音影，猶足曠然有忘形自得之懷。

不幸讀向、郭書而自足自得者多不免於貪婪進躁，故道家之言雖風靡一時，而漆園之旨亦已但足與當時之名教相表裏而已。回視竹林之遊，又烏得不使人興邈若山河之歎哉！然思想之流變常與社會史爲不可分，故亦未應孤立而觀。通覽漢晉之際士大夫階層發展之大勢，阮、嵇一流之終不能暢，與夫莊老玄言之流入向、郭一途，亦誠可謂爲必然之歸趨。故子期之失圖與子玄之媚俗，皆有其不期然而然者在，讀史者但求明其流變之眞迹而已，不足深責也。

然向、郭之旨有其同，亦有其異。子期承王弼諸人之舊誼，仍主有生於無之說。至子玄注莊則反是，而謂無不能生有，天地萬物皆是有。此蓋因其說最後出，綜合各家，已採及裴頠「崇有論」之旨矣[108]。有無之爭本是玄學問題，但玄學問題有時亦與社會問題相關涉。當爭論之初起，崇有者尙名教，故重羣體之綱紀，貴無者則宗自然，故主個體之自由。大抵向、郭一派之調和羣己衝突，其立足點在個體之自由，而裴頠一派之調和論其立足點則在羣體之綱紀。至於郭象，雖採裴頠之有，而已融入其物無大小皆得適性逍遙之理論中，故並無傷其與向秀同屬於一派。此亦當時玄學名家互相吸收他人之創見以完成自己之體系而競求超越之一端，然今不能詳論之矣。《晉書》卷三十五「裴頠傳」曰：

> 頠深患時俗放蕩，不尊儒術。何晏、阮籍素有高名於世，口談浮虛，不遵禮法，尸祿耽寵，仕不事事，至王衍之從，聲譽太盛，位高勢重，不以物務自嬰，遂相放效，風教陵遲，乃著崇有之論，以釋其蔽。

此其作意明爲維護羣體之綱紀也。故「崇有論」有云：

> 賤有則必外形，外形則必遺制，遺制則必忽防，忽防則必忌禮，禮制弗存，則無以爲政矣。

又曰：

> 是以立言藉其虛無，謂之玄妙；處官不親所司，謂之雅遠；奉身散其廉操，謂之曠達。故砥礪之風，彌以陵遲。放者因斯，或悖吉凶之禮，而忽容止之表，瀆棄長幼之序，混

108 此從錢師賓四之說，見「郭象莊子注中之自然義」，《莊老通辨》，頁三九七—四〇〇；唐長孺氏所論亦大體相近，見「魏晉玄學之形成及其發展」，頁三三二—四。

漫貴賤之級。其甚者至於裸裎，言笑忘宜，以不惜爲弘，士行又虧矣。

此皆顯然針對當時倡個體自由之虛無派破壞社會秩序而發也。故論中又以「崇濟先典，扶明大業，有益於時」爲言。史稱：

王衍之徒，攻難交至，並莫能屈。

則羣體與個體二派之分，其情宛然可見。蓋晉初倡個體自由解放之一派承竹林七賢中阮籍、劉伶等之放誕而來，內心之修養雖遠爲不足，而形骸之放浪猶且過之，於羣體綱紀極具破壞作用。《世說新語》卷一「德行」篇云：

王平子、胡母彥國諸人，皆以任放爲達，或有裸體者。樂廣笑曰：名教中自有樂地，何爲乃爾也。

注引王隱《晉書》曰：

魏末阮籍嗜酒荒放，露頭散髮，裸袒箕踞。其後貴游子弟阮瞻、王澄、謝鯤、胡母輔之之徒，皆祖述於籍，謂得大道之本。故去巾幘，脫衣服，露醜惡，同禽獸。甚者名之爲通，次者名之爲達也。

實則放誕之風早起於漢末，爲士之個體自覺之表徵，嗣宗承之而益爲恣肆耳！此層中篇已略及之，而《抱朴子》「疾謬」篇評述尤詳。茲再舉一例以明其源流所自。《太平御覽》卷四九八「應璩與崔元書」云：

豈有亂首抗巾，以入都城，衣不在體，而以適人乎？昔戴叔鸞箕坐見邊文禮，此皆衰世之慢行也。

漢末以來放誕之風，經竹林名士，下迄晉初，固未嘗中斷。然其內在精神則愈傳愈失其眞。東晉之世戴逵嘗論之曰：

> 若元康之人，可謂好遯跡而不求其本。故有捐本徇末之弊，舍實逐聲之行。是猶美西施而學其顰眉，慕有道而折其巾角。所以爲慕者，非其所以爲美，徒貴貌似而已矣！（《晉書》卷九十四「隱逸傳」本傳）

此輩形放之徒最爲當時重羣體綱紀者如裴頠所深疾。至於樂廣，其思想雖與裴頠有別，但其尚名敎一點與裴氏實不異，觀其對任誕之行之非笑可知，故亦當歸之於重羣體之一派。所可注意者，貴游子弟之通達固與竹林名士不可同日而語，而尚名敎之士如裴、樂諸人，較之何曾、荀顗、傅玄等，其思想與行爲亦令人有隔世不相酬接之感。蓋何、傅之徒，在議論上猶執流俗之儒家理論，別無勝解足以服人；在行爲上則拘拘於禮法之末節，亦非能有至德懿行足以感人。故嗣宗雖面受何曾呵斥而殊不以爲意，談笑飲食自若也。裴頠、樂廣則不然。裴、樂亦屬清談之士，逸民以名理擅長，彥輔以簡約見稱，故彼等之維護羣體綱紀不採傳統儒家之說，而以玄學爲立論之根據，如「崇有論」卽一例也。此誠所謂入室操戈，而主張個體自由之談士遂亦不能漠然置之矣，然而裴、樂輩之護持羣體綱紀，實已多調和折衷之意。蓋彼等自身亦已深受虛無思潮之激蕩，非復能遵循禮法，如頠之處褌然。樂彥輔所謂「名敎中自有樂地」者，意卽羣體綱紀之中，仍有個體發揮其自由之餘地，不必出於破壞秩序一途也。《世說新語》卷二「文學」篇「裴成公作崇有論」條注引「晉諸公贊」曰：

頠疾世俗尚虛無之理，故著崇有二論以折之。才博喻廣，學者不能究。

所謂「崇有二論」者，據《三國志》卷二十三「裴秀傳」注引陸機《惠帝起居注》曰：

> 頠理具淵博，贍於論難。著崇有、貴無二論，以矯虛誕之弊，文詞精富，為世名論。

是逸民尚有貴無之論，與崇有相足，惜今已不傳耳。自「貴無」之篇名推之，則其文或是糾正流行之虛無說，而使之符同於崇有之旨。易言之，即在崇有之大前提下，重新估定無之價值也。無論如何，逸民既兼論有無，則其調和綜貫之意已甚顯然，無待多所取證。「崇有論」有云：

> 人之既生，以保生為全；全之所階，以順感為務。若味近以虧業，則沉溺之釁興；懷末以忘本，則天理之眞滅。

是逸民固肯定個體之價值，但以個體之自由必須以羣體之綱紀為其際限耳！至於彥輔，若就其玄學思想言，則固當屬於虛無一派。《世說新語》「文學」篇「裴成公作崇有論」條注引「晉諸公贊」曰：

> 樂廣與頠清閒欲說理，而頠辭喻豐博，廣自以體虛無，笑而不復言。

但就其社會思想言，則彼又以名教自許。此雖似矛盾之論，而實出於調和之情也。《晉書》卷四十三本傳謂廣：

> 凡所論人，必先稱其所長，則所短不言而自見矣！人有過，先弘恕，然後善惡自彰矣！

則儼然儒家忠恕之道也。本傳又謂廣「動有理中」，則行事蓋有取於中庸之旨也。凡此種種皆足顯其注重人倫綱紀之用心，而未可徒以玄談領袖視之。總之，下逮元康之世，思想已進入調和折衷之階段，故裴頠重名教而猶留意於貴無之說，郭象宗自然而亦有取於崇有之論，雖各家着重點有所不同，而縱觀其衍變之跡，則玄學思想之分合，實與調整羣己關係之社會要求之間有一種微妙之照應性，蓋無可疑也。

論魏晉思想者常好言儒道之分合問題。實則以儒道分別流派，其間頗多扞格難通之處，殆未能觸及其根本癥結之所在也。就本文所已指陳者觀之，則所謂儒，大體指重羣體綱紀而言，所謂道，則指重個體自由而言。故與其用儒道之名而多所鑿枘，何如探羣己之分而更可發古人之眞態乎？魏晉南北朝之士大夫尤多儒道兼綜者，則其人大抵爲遵羣體之綱紀而無妨於自我之逍遙，或重個體之自由而不危及人倫之秩序者也。所謂個體之自由或道家，其事易瞭，而所謂羣體之綱紀或儒學，則猶略有可說者。自漢代一統之局既壞，而儒學遂衰，此義前已論及之矣。但此特就漢代儒學經國濟世之本質而言耳！而儒學之爲物，下可以脩身齊家，上可以治國平天下，因未嘗拘於一格也。漢祚既屋，經國之儒學乃失其社會文化之效用；而宋明理學以前，儒家性命之學未弘，故士大夫正心修身之資，老釋二家亦奪孔孟之席。唯獨齊家之儒學，自兩漢下迄近世，綱維吾國社會者越二千年，固未嘗中斷也。而魏晉南北朝則尤爲以家族爲本位之儒學之光大時代，蓋應門第社會之實際需要而然耳！沈垚《落颿樓文集》卷八「與張淵甫書」有云：

> 六朝人禮學極精，唐以前士大夫重門閥，雖異於古之宗法，然與古不相遠。史傳中所載多禮家精粹之言。……古人於親親中寓貴貴之意，宗法與封建相維，諸侯世國，則有封建；大夫世家，則有宗法。

誠一針見血之論也。明乎此，然後乃知魏晉南北朝之所謂羣體綱紀實僅限於以家族爲本位之士大夫階層，而不及於整個社會。何曾語司馬昭之言曰：「明公方以孝治天下」，自來論者皆以司馬氏篡曹魏之業，不能倡忠德，遂獨標一孝字。斯言是矣，而殊未能盡。蓋與漢代一統之局相維繫之儒學既不復爲士大夫所重，忠德固已失去社會號召力，而惟有倡孝道始能動人之心，以其最爲士大夫羣體綱紀之維持所需要故也。故六朝禮學雖精，其施用於朝廷之儀禮猶爲虛文，唯綱維士大夫上層社會之禮法始具實效耳！《日知錄》卷十三「正始」條黃汝成《集釋》引楊編修（繩武）之言曰：

> 六朝風氣論者以爲浮薄，敗名儉，傷風化，固亦有之。然予核其實復有不可及者數事，曰：尊嚴家諱也，矜尚門地也，愼重婚姻也，區別流品也，主持清議也。蓋當時士大夫雖祖尚玄虛，師心放達，而以名節相高，風義自矢者，咸得徑行其志。至于冗末之品，凡瑣之材，雖有陶猗之貲，不敢妄參乎時彥；雖有董鄧之寵，不敢肆志于清流。而朝議之所不及，鄉評巷議猶足倚以爲輕重。故雖居偏安之區，當陸沉之後，而人心國勢猶有與立，未必非此數者補救之功，維持之效也。

按：文叔所言，其關涉道德判斷者，於此可以不論，然本文所論羣體綱紀與個體自由之分際則胥可本是而觀之。六朝門第社會之綱紀誠賴此數事而立，然其所以卒至偏安陸沉者亦未始不與此有關也。

附記：本文屬稿期間曾先後與錢師賓四（通信）及楊師蓮生商討，啓悟良多。脫稿後又蒙楊師蓮生細閱一過，多所是正。謹此致謝！惟文成於倉卒，涉獵未周，疏漏必所不免，一切錯誤均當由作者負責也。

名教危機與魏晉士風的演變

從三世紀初葉漢代統一帝國的終結到四世紀初葉南北分裂的開始這一個世紀，是中國歷史上一個重要的轉變的時代。關於這一轉變，中外史學家的論著多至不可勝計。在這許多現代討論之中，魏晉士風曾是一個特別受到注目的問題。所謂士風，牽涉到兩個不可截然劃分的方面：一是知識份子（當時稱之爲「士」或「士大夫」）的思想，一是他們的行爲。就思想言，其特色是易、老、莊的三玄之學代替了漢代的經學；就行爲言，其特色則是突破傳統禮教的藩籬而形成一種「任誕」的風氣。關於這一新士風的興起和發展，從來的解釋都着眼在當時的政治、經濟、和社會的一般背景方面。其中，尤以政治的背景最受史學家的注意，即所謂「屬魏晉之際天下多故，名士少有全者。」（《晉書》卷四十九「阮籍傳」）這一論斷，大體說來，是有堅強的根據的。

但是魏晉士風的發展並不是單從外緣方面所能完全解釋得清楚的。我在舊作「漢晉之際士之新自覺與新思潮」中曾試圖用「羣體自覺」與「個體自覺」的觀念說明這個時代的知識階層在內心方面所發生的種種變化。該文不是對傳統的解釋加以否定，而是想在傳統的解釋之外增添一個理解的層面[1]。但是舊作斷代僅止於西晉之初，對漢末以來名教崩潰的整個過程尚嫌語焉不詳；至於東晉以後門第社會新秩序的重建，因限於體例，則完全沒有談到。本文對舊作的論點有進一步的發展，取材則詳略互見，所以基本上本文是舊作的一個續篇，希望讀者兼觀並覽。

一　何謂名教

魏晉士風的演變，用傳統的史學名詞說，是環繞着名教與自然的問題而進行的。在思想史上，這是儒家和道家互相激盪的一段過程。老莊重自然對當時的個體解放有推波助瀾之力，周禮重名教，其功效在維持羣體的秩序。概括地說，魏晉思想史可以分爲三個小段落：曹魏的正始時代（二四〇——二四八），名教與自然的問題在思想史上正式出現，何晏、王弼是最先提出這個問題的人。嵇康（二二三——二六二）、阮籍（二一〇——二六三）等所謂「竹林七賢」代表名教與自然正面衝突的時代，而以嵇康被殺爲其終點。西晉統一以後，名教與自然則轉入調和的階段，其理論上的表現則有郭象的《莊子注》（在惠帝時，二九〇——三〇六）和裴頠的「崇有

1 見《新亞學報》第四卷第一期（一九五九年八月），頁二五——一四四。

論」（約撰於二九七）。下文討論士風的演變是和這一思想史的分期密切相關的。

誠如陳寅恪先生所言，老莊自然之旨明白易解，而周孔名教則較難界說。陳先生據王弼對老子「始制有名」的注語，加以推論道：

> 故名教者，依魏晉人解釋，以名爲教，卽以官長君臣之義爲教，亦卽入世求仕者所宜奉行者也。其主張與崇尚自然，卽避世不仕者，適相違反，此兩者之不同，明白已甚[2]。

不難看出，陳先生對名教的理解，主要是偏重於政治觀點的。就竹林七賢的出處，特別是嵇康、阮籍的遭遇而言，陳先生的名教觀是很能說明問題的。但是從漢末到東晉，名教問題並不限於少數人是否「入世求仕」這一點上。《世說新語》卷一「德行」篇(參看《晉書》卷四十三「樂廣傳」)說：

> 王平子、胡毋彥國諸人皆以任放爲達，或有裸體者。樂廣笑曰：名教中自有樂地，何爲乃爾也！

像王澄、胡毋輔之這類「貴游子弟」根本就不發生什麼「避世不仕」的問題。他們祇是破壞了以家族爲本位的倫理秩序，也就是所謂「禮法」。樂廣這裏所說的「名教」當然無法理解爲「官長君臣之義」，可見陳先生的名教觀應用到嵇康、阮籍以後的某些具體事例上就不免發生困難了。正因爲陳先生賦予「名教」以純政治性的解釋，所以他才認爲清談的後期，卽東晉以下，有關名

---

2 見「陶淵明之思想與清談之關係」，現收入《陳寅恪先生論文集》(臺北，九思出版社，一九七七年增訂二版)下冊，頁一〇一三。參看 Richard B. Mather, "The Controversy over Conformity and Naturalness During the Six Dynasties," *History of Religions*, vol. 9, no. 2 & 3 (1969/1970), pp. 160-180.

教與自然的談論已與士大夫的實際生活無關，只是「口頭虛語紙上空文」的「裝飾品」而已。事實上，魏晉所謂「名教」乃泛指整個人倫秩序而言，其中君臣與父子兩倫更被看作全部秩序的基礎。不但如此，由於門第勢力的不斷擴大，父子之倫（即家族秩序）在理論上尤超乎君臣之倫（即政治秩序）之上，成爲基礎的基礎了。這一點，袁宏（三二八——三七六）的史論足資證明。袁宏說：

> 夫君臣父子，名教之本也。然則名教之作，何爲者也？蓋準天地之性，求自然之理，擬議以制其名，因循以弘其教，辯物成器，以通天下之務者也。是以高下莫尚於天地，故貴賤擬斯以辯物；尊卑莫大於父子，故君臣象茲以成器。天地，無窮之道；父子，不易之體。夫以無窮之天地，不易之父子，故尊卑永固而不逾，名教大定而不亂。置之六合，充塞宇宙，自今及古，其名不去者也。（《後漢紀》卷二十六「初平二年」條）

袁氏首先說明「君臣父子」是「名教之本」，接着又強調「君臣」關係是倣效「父子」關係而來的，可見東晉時代士大夫是把家族秩序放在比政治秩序更爲基本的位置上。（至於「貴賤」法「天地高下」之說，則顯然是爲當時門第社會的階級制度作辯護。）所以我們如果對「名教」一詞採取廣義的看法，則東晉以後的清談仍然具有重大的現實意義，決不可視爲「紙上空文」，這一點後文還會談到。現在讓我們先從廣義的觀點分析一下漢末以來的名教危機。

二　君臣關係的危機

當時的名教危機在君臣一倫上的確表現得最爲突出。漢代去古代「封建」之世不遠，地方官（如郡守）和他所辟用的僚屬之間本來就有一種君臣的名份。東漢以後更由於察舉制的長期推行，門生與舉主之間也同樣有君臣之義。這些所謂「門生故吏」便形成了門第的社會基礎。這些士人在未直接受命於朝廷之前，祇是地方長官或舉主的臣下，而不是「天子之臣」。即使以後進身於朝廷，依當時的道德觀念，他們仍然要忠於「故主」[3]。因此一般士人之於皇帝最多祇有一種間接的君臣觀念，但並不必然有實質的君臣關係。魏明帝景初元年（二三七）公孫淵叛魏自立爲燕王，令官屬郭昕、柳浦等七百八十九人上書明帝，表示他們只向公孫一家效忠，其中有這樣幾句話：

> 臣等聞仕於家者，二世則主之，三世則君之。臣等生於荒裔之土，出於圭竇之中，無大援於魏，世隸於公孫氏，報生與賜，在於死力。（《三國志》卷八「公孫度傳」注引《魏書》）

這裏「無大援於魏」是一句客氣話，其實便是要說明他們僅與公孫氏有君臣關係，和魏室則無君臣之誼。這份文件儘管是由公孫度授意而寫的，但是其中所引「仕於家者，二世則主之，三世則君之」的話顯然是當時人所共同接受的思想。由此可見漢代大一統政權下所建立起來的普遍性的君臣觀念（周代所謂「率土之濱，莫非王臣」。）已逐漸爲私家的君臣之義所代替了。在這種風氣之下，有些人就可以像清初黃宗羲那樣對「君」或「天子」的「職分」發生根本的懷疑。《後漢書》卷一一三「漢陰老父傳」說：

---

3 參看杜佑《通典》卷六十八孔融「被召未謁稱故吏議」，卷九十九「與舊君不通服議」及「秀孝爲舉將服議」。

漢陰老父者，不知何許人也。桓帝延熹中幸竟陵，過雲夢，臨沔水，百姓莫不觀者。有老父獨耕不輟，尚書郎南陽張溫異之，使問曰：「人皆來觀，老父獨不輟，何也？」老父笑而不對。溫下道百步自與言，老父曰：「我野人耳，不達斯語。請問天下亂而立天子邪？理而立天子邪？立天子以父天下邪？役天下以奉天子邪？昔聖王宰世，茅茨采椽，而萬人以寧。今子之君，勞人自縱，逸遊無忌。吾爲子羞之，子何忍欲人觀之乎？」溫大慚，問其姓名，不告而去。

據同書卷七「桓帝本紀」，帝於延熹七年（一六四）十月戊辰幸雲夢，臨漢水。所以這個故事的眞實性很高，未必是後人造出來的。漢陰老父對張溫用「今子之君」的稱呼，足見他根本不承認和桓帝有任何「君臣之義」。至於他質問張溫的幾句話更開了魏晉以下君主觀的先聲。嵇康「答難養生論」曰：

且聖人寶位，以富貴爲崇高者，蓋謂人君貴爲天子，富有四海。民不可無主而存，主不能無尊而立。故爲天下而尊君位，不爲一人而重富貴也。……聖人不得已而臨天下，以萬物爲心，在宥羣生，由身以道，與天下同於自得。穆然以無事爲業，坦爾以天下爲公。雖居君位，饗萬國，恬若素士接賓客也。雖建龍旂，服華袞，忽若布衣之在身。故君臣相忘於上，蒸民家足於下。豈勸百姓之尊己，割天下以自私，以富貴爲崇高，心欲之而不已哉[4]？

4 引文據戴明揚《嵇康集校注》（人民文學出版社，一九六二年）本，見卷四，頁一七〇—一七一。以下同，不另注頁數。這是嵇集的最好版本。

在理論層次上，嵇康的話當然比漢陰老父敷陳得完備多了，但二者在思想基調上則是完全一致的。我們不妨說，正因爲自漢末以來，社會上已流行着漢陰老父的那種議論，這才會逼出嵇康對君臣關係重新作有系統的反省。而先秦某些舊說，包括老莊在內，這時也就發生了新的現實意義。

這種對君職的懷疑觀點再向前發展一步便成爲阮籍和鮑敬言的無君論了。阮籍在「大人先生傳」中說道：

> 蓋無君而庶物定，無臣而萬事理。……君立而虐興，臣設而賊生。坐制禮法，束縛下民。……竭天地萬物之至，以奉聲色無窮之欲，此非所以養百姓也。（嚴可均輯《全三國文》卷四十六）[5]

阮氏首倡無君之論在思想上自然比漢陰老父爲激烈。可是他的立論的主要根據依然是漢陰老父所指責的「役天下以奉天子」和天子的「勞人自縱，逸遊無忌」。所不同者，二世紀的漢陰老父還相信有「昔聖王宰世」之事，而三世紀的阮籍由於經歷了曹丕禪讓的一幕，不免有「舜、禹之事，吾知之矣」的感觸，因此對古代聖王也失去了信心。四世紀初的鮑敬言發揮「古者無君，勝於今世」的學說，提出了更多的論據。但論及有君之害，他最強調的也還是百姓更困和天下更亂

5 參看侯思蒙（Donald Holzman）近著《阮籍的生平與志業》（*Poetry and Politics, The Life and Works of Juan Chi, A. D, 210-263*, Cambridge University Press, 1976）。第十章是「大人先生傳」的英譯與解說。又松本幸男著《阮籍の生涯と詠懷詩》（東京木耳社，一九七七）第三章第二節論「大人先生傳」的構想，亦可參考。

這一方面，和漢陰老父的說法先後呼應。（詳見《抱朴子》外篇卷四八「詰鮑」）。

我們並不能說漢陰老父的思想對嵇康、阮籍、鮑敬言等人有什麼影響。這裏所要說明的只是從漢末到西晉這一百多年期間，名教中的君臣一倫已根本動搖了。在四世紀的初葉像鮑敬言這種無君論的思想一定相當流行，所以郭象注《莊子》特別加以駁斥。「人間世」：「臣之事君義也」注說：

> 千人聚不以一人爲主，不亂則散。故多賢不可以多君，無賢不可以無君[6]。

又「胠篋」：「則聖人之利天下也少，而害天下也多」注說：

> 信哉斯言。斯言雖信，而猶不可亡聖者，猶天下之知未能都亡，故須聖道以鎮之也。羣知不亡而獨亡聖知，則天下之害又多於有聖矣。然則有聖之害雖多，猶愈於亡聖之無治也。

這些注語頗與葛洪駁鮑敬言的議論相通，不過有簡繁之別，玄質之異而已。如果不瞭解當時思想的背景，我們不免要誤會郭注是無的放矢了。像「無賢不可以無君」，「猶愈於亡聖之無治」這些話，其時代痕跡和駁論對象都是十分明顯的。

但是郭象雖然主張有君，卻並無意恢復漢代的政治秩序，因爲他所提倡的君道不但是無爲

6　袁宏《後漢紀》卷七光武建武十四年四月戊申「封皇子」條後論曰：「夫百人聚，不亂則散，以一人為主，則斯治矣。有主則治，無主則亂。故分為主之，則諸侯之勢成矣；總而君之，則王者之權定矣。」此或亦與當時流行的無君論思想有牽涉，且受郭象注影響甚為明顯。

的，而且還是「各任其自爲」的，即是使士大夫都能「適性逍遙」的一種局面。所以西晉以下與自然合而爲一的名教，其涵義早已暗中偸換。名教的重點已從大一統的政治秩序轉到高門華胄的家族倫理方面來了。

三　家族倫理的危機

漢末以來名教的危機是全面性的，不限於君臣一倫，這一點葛洪曾給我們提供了很生動的資料。《抱朴子》外篇卷二十五「疾謬」說：

> 漢之末世……蓬髮亂鬢，橫挾不帶。或以褻衣以接人，或裸袒而箕踞。朋友之集，類味之遊，莫切切進德，誾誾修業，攻過弼違，講道精業。其相見也，不復叙離濶，問安否。賓則入門而呼奴，主則望客而喚狗。其或不爾，不成親至，而棄之不與爲黨。及好會，則狐蹲牛飮，爭食競割，掣撥淼摺，無復廉恥。以同此者爲泰，以不爾者爲劣。終日無及義之言，徹夜無箴規之益。誣引老、莊，貴於率任。大行不顧細禮，至人不拘檢括。嘯傲縱逸，謂之體道。嗚呼惜乎，豈不哀哉！

同書外篇卷二十七「刺驕」說：

> 聞之漢末諸無行，自相品藻次第。羣驕慢傲不入道檢者爲都魁雄伯、四通八達，皆背叛禮教而從肆邪僻。訕毀眞正，中傷非黨；口習醜言，身行弊事。凡所云爲，使人不忍論

也。

首先必須指出，葛洪雖指明這些是漢末的社會現象，但事實上恐怕不免把他自己所見的士風時習也包括進去了，不過這種風氣可以溯源至漢末是不成問題的。像葛洪所描寫的這些行爲顯然不能認爲完全是由政治情況造成的，而毋寧是個性解放後精神上要求打破一切桎梏的具體表現。葛洪罵他們「背叛禮敎」，是不錯的。魏晉時代的「禮敎」或「禮法」主要是指在家族倫理的基礎上所發展出來的一套繁文縟節。雖然在很多情形下，「禮敎」或「禮法」也可以視爲「名敎」的同義語，但是前者的政治涵義較輕而社會涵義則較重。換句話說，「禮敎」或「禮法」往往不是指着君臣一倫而言的。「名敎」一詞則比較籠統，有時可以解釋爲政治上的名分，就像陳寅恪先生所說的，「以官長君臣之義爲敎。」漢末以來，史籍上所載的「背叛禮敎」或「不遵禮法」之士其實是對名敎作全面性的反抗，其中包括然而決不限於君臣一倫。嵇康在「難自然好學論」（《嵇康集》卷七）中對這一點說得最清楚：

> 六經以抑引爲主，人性以從欲爲歡；抑引則違其願，從欲則得自然。然則自然之得，不由抑引之六經；全性之本，不須犯情之禮律。

他們既認定六經禮律都是抑性犯情的，則不但君臣之倫要打破，其他一切人倫關係的價值也都不能不重新估定了。

我們先看看父子一倫。《後漢書》卷一百「孔融傳」載：

> 融前與白衣禰衡跌蕩放言，云：父之於子，當有何親？論其本意，實爲情欲發耳。子之

於母，亦復奚爲？譬如寄物瓶中，出則離矣。

這種議論，從字面上說，當然是從王充《論衡》中得來的。王充的「物勢」篇說：

夫天地合氣，人偶自生也；猶夫婦合氣，子則自生也。夫婦合氣，非當時欲得生子，情欲動而合，合而子生矣。且夫婦不故生子，以知天地不故生人也。

但是往深一層看，兩者在思想史上的意義則截然不同。王充在這裏是用「夫婦不故生子」的論證來打破當時儒者「天地故生人」的命題的，他似乎並沒有再進一步去考慮「夫婦不故生子」這一論證的本身所可導至的邏輯結論。孔融則完全撇開了「天地故生人」的問題，而直接把「夫婦不故生子」當作一項經驗事實來看待，並進而分析其中所涵蘊的父子關係。因爲孔融所要破斥的不是目的論，而是世俗流行的關於「孝」的價值論。《論衡》在漢晉之際所發生的思想上的影響往往都經過這樣一層轉折[7]。在王充的時代（一世紀），名教的危機還沒有出現，《論衡》的主旨

7 王充對阮籍也發生了類似的影響。「大人先生傳」：「君子之處域內，何異夫蝨之處褌中乎？」這句話明顯地來自《論衡》「變動」篇：「故人在天地之間，猶蚤虱之在衣裳之內。」此外「物勢」、「奇怪」兩篇也用過同樣的譬喻。但阮籍在這裏也是用《論衡》語為思想的原料，而另賦予以不同的涵義。自蔡邕以至魏晋，《論衡》之所以能成為「談助」，也就是清談手册，其道理便在於此。除了思想資料之外，《論衡》也成為魏晋以下一種博古參考書，葛洪曾斥其蓋天之説（見《晋書》卷十一「天文志」上），而梁代劉杳與沈約論張仲師事也說：「仲師長尺二寸，唯出論衡。」（見《梁書》卷五十「文學」下「劉杳傳」）侯思蒙（Holzman）以阮籍「蝨之處褌」或出於《莊子》「徐無鬼」篇之「豕蝨」。（見 *Poetry and politics*, p. 277, note 13）也許阮籍曾參用莊子的涵義，但文字則斷然取自王充。阮咸子瞻，「素執無鬼論」，阮籍從子脩也同持此論，且曰：「今見鬼者云著生時衣服，若人死有鬼，衣服有鬼耶？」（均見《晋書》卷四十九本傳）阮脩「衣服有鬼」的論證更是明褎《論衡》「論死」篇。《世説新語》「方正」篇亦引阮脩「衣有鬼」之論，劉孝標注卽列《論衡》語於其下，尤為明證。可見王充《論衡》早已成阮氏之家學矣。

也絕不在「反叛禮教」。當漢末名教全面動搖之際，由於《論衡》中的許多論點恰好適合反禮法之士的需要，其書才大行其道，成爲「談助」。所以嚴格地說，王充祇是給魏晉反禮法的運動提供了一些思想原料而已。至於正式對「孝」的理論提出非難，則始作俑者恐非孔融、禰衡莫屬了。

孔融（一五三——二〇八）所經歷的時代正值儒家的名教或禮法流入高度形式化、虛僞化的階段。一部份由於察舉制度的刺激，「累世同居」的大家族在士大夫階層中逐漸發展起來了[8]。許多人爲了博「孝」之名以爲進身之階，便不惜從事種種不近人情的僞飾，以致把儒家的禮法推向與它原意相反的境地。我們只用舉一兩個例證便足以說明這種情況。陳蕃任青州樂安太守時，

> 民有趙宣葬親而不閉埏隧，因居其中，行服二十餘年。鄉邑稱孝，州郡數禮請之。郡內以荐蕃，蕃與相見，問及妻子，而宣五子皆服中所生。蕃大怒……遂致其罪。（《後漢書》卷六十六本傳）

陳蕃死在一六八年，正與孔融時代相銜接。孔融本人也可能有過和陳蕃類似的經驗，據說他在北海相任內，「有遭父喪，哭泣墓側，色無憔悴。」他就把這個僞孝子殺了。（見《藝文類聚》卷八十五所引）這個故事不一定可信，但足以說明當時僞禮教的盛行。葛洪記漢末的諺語說：「舉秀才，不知書；察孝廉，父別居。」（《抱朴子》外篇卷十五「審舉」）這更說明了當時的僞孝

8 關於「累世同居」及漢代家族型態的問題，日本學者研究得最勤。請參考守屋美都雄《中國古代の家族と國家》（京都，一九六八）中之「家族篇」第一至第三章；越智重明「累世同居の出現をめぐつて」，《史淵》第一〇〇號，一九六八年三月，頁一一九—一三二，宇都宮清吉《中國古代中世史研究》（東京創文社，一九七七）第九章「漢代豪族研究」。

和察舉制度之間的密切關係。又如兄弟讓財也是東漢的一種風氣，有「讓」名的人往往可以獲得地方官的荐舉。但應劭在「過譽」篇中就指出其虛僞性，並感歎道：「凡同居，上也；通有無，次也；讓，其下耳。」（《風俗通義》卷四）應劭是二世紀末葉人，他的話更可以使我們認識孔融「非孝」的背景。而且綜合葛洪和應劭的記載，我們還可以看到，即使在「累世同居」大家族的發展階段，其中已隱藏着一種「分居」的傾向。

上引孔融、禰衡兩人關於「父之於子，當有何親」的一番問答，據《後漢書》所言，本是出於路粹的「枉奏」，即經過了惡意的歪曲。其實孔融並不是「非孝」，他是懷疑「孝」是否如世俗所言，僅僅建立在生物的事實之上而已。《後漢書》本傳上明說他「十三喪父，哀悴過毀，扶而後起，州里歸其孝。」可見他內心的矛盾起於當時虛僞禮法和眞正的父子之情不能相應。在這一點上，他是開魏晉士風的人物之一。《後漢書》卷一一三「戴良傳」載：

及母卒，兄伯鸞居廬啜粥，非禮不行。良獨食肉飲酒，哀至乃哭，而二人俱有毀容。或問良曰：子之居喪，禮乎？良曰：然。禮所以制情佚也，情苟不佚，何禮之論？夫食旨不甘，故致毀容之實，若味不存口，食之可也。論者不能奪之。良才旣高達，而論議尚奇，多駭流俗。

戴良和陳蕃、郭林宗是同時的人（見《後漢書》卷八十三「黃憲傳」），年代尚在孔融之前，更有資格成爲阮籍以下居喪不守禮的先驅者。所以葛洪追溯晉代傲放無禮的士風特別以戴、阮並舉。（見《抱朴子》卷二七「刺驕」）更值得注意的是「戴良傳」中說他的哥哥居喪則「非禮不行」。這種一守禮、一違禮的尖銳對比，魏晉以下尤其成爲風氣。《世說新語》「任誕」篇說：

阮步兵喪母，裴令公往弔之。阮方醉，散髮坐牀，箕踞不哭。裴至，下席於地，哭弔唁畢，便去。或問裴：凡弔，主人哭，客乃爲禮，阮旣不哭，君何爲哭？裴曰：阮方外之人，故不崇禮制；我輩俗中人，故以儀軌自居。時人歎爲兩得其中。

同書「德行」篇載：

王戎、和嶠同時遭大喪，俱以孝稱。王雞骨支牀，和哭泣備禮。武帝謂劉仲雄曰：卿數省王、和不？聞和哀苦過禮，使人憂之。仲雄曰：和嶠雖備禮，神氣不損；王戎雖不備禮，而哀毀骨立。臣以和嶠生孝，王戎死孝。陛下不應憂嶠，而應憂戎。

注引《晉陽秋》，說和嶠的「憔悴哀毀，不逮戎也。」意思是王戎比和嶠更孝。如果阮、裴的故事表示自然與名教各得其所，那麼王、和的故事則說明自然高於名教，也就是「情」比「禮」更重要。又據《典略》（「潛確居類書」卷七十引），「世謂伯鸞死孝，叔鸞生孝。」足證這種風氣確與戴良有關係，雖然「生孝」、「死孝」的用法恰好顚倒了。我們無法判斷這些個別故事的眞實性[9]，但其中所顯示的「情」與「禮」競賽的風氣是十分可信的。

崇尚自然的人旣以「情」比「禮」更重要，父子之間的關係便不須注重「尊卑」之別，而當

9 《晉書》卷四十三「王戎傳」也記載了這個故事，但是說他「後遷光祿勳，吏部尚書，以母憂去職。」與《世說》注引《晉陽秋》謂「戎爲豫州刺史，遭母憂」，時間不同。又「王戎傳」說和嶠「居父喪」，而《晉書》卷四十五「和嶠傳」則說嶠「太康末，爲尚書，以母憂去職」，未及其父。則王戎與和嶠殆同時皆遭母喪也。和嶠的祖父和洽，有傳在《三國志》卷二十三。傳末僅言嶠父逌「官至廷尉，吏部尚書」，但未言死在何時，今已無從稽考。

以上引《抱朴子》所謂「親至」爲主了。胡毋輔之和他的兒子謙之的關係最足以說明這種「親至」的情形。《晉書》卷四九本傳說：

> 謙之字子光。才學不及父，而傲縱過之。至酣醉，常呼其父字，輔之亦不以介意，談者以爲狂。輔之正酣飲，謙之闚而厲聲曰：彥國（按：輔之字）年老，不得爲爾！將令我尻背東壁。輔之歡笑，呼入與共飲。

兒子直呼父字，照儒家禮法觀念說，可謂忤逆之極。但父親卻不以爲意，反而歡笑。這在近代西方社會不算稀奇，但在一千多年前的中國則眞足駭人聽聞。其實我們如果知道此時的人倫關係講究的是「親至」而不是「尊卑」，則這種情況也並無不可理解之處。《世說新語》「傷逝」篇說：

> 王戎喪兒萬子，山簡往省之，王悲不自勝。簡問：孩抱中物，何至於此？王曰：聖人忘情，最下不及情；情之所鍾，正在我輩！簡服其言，更爲之慟。

注云「一說是王夷甫喪子，山簡弔之。」（參看《晉書》卷四十三「王戎附從弟衍傳」及《梁書》卷二十五「徐勉傳」。）不論是王戎還是王衍，總之魏晉名士的父子關係已遠越出儒家禮法之外。此外如王導和長子悅的關係（見《晉書》卷六十五「王悅傳」）及郗愔臨其子超之殯，「一慟幾絕」。（《世說新語》「傷逝」）都可以爲王戎所說的「情之所鍾，正在我輩」作注釋。推而及於兄弟，亦復如此。王子猷奔弟子敬喪，初都不哭，徑入，坐靈牀上，取子敬琴彈。弦既不調，擲地云：「子敬！子敬，人琴俱亡！」（《世說新語》「傷逝」）這是至性至情的流露，然而顯然不合乎儒家的禮法。

夫婦之間的關係，魏晉時代也發生了基本的變化，親密的情感代替了嚴峻的禮法，《世說新語》「惑溺」篇言：

荀奉倩與婦至篤，冬月婦病熱，乃出中庭自取冷還，以身熨之。婦亡，奉倩後少時亦卒，以是獲譏於世。

荀粲是魏明帝太和時（二二七——二三二）人，這是在夫婦關係上以情代禮的一個較早而著名的例證。《三國志》卷二十二「衞臻傳」說：

夏侯惇為陳留太守，舉臻計吏，命婦出宴，臻以為末世之俗，非禮之正。惇怒，執臻，既而赦之。

據《三國志》「魏武帝紀」與「夏侯惇傳」，惇領陳留太守在興平元年（一九四）。而其時婦人參加宴會竟已成「末世之俗」，這也反映夫婦關係的變化[10]。到了葛洪的時代，這種風氣則已發展得極其普遍。《抱朴子》外篇卷二五「疾謬」說：

今俗婦女…舍中饋之事，修周旋之好，更相從詣之適親戚，承星舉火，不已於行，多將侍從，暐曄盈路，婢使吏卒，錯雜如市；尋道褻謔，可憎可惡。或宿於他門，或冒夜而反，游戲佛寺，觀視漁畋；登高臨水，出境慶弔；開車褰幃，周章城邑；盃觴路酌，絃歌行奏。轉相高尚，習非成俗。

不但婦女的社交游覽的活動大為盛行，男女之間的交際也達到了相當不拘行迹的地步。葛洪繼續

10 關於夫婦關係的變化，森三樹三郎「魏晋における人間の發見」一文中已經指出。見《東洋文化の問題》第一號（一九四九年六月），頁一四六——一四七。

告訴我們：

> 無賴之子，白醉耳熱之後，結黨合羣，遊不擇類……攜手連袂，以遨以集，入他堂室，觀人婦女，指玷修短，評論美醜，不解此等何爲者哉！或有不通主人，便共突前。……其或妾媵藏避不及，至搜索隱僻，就而引曳，亦怪事也。……然落拓之子，無骨骾而好隨俗者，以通此者爲親密，距此者爲不恭，誠爲當世不可不爾。於是要呼憒雜，入室視妻，促膝之狹坐，交杯觴於咫尺；絃歌淫冶之音曲，以誂文君之動心。載號載呶，謔戲醜褻。

葛洪是一個極端維護禮法的人，他的話自不免有故意醜化的地方。但他在這裏所描繪的當時上層社會婦女生活的面影則大致可信。像「入室視妻」、「促膝狹坐」、「杯觴咫尺」種種現象在中國社會史上極爲少見。葛洪屢用「親至」或「親密」來刻劃當時的人際關係，尤其值得注意。正如父子關係一樣，魏晉時期夫婦朋友之間的「親密」也表現在稱呼方面。《世說新語》「惑溺」篇云：

> 王安豐婦，常卿安豐。安豐曰：婦人卿婿，於禮爲不敬，後勿復爾。婦曰：親卿愛卿，是以卿卿；我不卿卿，誰當卿卿？遂恒聽之。

《晉書》卷五十「庾敳傳」說：

> 王衍不與敳交，敳卿之不置。衍曰：君不得爲耳。（按《世說新語》「方正」篇，「耳」作「爾」）敳曰：卿自君我，我自卿卿。我自用我家法，卿自用卿家法。

這兩個故事，一屬夫婦，一屬朋友，但幾乎如出一轍。「卿」字在魏晉南北朝時代是狎暱之稱

[11]，足與《抱朴子》「親密」之說互證。附帶說明一句，這一時期有關妒婦的記載特別多，宋明帝至令虞通之撰「妒婦記」（見《宋書》卷四十一「后妃傳」王憲嫄條），劉孝標注《世說新語》曾引及其書。妒風之盛顯然和夫婦關係的親密化有關，王戎之婦「我不卿卿，誰當卿卿」之問已透露其中消息矣。西晉時束晳撰「近遊賦」（見嚴可均輯《全晉文》卷八十七），寫他所嚮往的「逸民」生活，其中有云：

婦皆卿夫，子呼父字。

尤可證儒家的名教已不復爲士大夫所重，無論是在父子或夫婦之間，親密都已取代了禮法的地位。

四　玄風南渡後的名教危機

從以上的分析中不難看到，漢末以來名教的崩潰不但是全面性的，而且這一危機表現在家族倫理方面較之在政治秩序方面更爲深刻而持久。西晉統一以後，通過君主「無爲」和門第「自爲」的理論，大體上使政治方面自然與名教的衝突獲得了滿意的解決。但在家族倫理方面通過禮

11　見周法高《中國古代語法：稱代編》（臺北，一九五九）頁八三—八四。按：張淏《雲谷雜記》（張宗祥校錄本，中華書局，一九五八年）補編卷二「稱臣呼卿」條云：「晉宋間彼此相呼為卿。自唐以來，惟君上以呼臣庶，士大夫不復敢以相稱謂矣。」可見此風僅流行於魏晉南北朝之世。

與情的特殊形態所表現出來的名教與自然的衝突卻發展到了表面化的階段。據現存史料所見，破壞禮法的士風在西晉初年已很盛行，至元康（二九一——二九九）時代更成燎原之勢，此下一直到渡江之初，餘勢仍未衰。《晉書》卷九十一「儒林」：「范宣傳」載宣語：

> 正始以來，世尚老莊。逮晉之初，競以裸裎爲高。

同書卷二十七「五行志」上說：

> 惠帝元康中，貴游子弟相與爲散髮倮身之飲，對弄婢妾，逆之者傷好，非之者負譏，希世之士恥不與焉。蓋貌之不恭，胡狄侵中國之萌也。其後遂有二胡之亂，此又失在狂也。

《抱朴子》外篇卷二七「刺驕」篇說：

> 余觀懷、愍之世，俗尚驕褻，夷虜自遇。其後羌胡猾夏，侵掠上京，及悟斯事乃先著之妖怪也。

葛洪所指乃西晉末年事，其實便是元康士風的延續。《晉書》「五行志」的「貴游子弟」，其領袖爲阮瞻、王澄、謝鯤、胡毋輔之等人。王隱《晉書》說他們「故去巾幘，脫衣服，露醜惡，同禽獸」。（見《世語新語》「德行」篇注所引）。這些人避難渡江之後仍不略稍故態。《晉書》卷四十九「光逸傳」說，

> 尋以世難，（逸）避亂渡江，復依（胡毋）輔之。初至，屬輔之與謝鯤、阮放、畢卓、羊曼、桓彝、阮孚散髮裸裎，閉室酣飲已累日。逸將排戶入，守者不聽，逸便於戶外脫衣露頭於狗竇中窺之而大叫。輔之驚曰：他人決不能爾，必我孟祖（按：逸字）也。遽呼入，遂與飲，不捨晝夜。時人謂之八達。

但是這種風氣並不限於少數「貴游子弟」，甚至朝廷大臣也都沾染上了，我們祇須舉一個最突出的例子就可以說明這種情形。鄧粲《晉紀》（《世說新語》「任誕」篇注所引）說：

> 王導與周顗及朝士詣尚書紀瞻觀伎，瞻有愛妾，能爲新聲。顗於衆中欲通其妾，露其醜穢，顏無怍色。有司奏免顗官，詔特原之。

這位周顗就是「風德雅重」，負海內重望，官至尚書左僕射的周伯仁，晉元帝永昌元年（三二二）王敦謀逆時被殺。王導因當時沒有救他，後來竟流涕說：「吾雖不殺伯仁，伯仁由我而死。」周顗至今還活在這句成語裏。他的死倒表現得很有政治氣節，自謂「備位大臣，朝廷喪敗，寧可復草間求活，外投胡越邪！」臨刑前痛罵王敦，「收人以戟傷其口，血流至踵，顏色不變，容止自若。」（見《晉書》卷六十九「周顗傳」）對於這樣一個人，我們並不好用「輕薄無行」之類的考語加以一筆抹殺。祇有通過當時極端破毀禮教的士風，周顗的行爲才能得到確切的說明。否則以他這樣一位衆望所歸的人物竟至當衆欲通人之妾而露其醜穢，簡直是一件不可思議的事。

渡江以後，南方關心倫理秩序的人，無論其思想爲儒家或道家，都以糾矯任誕之風爲當務之急。這一方面的史例很多，下面所選的是比較典型的。《晉書》卷七十「應詹傳」載詹上疏元帝曰：

> 元康以來，賤經尚道，以玄虛宏放爲夷達，以儒術清儉爲鄙俗。永嘉之弊，未必不由此也。

同書同卷「卞壼傳」：

> 阮孚每謂之曰：卿恒無閑泰，常如含瓦石，不亦勞乎？壼曰：諸君以道德恢弘，風流相

尚，執鄙吝者，非壼而誰！時貴游子弟多慕王澄、謝鯤爲達，壼厲色於朝曰：悖禮傷教，罪莫斯甚！中朝傾覆，實由於此。欲奏推之。王導、庾亮不從，乃止，然而聞者莫不折節。

應、卞兩人，思想都傾向儒家，他們直以西晉之亡歸罪於道家放達之風。王導、庾亮不從壼議，大概是因爲此風太盛，一加推究則牽連必廣。同書卷七十五「韓伯傳」：

陳郡周勰爲謝安主簿，居喪廢禮，崇尚莊老，脫落名教。伯領中正，不通勰，議曰：拜下之敬，猶違衆從禮。情理之極，不宜以多比爲通。時人憚焉。識者謂伯可謂澄世所不能澄，而裁世所不能裁者矣，與夫容己順衆者，豈得同時而共稱哉！

史言簡文帝居藩，引韓伯爲談客，則他自是玄風中人，但對於維護家族名教卻不肯放鬆。看「識者」之議，更可以使我們瞭解當時破壞禮法的風氣是多麼的普遍。

高門放誕之士多逃難到了南方，因此北方的士風一般說來比較質樸、保守，但例外還是有的。姚興時代（三九四——四一六）的黃門侍郎古成詵便以整飭風紀著於史册。《晉書》卷一一七「姚興載記」上云：

詵風韻秀舉，確然不羣，每以天下是非爲己任，時京兆韋高慕阮籍之爲人，居母喪，彈琴飲酒。詵聞而泣曰：吾當私刃斬之，以崇風教。遂持劍求高。高懼，逃匿，終身不敢見詵[12]。

12 這個故事特別受到顧炎武的賞識。見《日知錄》卷十五「居喪飲酒」條。

北人親歷亡國之慘，對元康之放達尤其深惡痛絕，所以古成詵聽說有人慕阮籍，竟會有如此強烈的反應。北方在苻堅時代，雖大力提倡儒經，並明禁老、莊圖讖之學(《晉書》卷一一三「苻堅載記上」)[13] 然而仍不免有韋高這樣的人出現。這也可見魏晉反禮法的風氣傳佈得何等深而且遠了。

五　情禮衝突——名教與自然之爭的延續

從晉室南渡以後士風的放蕩情形來看，名教的危機絕未因永嘉之亂而終止。所以廣義的名教與自然的衝突無論在事實上或理論上都沒有獲得澈底的解決。這裏有必要稍稍回顧一下魏晉以來名教與自然的爭執。何晏、王弼調和儒道，雖然正式提出了名教與自然的問題，卻並沒有把兩者放在對立的地位。嵇康、阮籍始公然以名教與自然互不相容，但是細察他們的言論，則他們所深惡痛絕的祇是當時虛僞的名教，而不是理想的卽合乎自然的名教。下至西晉時代，由王戎深賞阮瞻關於名教與自然「將毋同」的答語（《晉書》卷四十九「阮瞻傳」），以及郭象注莊與裴頠崇

13　「苻堅載記」「禁老莊圖讖之學」這句話，Michael C. Rogers 英譯作 "He forbade the study of the charts and prophetic writings of the Lao-Chuang school." (*The Chronicle of Fu Chien: A Case of Examplar History*, University of California Press, 1968, p. 138.) 把老莊和圖讖解釋為「老莊學派的圖讖」，錯得太厲害了。《後漢書》卷一上「光武帝紀」：「宛人李通等以圖讖說光武云：劉氏復起，李氏為輔。」李賢注曰：「圖，河圖也；讖，符命之書。讖，驗也，言為王者受命之徵驗也。」圖讖與老莊完全扯不上半點關係。苻堅禁圖讖是怕人利用這一漢代的迷信來造反，禁老莊則是怕士大夫鼓動任誕放蕩的風氣。這完全是兩回事。

有等事例觀之，名教與自然之間的關係顯然又已由矛盾而復歸於統一。其中嵇康、阮籍的反名教，據陳寅恪先生的分析，則主要是由於他們（尤其是嵇康）的政治立場與司馬氏不同，不肯出仕。西晉以後，司馬氏的政權既與高門世族的利益打成一片，東晉之初且有「王與馬，共天下」之說（《太平御覽》卷四九五引《晉中興書》及《南史》卷二十一「王弘傳」論），士大夫階層已無所謂仕或不仕的問題。因此從政治觀點說，名教與自然的衝突已失去其存在的依據了。

不但如此，除了名教與自然這一中心題旨外，魏晉清談中的才性論也經過同一發展歷程。《世說新語》「文學」篇載「鍾會撰四本論」條注引《魏志》云：

> 四本者，言才性同，才性異，才性合，才性離也。尚書傅嘏論同，中書令李豐論異，侍郎鍾會論合，屯騎校尉王廣論離。

陳寅恪先生論此條，謂才性同，才性合是東漢以來的舊觀點，大體以才能和德行不可分。才性異，才性離則取曹操求才三令的新見解，即取士但問才能不論德行。傅、鍾兩人適爲儒學大族司馬氏之死黨，故一主同，一主合，而李、王則適爲曹魏之忠臣，故一主異，一主離。足證才性論在當時有實際的政治、社會背景，不是紙上空文[14]，唐長孺先生也認爲才性論與實際的選舉制度有關，並且通過漢魏之際批判名教的思潮來分析這個問題，才性論的政治意義就更清楚地顯示出來了。唐先生又舉證說明，「自晉以後，才性論和現實政治已經沒有什麼密切關係，僅是知識的炫耀。」[15]所以關於政治秩序一方面的名教與自然之爭，以及名教範圍以內的才性之辨，到西晉之

14 見「書世說新語文學類鍾會撰四本論始畢條後」，《陳寅恪先生論文集下》，頁一二九九－一三〇五。
15 唐長孺「魏晉才性論的政治意義」，收入《魏晉南北朝史論叢》（三聯書店，一九五五），頁二九九。

世的確已大體上都解決了。

但是我們能不能因此就說西晉以後有關名教與自然的討論都是「紙上空文」或「言家口實，如客至之有設」（《南齊書》卷三十三王僧虔「誡子書」語）了呢？絕對不能。稍一檢查兩晉史料便會發現當時許多著名的議論都和士大夫的實際生活有密切的關係。所不同者，發言的對象不再是政治問題，而是風俗問題了。晉武帝初卽位，傅玄就上疏攻擊「虛無放誕之論盈於朝野」。（《晉書》卷四十七本傳）他的兒子傅咸後來任司隸校尉，也要奏免王戎，說「戎不仰依堯舜典謨，而驅動浮華，虧敗風俗」（同書卷四十三「王戎傳」）這些還可以說是朝臣奏疏，立言之體使然。但是裴頠是一位能淸言的玄學家而且是王戎的女婿（見戎傳），他的玄學著作「崇有論」便正是針對着「時俗放蕩」、「風教陵遲」而發的。（《晉書》卷三十五「裴秀附子頠傳」）晉室渡江以後，其例更多。干寶著「晉紀總論」，便說：「風俗淫僻，恥尙失所。學者以莊、老爲宗而黜六經，談者以虛薄爲辯而賤名檢，行身者以放濁爲通而狹節信，進仕者以苟得爲貴而鄙居正。」（見《全晉文》卷一二七）江淳著「通道崇儉論」，是因爲看不慣「放達不羈，以肆縱爲貴者」的「動違禮法。」（《晉書》卷五十六「江統附子淳傳」）戴逵則因「常以禮度自處，深以放達爲非道」，而著論批評元康的士風。他認爲儒家「懷（按：疑當作「壞」）情喪眞……其弊必至於末僞。」而道家則「情禮俱虧……其弊必至於本薄。」（同書卷九十四本傳）王坦之有「廢莊論」之作，其動機也是「尤非時俗放蕩，不敦儒教。」他關心的也是怎樣「敦禮以崇化」的問題。但「莊生作而風俗頹，禮與浮雲俱征。」因此必須「廢莊」。（同書卷七十五本傳）

東晉這些思想家基本上都是發揮魏晉以來的自然與名教合一的理論[16]，但是他們顯然也都是言無虛發。他們現在所努力要解決的是實際生活中禮與情的衝突，這是名教與自然的矛盾中的一個特殊方面，但此時卻成爲一個主要的方面。這一特殊矛盾並沒有因爲名教與自然「將毋同」的一般理論的存在便自動地化解了。

情的問題在魏晉玄學的初期便出現了，這就是王弼的「聖人有情」說。《三國志》卷二十八「王弼傳」裴松之注引何劭的弼傳云：

> 何晏以爲聖人無喜怒哀樂，其論甚精，鍾會等述之。弼與不同，以爲聖人茂於人者神明也，同於人者五情也。神明茂故能體沖和以通無，五情同故不能無哀樂以應物。然則聖人之情，應物而無累於物者也。今以其無累，便謂不復應物，失之多矣。

據湯用彤先生的分析，聖人無情說是漢魏間的流行義。關鍵之一在於何晏尚承漢儒舊統，以陰陽、善惡分別性情。其結論是性爲陽、爲善；情爲陰、爲惡。聖人既純善而無惡，故無情。王弼則自動靜言性情，頗近劉向「性情相應，性不獨善，情不獨惡」（荀悅《申鑒》「雜言」下引）之論。依此義，則聖人既應物而動，故不能無情。[17]

王弼的新說在哲學史上的涵義甚爲複雜，本文不能詳細討論。從社會史的觀點看，聖人有情這一命題顯然是在肯定並提高情的價值，這正是當時個性解放的士大夫生活中的一個中心問題。

16 參看唐長孺「魏晉玄學之形成及其發展」，同上書，頁三三六—三三七。

17 見湯用彤「王弼聖人有情義釋」，《魏晉玄學論稿》，（人民出版社，一九五七）頁七二—八三。

前引《世說新語》「傷逝」篇王戎的話：

> 聖人忘情，最下不及情。情之所鍾，正在我輩！

最可以爲證。王戎在這裏仍用何晏的聖人無情說，可見王弼的新解此時尚未流行。「聖人忘情」中的「忘」字也許是「亡」字之訛，不過作「忘」亦可通。《晉書》卷九十四「隱逸」「郭文傳」：

> （溫嶠）又問（文）曰：飢而思食，壯而思室，自然之性，先生安獨無情乎？文曰：情由憶生，不憶故無情。

聖人無情正是忘情的結果。

《晉書》卷四十九「阮籍傳」：

> 籍嫂嘗歸寧，籍相見與別。或譏之，籍曰：禮豈爲我設耶！（按：《世說新語》「任誕」篇「我」作「我輩」。）

阮籍的「禮豈爲我輩設」和王戎的「情之所鍾，正在我輩」恰好是一事之兩面。可見他們認爲情與禮不能並存，所以祇有違禮而從情。而「我輩」云云則與上文引裴令公（楷）語：「阮方外人，故不崇禮制；我輩俗中人，故以儀軌自居」（《世說新語》「任誕」篇），適成鮮明的對照。裴楷是俗中「我輩」，阮籍、王戎則以方外「我輩」自居也。《莊子》「大宗師」：「以禮爲翼」句郭象注說：

> 禮者，世之自行，而非我制。

這根本就是阮籍話的再版。又同篇「而我猶爲人猗」句注曰：

> 人哭亦哭，俗內之迹也；齊生死，忘哀樂，臨尸能歌，方外之至也。

此處也分「俗內」與「方外」兩種人，正是給阮籍一類人的放達行爲提供一套哲學的根據。「人哭亦哭」指世俗的禮法；「齊生死」云云則指情，但又與世俗之情異，而是所謂「無情之情」。（見「大宗師」篇「道有情有信」郭注）同篇郭象注「是惡知禮意」句，說得更淸楚：

> 夫知禮意者必遊外以經內，守母以存子，稱情而直往也。若乃矜乎名聲，牽乎形制，則孝不任誠，慈不任實，父子兄弟懷情相欺，豈禮之大意哉！

這裏所討論的就是禮與情的問題，但他毫不遲疑地對世俗禮法加以指斥，公然說這種虛僞的「形制」不能使人「稱情而直往」。在這個問題上，他顯然和嵇康、阮籍諸人的看法並無不同。他這段話毫無疑問地可以看作對嵇康「全性之本，不須犯情之禮律」（「難自然好學論」）一語的更進一層的發揮。所以儘管郭象注《莊子》在有關政治秩序的方面已巧妙地調和了名教與自然的衝突，然而在有關家族倫理的方面，他並沒有澈底解決情禮之間的矛盾。禮在俗內，情在方外，仍然分而不合。

郭注「稱情而直往」即是當時人所常說的「任情不羈」，可見他也是「情之所鍾」的我輩中人。不過從「忘哀樂」、「無情之情」等注語看，他的基本觀點仍是「聖人無情」。王弼「聖人有情」說之所以不容易被普遍接受，主要的困難還在《莊子》書中明白地主張聖人無情。（見「德充符」篇莊子與惠施的辯論。）所以一直到東晉時代，無情論依然存在。《世說新語》「文學」篇：

> 僧意在瓦官寺中，王苟子來，與共語，便使其唱理，便謂王曰：聖人有情不？王曰：無。重問曰：聖人如柱邪？王曰：如籌算，雖無情，運之者有情。僧意云：誰運聖人

邪？荀子不得答而去。

劉孝標注曰：

> 王脩善言理，如此論，特不近人情，猶疑斯文爲謬也。

但是從王脩不能答和劉孝標注來看，聖人無情論似乎此時已到了辭窮理屈的境地了。聖人有情論在東晉以後的發展情形，由於沒有材料可據，我們已無從推測[18]。

《列子》「楊朱」篇說：

> 凡生之難遇而死之易及，以難遇之生，俟易及之死，可孰念哉？而欲尊禮義以夸人，矯情性以招名，吾以此爲弗若死矣。

張湛注云：

> 達哉此言！若夫刻意從俗，違性順物，失當身之暫樂，懷長愁於一世，雖支體具存，實鄰於死者。

「楊朱」篇是魏晉時代的產品，近代的考證大致可信，不易翻案。而且此處所說「禮義」與「情性」之互不相容和嵇康、阮籍的見解若合符節。張湛則是和范寧、袁山松同時代的人（見《晉書》卷七十五「范寧傳」及卷八十三「袁山松傳」），袁山松死於四〇一年孫恩之亂，以此推之，則張湛注《列子》當在四世紀的下葉。試看他在注中對「楊朱」篇「任情廢禮」的思想如此熱烈地

18　與此有關的一個論題是嵇康的「聲無哀樂論」。嵇康以為哀樂之情出於心而不在聲，也就是說人同此心，所以也同有此情。《世說新語》「文學」篇說王導「過江左，止道聲無哀樂、養生、言盡意三理而已。」這也很值得注意。

讚揚，便可見禮與情的衝突在永嘉南渡數十年後仍然相當的嚴重。而范寧之所以特別把「中原傾覆」之罪歸之於王弼、何晏，其着眼點也正是在「扇無檢以爲俗」的士風方面。名教危機的餘波還在盪漾不已，並未過去。

如何解決實際生活中情與禮的衝突並不是一個單純的理論問題。在理論上肯定了情是一個社會價值之後，隨之而來的問題則是「稱情直往」能不能成爲一種社會存在。前文已舉出韓伯制裁周勰居喪廢禮的例子。其他因破壞禮法而被中正降品或清議所廢的故事還屢有所見[19]。可見關鍵不僅在於情而且更在於禮，即怎樣把禮變得合乎「禮意」。因此情禮衝突的眞正解決不能單靠玄學家的淸談，更重要的，還要靠禮學家的革新。玄學和禮學的合流便是在這樣的歷史背景下產生的。唐長孺先生說東晉以後的學風是禮玄双修，玄學家往往深通禮制，而禮學專家則往往兼注三玄[20]，這是一個無可動搖的論斷。不過禮玄双修之風並不完全是名教、自然合一說流行的結果，從另一個角度看，它的興起正是由於名教與自然合一之說還沒有完成。名教與自然合一的全面完

19 例如《通典》卷十四選舉二「歷代制中」條言：「陳壽居喪，使女奴丸藥，積年沉廢。郗詵篤孝，以假葬違常，降品一等。」又卷六十「降服及大功末可嫁妹及女議」言「南陽韓氏居妻喪，不顧禮義，三旬內成婚……下本品二等，第二人今為第四。請正黃紙。梁州中正某言，後居姉喪嫁妹，犯禮傷義，貶為第五品。」

20 唐長孺「魏晉玄學之形成及其發展」，頁三三八。傳統的學者也早已注意到這矛盾的現象。如朱彝尊序徐乾學的《讀喪禮通考》，就說：「晉人崇尚莊老，宜其自放禮法之外，而於喪禮變除假寧之同異，獨斷斷辯難。若杜預、衛瓘、袁準、孔倫、陳銓、劉逵、賀循、環濟、蔡謨、劉德明、葛洪、孔衍之徒，均有撰述。宋、齊以降，言凶禮者不乏。」（見《曝書亭集》卷三十四「讀禮通考序」）但朱氏沒有對這個現象提出任何解釋。後來沈垚指出了禮與門第制度的內在聯繫，然而又沒有講到玄學的問題。

成有待於情與禮在實際生活中獲得協調。因此我們必須把注意力從玄學轉移到禮學。

六　「緣情制禮」

我們都知道，魏晉南北朝是禮學極端發達的時代，而南方尤其講究喪服禮。淸代學者沈垚曾指出六朝禮學是因維繫門第而興，（見《落颿樓文集》卷八「與張淵甫書」）這一斷案現已爲史學家所普遍接受。一九六〇年日本學者藤川正數出版了一部討論魏晉喪服禮問題的專著，更使我們對於喪服禮和當時門第社會互相配合的情形獲得了比較深入的認識[21]。藤川氏在「序說」中特別注意到魏晉喪服禮的一般歷史背景及其與玄學思潮之間的關係。這正可說明東晉以下的禮玄合流不是單純地出於談辯名理的興趣，而主要是爲了解決當時門第社會中所存在的許多實際問題[22]。

21　藤川正數《魏晋時代における喪服禮の研究》，東京，一九六〇年。

22　當時高僧如慧遠也講喪服，唐長孺先生指出這是因為他要「濟俗」（《魏晋南北朝史論叢》，頁三四三—三四五），這是不錯的。當時的名僧與名士在社會基礎上並無不同。門第如果崩潰了，名僧的地位也就很難維持下去了，唐以後的歷史可為明證。這是宗教俗世史（secular history of religion）上的常識。但此外我們還可以舉出兩層理由來說明慧遠何以特精喪服。第一、他二十一歲才出家，在此以前他是博綜六經的；他的早年朋友如范宣也精於喪服。而且在出家之後，其師道安還特別許他「不廢俗書」（見慧皎《高僧傳》卷六「慧遠傳」及《晋書》卷九十一「儒林」「范宣傳」）。參看湯用彤《漢魏兩晋南北朝佛教史》，中華書局，一九五五年，上册，頁三四三—四）第二、儒家關於生死的理論尤備於其喪祭之禮中。慧遠如不入室操戈，則何能拔趙幟立漢赤幟？明末利瑪竇東來，首先要精研「四書性理」與「六經疏義」，正是同一道理。參看李贄《續焚書》。（中華書局本，一九五九）卷一「與友人書」，頁三六。（李書中之「利西泰」即利瑪竇。）

我們可以當時最著名的關於「嫂叔服」的爭辯為例，來說明這一點[23]。《通典》卷九二「嫂叔服」條載魏太尉蔣濟「萬機論」：「以禮記嫂叔無服，誤。據小功章娣姒婦，此三字嫂叔之文也。」何晏、夏侯玄難曰：「夫嫂叔宜服，誠自有形。然以小功章娣姒婦為嫂叔文，恐未是也。」云云。最後有中領軍曹羲申蔣濟議，最值得注意。其言略曰：

> 敵體可服，不必尊卑；緣情制禮，不必同族。……嫂叔共在一門之內，同統先人之祀，有相奉養之義，而無服紀之制，豈不詭哉！

嫂叔服在經典上是否有根據，是另一問題。但曹羲指出嫂叔共在一門之內，有相奉養之義，則是實際生活中的事實。所以反對派何晏、夏侯玄也不能不承認「嫂叔宜服，誠自有形」。[24]曹羲所提出的論點，非常重要，此下一直到唐初，主張嫂叔當有服的人都受他的影響。同條袁準正論中引或人之言：

23 藤川正數書中曾立專章（第六章）討論這個問題。但本文取材與解說與之略有異同。

24 考《三國志》卷十四「蔣濟傳」云：「文帝……踐阼，出為東中郎將。……濟上萬機論，帝善之。」可知蔣濟討論嫂叔服之文遠在魏初，即在公元二二〇年左右。他遷太尉則在齊王芳之正始三年（二四二），是二十餘年後之事。（見《三國志》卷四「三少帝紀」正始三年條）杜佑「魏太尉蔣濟萬機論」云云乃因何晏、夏侯玄在正始時的駁論而來，並不是說蔣濟撰「萬機論」在其任太尉時也。曹羲為曹爽之弟，出任中領軍亦在正始初年（見《三國志》卷九「曹爽傳」），故與何晏等上下其議論。蔣濟又嘗撰「立郊議」（見本傳裴松之注。）其人既出身南方，大約仍沿襲漢代經學傳統，未嘗參預正始之清談。同時從他的本傳看，蔣濟是一位務實際的功業人物，而不是普通的經生。他之注意到嫂叔之服，在一定的程度上是社會現實的一種反映。曹羲又嘗與何晏等共成《論語集解》，因此很自然地接觸到這禮經上的問題。從他們討論的熱烈和認真的情形來看，似乎這並不是一個於實際毫無所指涉的玄學問題。

嫂，親者也。長嫂少弟有生長之恩，而云無服者，近非古也。

唐貞觀十四年（六四〇）太宗因爲「同爨尚有緦麻之恩，而嫂叔無服」，主張改制。魏徵等人議論時也特別指出：

或有長年之嫂，遇孩童之叔，劬勞鞠養，情若所生。分饑共寒，契闊偕老，譬同居之緦父，方他人之同爨，情義之深淺，寧可同日語哉！……且事嫂見稱，載籍非一……。

唐太宗卒令嫂叔服小功五月[25]。這都是根據生活的事實立論，其關鍵卽是一個「情」字。前文曾提到阮籍與嫂相見爲別，受到譏議，憤然說出「禮豈爲我輩設」的話，這是當時的「禮」和家族生活脫了節的具體證明。嫂叔服所以在魏晉時代成爲問題，其原因之一便是漢末以來「累世同居」的風氣已大爲流行。叔嫂有同在一門之實情而無互相交往之禮法。《晉書》卷四十九「阮籍傳附兄子咸傳」：「咸與籍居道南。」可見阮籍本與嫂同住一處。以阮籍的任情不羈，豈肯守不合時宜的「叔嫂不通問」（《禮記》「曲禮」上）之禮法？所以當時士大夫階層的禮制已到了不能不改革的階段。東晉太元九年（三八四）孝武帝爲其從嫂康獻褚皇后行齊衰服，便因儲后在帝沖齡時曾臨朝稱制。（見《晉書》卷三十二「后妃下」「康獻褚皇后傳」）這也可以看作「長嫂

25　唐代所訂的嫂叔服小功（五月），至宋代仍然沿襲未改。程頤、朱熹皆謂嫂叔服不見於經文，但主張禮有從權處。《朱子語類》卷八十七「禮四」、「檀弓上」有云：「若果是鞠養，於嫂有恩，義不可已，是他心自住不得，又如何無服得？直卿云：當如所謂同爨緦可也。今法從小功。」這顯然是沿襲了魏晉以下的見解，不過認為當作同爨緦（三月）而已。清初顧炎武深惡明末之清談孔孟，對魏晉新說極不同情，故批評唐太宗令嫂叔服小功為「欲過於聖人」。其言曰：「夫賢者率情之偏，猶為悖禮，而況欲以私意求過乎三王者哉！」（見《日知錄》卷五「唐人增改服制」條。）

少弟有生長之恩」的一個具體例證。又《晉書》卷九「孝武帝紀」說：

> 帝幼稱聰悟。簡文帝之崩也，時年十歲，至晡不臨，左右進諫，答曰：哀至則哭，何常之有？謝安嘗嘆以為精理不減先帝。

則孝武帝為從嫂服齊衰期很可能與他從小就沾染了玄風有關，這裏更透露了玄禮合流的消息[26]。

魏晉之世，因戰亂頻仍，常有父母乖離，存亡莫卜的情況。這也是當時士大夫階層在禮制上所面臨的一個非常特殊的困難。《通典》卷九十八「父母乖離知死亡及不死亡服議」一條收羅兩晉議論文字甚多，下面轉引三條東晉初年的議論，以見一斑。孔衍「乖離論」云：

> 聖人制禮以為經，常人之教宜備其文，以辨彰其義。即今代父子乖離，不知自處之宜。情至者哀過於有凶，情薄者禮習於無習。此人倫大事，禮所宜明。謂莫測存亡則名不定，不定不可為制。孝子憂危在心，念至則然矣。自然之情，必有降殺，故五服之章，以周月為節，況不聞凶，何得過之？雖終身不知存亡，無緣更重於三年之喪也，故聖人不別為其制也。

元帝建武元年（三一七）王敦上言：

> 自頃中原喪亂，父子生乖。或喪靈客寄，奔迎阻隔，而皆制服，將向十載，終身行喪，非禮所許。稱之者難，空絕婚娶。昔東關之役，事同今日，三年之後，不廢婚宦。荀南

---

26 嫂叔有服說與累世同居的關係，尚有其他史例足以證明。越智重明在上引「累世同居の出現をめぐつて」文尚舉有顏含（《晉書》卷八十八）及韋孝寬（《周書》卷三十一）兩例，可參看，（見頁一二八—九）。

　　北圮絕，非人力所及者，宜使三年喪畢，率由舊典也。

文中所言「東關之役」是指魏嘉平四年（二五二）王昶等三道擊吳，大敗於東關，魏軍死者數萬之事。事後議喪禮，以爲不應「喪期無數」，故制定三年後除服。這一先例從此便成爲東晉南朝解決乖離問題的依據了。又太常賀循上尚書曰：

　　二親生離，吉凶未分，服喪則凶事未據，從吉則疑於不存。心憂居素，蓋出人情，非官制所裁也。

賀循也贊成政府制定三年除服的辦法，不過主張如果有人對父母的情感特別深厚，堅持長期居喪，政府也毋須過問。

　　這個問題之所以嚴重，主要是在於王敦所說的「不廢婚宦」。我們知道，婚與宦是門第的兩大支柱。如果由於父母吉凶莫辨，必須長期服喪，以致婚宦兩廢的話，門第制度便維持不下去了，因此非有一種變通的禮法不可。孔衍（《晉書》卷九十一「儒林」有傳）和賀循（《晉書》卷六十八有傳）都是禮學世家。孔衍是孔子的二十二世孫，賀循則家傳慶氏禮。但他們現在討論服制問題卻都根據「自然之情」、「人情」來立論了。這固然是由於時代使然，但另一方面我們也不能不承認魏晉以來玄學家提倡「稱情直往」的士風已深深地影響到傳統的禮法了。

　　在同一問題上，讓我們再看看玄學家一方面的態度。《晉書》卷七十九「謝尚傳」：

　　時有遭亂與父母乖離，議者或以進仕理王事，婚姻繼百世，於理非嫌。尚議曰：典禮之興，皆因循情理，開通弘勝。如運有屯夷，要當斷之以大義。夫無後之罪，三千所不過，今婚姻將以繼百世，崇宗緒，此固不可塞也。然至於天屬生離之哀，父子乖絕之痛，痛之深者，莫深於茲。……方寸旣亂，豈能綜理時務哉！有心之人，決不冒榮苟進。……或有執志丘園，守心不革者，猶當崇其操業以弘風尚，而況含艱履感之人，勉之以榮貴邪？

謝尙的父親就是最以放達著名的謝鯤。本傳說他「脫略細行，不爲流俗之事。」王導且把他比之王戎，常呼爲「小安豐」。所以他與孔衍、賀循恰好相反，乃是玄學世家。但是他現在也轉而議論禮了，一開口就是「典禮之興，皆因循情理。」這正是曹義「緣情制禮」之說。他在這篇議論中並不反對「婚」，但對於「宦」，則主張因人情而異，不必勉強「守心不革」的人出仕，這和賀循的意見是完全一致的。我們在這裏看到了玄禮合流的實際意義，玄禮雙方都在尋求具體問題的解決之道，而不是空談自然與名教的合一。

通過禮制的革新以消彌情禮之間的衝突，使名教與自然合而爲一，這是一個長期發展的過程。在魏晉這一大變亂的時代中，尤其是晉室南渡以後，士大夫階層在政治、社會、以及家族秩序各方面遭遇到許多特殊而複雜的問題。維持秩序離不開禮制，而問題的特殊性和複雜性又遠非漢代以來的傳統禮學所能應付得了的。在禮文不完備和條例的解釋不統一的雙重困難之下，禮學專家祇有斟酌個別的情況隨時制訂新禮，或賦予舊禮以新的意義。因此「變通」成爲這個時代禮學方法論上的一個最重要的原則。《通典》卷九十七「居親喪既殯遭兄弟喪及聞外喪議」條引西晉步熊答語：

禮是經通知變，而魯築王姬之館於外，春秋以爲得禮之變，明變反合禮者，亦經之所許也。

同書卷六十「祖無服父有服可娶婦嫁女議」條引徐野人（按：即徐廣，字野民，《通典》避唐太宗諱）曰：

禮許變通。

但禮雖萬變終不離其宗，那便是情。曹羲所強調的「緣情制禮」的原則是後來的禮學專家所經常援引的最後根據。《通典》卷九十四「爲出繼母不服議」引史糜遺議說：

夫禮緣人情，而爲之制。

同書卷一百一「朋友相爲服議」引徐邈說：

禮緣情耳。

同書卷一百三「久喪不葬服議」，東晉張憑說：

禮者，人情而已。

同書卷一百二「改葬前母及出母服議」，徐廣說：

緣情立禮。

又《晉書》卷二十「禮志中」也引徐廣語：

且禮……緣情立制。

同書同卷引干寶「禮論」曰：

禮有經有變有權，……且夫吉凶哀樂，動乎情者也，五禮之制，所以叙情而即事也。

《宋書》卷十五「禮志二」引朱膺之的話：

卽情變禮，非革舊章。

《顏氏家訓》卷二「風操」篇也說：

禮緣人情，恩由義斷。

儒家早有「發乎情，止乎禮義」之說。情與禮互爲表裏也不是什麼新的觀念，《荀子》的「禮論」和《禮記》的「禮運」篇中都可以找到這種說法，《史記》「禮書」且明著「緣人情而制禮」之語，或卽曹羲之所本。但是像魏晉以來的人這樣處處把情禮緊密地扣在一起加以對舉，則顯然是一種新的態度。這不僅是一個名詞的問題，更重要的是魏晉時代的情與禮都取得了新的意義。

但是「緣情制禮」並不是完全放縱，容許在禮法上「任情不羈」。事實上這一時代的新禮法有兩個方面：一方面是禁止居喪不守禮之類的情況，另一方面則是防止居喪過禮。魏晉以來因「哀毀過禮」以致「毀幾滅性」的事例很多，這是大家都知道的。新禮法對過與不及都同樣地加以限制，過禮有時候也是要受到批評甚至懲罰的。魏嘉平元年（二四九）鍾毓「以出母無主，後迎還，輒自制服」，這在「情」的一方面是可以瞭解的。這事當時雖引起了討論，然而結論是可以這樣做。到了劉宋時代，庾蔚之卻批評道：「鍾毓率情而制服，非禮意也。」（見《通典》卷九十四）再舉一個比較複雜的例子，《通典》卷九十四「父卒繼母還前繼子家後繼子爲服議」條云：

東晉元帝太興三年（三二〇）淮南小中正王式繼母先嫁有繼子，後嫁式父。式父臨終，繼母求出。父許，有遺命。及式父亡，母制服積年，後還前繼子家。及亡，與前夫合葬，式追服周。國子祭酒杜夷議：以爲……今王式不忍哀愴之情，率意違禮，服已絕之服

> ……勵薄之義，矯枉過正，苟在於厚，恕之可也。

依杜夷初議，此事是情有可原的。但是經過許多人詳細討論之後，不但王式的小中正之職被革，連帶揚州大中正陸曄和淮南大中正胡弘等「並貶爵免官」。可見當時禮法對於「率情」或「率意」是加以嚴禁的。

不但禮制如此，法律也是一樣，卽一方面要斟酌人情，而另一方面又不能「任情」。《晉書》卷三十「刑法志」：

> 及于江左，元帝爲丞相時，朝廷草創，議斷不循法律，人立異議，高下無狀。主簿熊遠奏曰：禮以崇善，法以閑非，故禮有常典，法有常防，……若每隨物情，輒改法制，此爲以情壞法。……凡爲駁議者，若違律令節度，當合經傳及前比故事，不得任情以破成法。愚謂宜令錄事更立條制，諸立議者皆當引律令經傳，不得直以情言，無所依準，以虧舊典也。

熊遠是南方人，最看不慣放蕩之風（《晉書》卷七十一本傳），所以特別指斥「以情壞法」、「任情破法」、「直以情言」的流弊。這時中土逃來的門第勢力已把「情」宣揚成一種最高的社會價値，並利用它作爲破壞法制的根據了。《通典》卷一百六十七「刑五」「雜議下」記載宋文帝元嘉七年（四三〇）剡縣人黃初妻趙氏打死兒媳王氏，王氏的父母和兒子（卽黃妻的孫子）要求「依法徙趙二千里」。司徒左長史傅隆加以調停，傅隆的理論是：

> 禮律之興，蓋本自然，求之情理，非從天墮，非從地出。（亦見《宋書》卷五十五「傅

隆傳」）

這本是一個法律案件，傅隆則以禮與律並論。可見禮必須與情取得調和的原則同樣適用於法律方面，因爲法律也是廣義的名教的一個組成部份。這個例證足以使我們瞭解到所謂名教與自然的合一，東晉以下仍然大有事在。而上引熊遠的議論尤其顯示出情與禮律之間實有極爲激烈的衝突，並未因西晉已出現名教與自然合一的一般理論，便一切迎刃而解也。

七　餘　論

總結地說，魏晉的名敎危機持續了一個相當長的時期，其中可以分爲兩個大階段：從漢末到西晉統一，這個危機主要暴露在政治秩序一方面。因此以士風而論，竹林七賢反抗性的放達最具有代表意義。嵇康「非湯武而薄周孔」（「與山巨源絕交書」）這句話尤其能够說明這一階段名敎與自然衝突的政治性格。（此層詳見兪正燮《癸巳存稿》卷七「書文選幽憤詩後」）到了西晉初年，司馬氏的政權和勢族高門打成一片，「君臣之節，徒致虛名」（語出《南齊書》卷二十二「史臣論」），政治上名敎與自然的矛盾已失去其現實的根據。但是名敎危機在一般社會秩序，特別是家族倫理一方面卻全面的爆發了。阮瞻、王澄、胡母輔之、謝鯤等人的「元康之放」便是第二代士風的典型代表。第二代對嵇康的「非湯武而薄周孔」已不發生興趣，但他們繼承並擴大了阮籍、王戎的任情廢禮的精神，其結果是形成一種「婦皆卿夫，子呼父字」的風氣，情與禮的衝突尖銳化而變成當時士大夫的生活與思想中的一個中心問題。郭象注莊，一則說「禮者，世之自行，而非我制。」再則說：「知禮意者，稱情而直往」，這是西晉初年情禮問題未獲解決的確切表示。

永嘉亂後，名教危機隨着玄風一起渡江，到了南方。關心社會秩序的人，無論是北人或是土著，儒家或是道家，在痛定思痛之餘，都大聲疾呼要消彌這一危機。但此時傳統舊禮法既不足以適應已變的社會狀態，而魏晉以來一直支配着士大夫生活的新的倫理價值——情——也不能完全置之不顧。因此如何革新舊禮法以安頓新價值，使情禮之間得到調和，可以說是解決問題的唯一途徑。東晉以後禮玄雙修的學風便是在這種情勢下發展起來的。從此以後，玄學世家多有兼治三禮之人，儒林傳中也不乏善談三玄之士了。《晉書》卷九十二「文苑」：「袁宏傳」載宏作「三國名臣頌」。其中贊夏侯玄末語云：

君親自然，匪由名教；愛敬既同，情禮兼到[27]。

此語的前半截說名教出於自然不過是西晉以來的門面話，結尾「情禮兼到」四字才是東晉以下玄禮合流的眞精神之所在。但是「情禮兼到」必須建築在「緣情制禮」的堅固基礎之上，這就不是一朝一夕所能奏功的了。

經過東晉以下一兩百年的禮玄雙修，再加上佛教的大力量，名教的危機終於被化解了。到了

27　此條唐長孺先生曾引及之，見「魏晉玄學之形成及其發展」，頁三三九。不過唐先生的著重點在前二句所說的名教與自然，本文則特別注意末句之「情禮兼到」。

南朝後期士風已從絢爛而復歸於平淡，雖則任情違禮之事偶然尚有所見。顏之推（五三一——五九〇）是南朝後期的人，而且由南入北[28]，他對江南的「士大夫風操」大體上是相當稱許的。所以他說：

> 昔在江南，目能視而見之，耳能聽而聞之，蓬生麻中，不勞翰墨。汝曹生於戎馬之間，視聽之所不曉，故聊記錄以傳示子孫。（《顏氏家訓》卷二「風操」篇）

「風操」篇所舉避諱、喪禮、稱呼諸項都是南方家族倫理的特色。從他所引「禮緣人情」一語便可見玄禮合流確有效驗。清談決不完全等於空談，即以清談一事而論，不但談士必須博學，（見《南齊書》卷三十三王僧虔「誡子書」），而且清談本身便發展出一套禮節，轉爲談士的一種約束。《陳書》卷三十三「儒林」「張譏傳」：

> 後主嘗幸鍾山開善寺，召從臣坐於寺西南松林下，勅召譏豎義。時索麈尾未至，後主勅取松枝，手以屬譏，曰：「可代麈尾。」（參看趙翼《廿二史劄記》卷八「清談用麈尾」條）

張譏沒有麈尾便不能清談，所以陳後主必須使人取松枝爲代替品，可見用麈尾已成爲清談所不可少的「禮」了。東晉以後，大抵士大夫所共有的一些「情」，都有各種形式的「禮」起而與之相應。這是一個長期的「以禮化情」的發展過程。

---

28 關於顏之推的年代，我是根據繆彥威先生的《顏之推年譜》，見繆鉞，《讀史存稿》（三聯書店，一九六三），頁二〇七—二二八。此外尚可參考 Albert E. Dien, "Yen Chih-t'ui (531-591+): A Buddho Confucian," in Arthur F. Wright & Denis Twitchett, eds., *Confucian Personalities*, Stanford, 1962, pp. 43-64. 及宇都宮清吉「顏之推研究」，收入《中國古代中世史研究》，第十二章。

名教危機下的魏晉士風是最近於個人主義的一種類型，這在中國社會史上是僅見的例外，其中所表現的「稱情直往」，以親密來突破傳統倫理形式的精神，自有其深刻的心理根源，即士的個體自覺。這一點我在「漢晉之際士之新自覺與新思潮」中已有比較詳細的討論。現在我們進一步看到了名教危機在家族倫理方面持續之久及其解決之不易，我們就更不能相信魏晉的新士風祇是少數人一時激於世變而發展出來的了。基本倫理價值的改變在整個魏晉社會轉變的過程中曾發生了具有關鍵性的作用，雖則這並不是唯一關鍵之所在。但是另一方面，魏晉正是士族開始在社會上佔據統治地位的時代，個別的士並不能離開家族基礎而有其獨立的社會意義。因此分析到最後，士的個體自由是以家族本位的羣體綱紀爲其最基本的保障的。這裏我們看到了魏晉任誕之風的內在限制，「情禮兼到」是必然的歸宿。儘管如此，因個體自由而激起的名教危機在中國社會史上還是留下了明顯的痕跡。魏晉南北朝時代雖然南方和北方都是門第社會，但南北的家族組織則頗有不同。這一點，當時的人固然有切身之感，後世史家也每多論及。現在讓我引兩家之說於下，並參以史傳，以爲本文的結束。

吳曾《能改齋漫錄》卷十「北土重同姓」條：

> 世以同宗族者爲骨肉。《南史》「王懿傳」云：北土重同姓，謂之骨肉。有遠來相投者，莫不竭力營贍。王懿聞王愉在江南貴盛，是太原人，乃遠來歸愉。愉接遇甚薄，因辭去。（英時按：亦見《宋書》卷四十六「王懿傳」）又按，顏之推《家訓》曰：凡宗親數世，有從父，有從祖，有族祖。江南風俗，自茲以往，高秩者通呼爲尊。同昭穆

者，雖百世猶稱兄弟。若對他人稱之，皆云族人。河北士人，雖三二十世，猶呼從伯、從叔。梁武帝嘗問一中土人曰：卿北人，何故不知有族？答云：骨肉易疏，不忍言族耳。（英時按：見《顏氏家訓》卷二「風操」篇）予觀南北朝風俗，大抵北勝於南。距今又數百年，其風俗猶爾也。

顧炎武《日知錄》卷十三「分居」條：

宋孝建（四五四——四五六）中，中軍府錄事參軍周殷啓曰：今士大夫，父母在而兄弟異居，計十家而七，庶人父子殊產，八家而五。其甚者乃危亡不相知，飢寒不相恤，忌疾讒害，其間不可稱數。宜明其禁，以易風俗。（英時按：見《魏書》卷九十七「劉裕傳」。原文見《宋書》卷八十二「周朗傳」。「殷」乃「朗」字之訛。）當日江左之風，便已如此。《魏書》「裴植傳」云：植雖自州送祿奉母，及贍諸弟，而各別資財，同居異爨，一門數竈，蓋亦染江南之俗也。隋盧思道聘陳，嘲南人詩曰：共甑分炊飯，同鐺各煮魚。（英時按：《隋書》卷五十七、《北史》卷三十本傳均不載聘陳事。《太平廣記》卷二百四十七「詼諧三」「盧思道」條有之，唯作「北齊盧思道聘陳」，詩首句「飯」作「水」，殆非顧氏所本，俟考。）

吳曾指出北方重宗族，顧炎武則強調南方好分居，合起來看，正好顯出南北門第的家族關係不同，卽北方較親而南方較疏。造成這種南北之異的歷史條件當然很複雜，社會經濟的因素尤其重要[29]。但是我願意在這裏別進一解，即南方宗族關係的疏遠在某種程度上可以溯其源至永嘉亂後的玄風南渡。《梁書》卷二十八「夏侯亶傳」云：

> 亶……辯給能專對。宗人夏侯溢爲衡陽内史，辭日，亶侍御坐，高祖謂亶曰：夏侯溢於卿疏近？亶答：是臣從弟。高祖知溢於亶已疏，乃曰：卿傖人，好不辨族從。亶對曰：臣聞服屬易疏，所以不忍言族。時以爲能對。

這個故事顯然就是上引顏之推「風操」篇之所本，足見當時流傳甚廣。（按顏氏轉述於「族」下奪「從」字，易「服屬」爲「骨肉」，致不可解。）夏侯亶用「服屬易疏」四字來解釋北人「不辨族從」是否中肯是另一問題，但對於南方的宗族關係而言，這句話確是一針見血。而且夏侯亶既說「臣聞」，可見這個觀念早已流行於南方，不是他臨時編造出來的。「時以爲能對」者，正是因爲他能巧妙地利用一句南方現成的話來爲北方人開脫也。玄風南渡把名教危機從中土移植到江南，爲了消解危機，南方才有禮玄雙修的學風，喪服的研究因此特別發達。服制講究得越精微，宗族的親疏關係也就分辨得越細緻。因爲唯有如此，普遍化的「禮」才能最大限度地照顧到個別化的「情」，使「情禮兼到」的境界成爲可能。東晉以後「緣情制禮」的運動助長了南方士族的分居趨勢，至少當時的人是這樣地瞭解的。

---

29 關於南北門第宗族關係之不同及其社會經濟方面的背景，最扼要的解釋是唐長孺先生的「門閥的形成及其衰落」，《武漢大學人文科學學報》，一九五九年，第八期，特別是該文第二節，頁五——一一。

索　引

四劃

七劃

八劃

九劃

十劃

十一劃

十二劃

十三劃

十四劃

十五劃

十六劃

十七劃

十八劃

十九劃

余英時文集3

中國知識階層史論：古代篇

2023年1月三版

定價：平裝新臺幣480元

精裝新臺幣700元

著者	余英時
發行人	林載爵
總編輯	涂豐恩
副總編輯	陳逸華
封面設計	莊謹銘

出版者	聯經出版事業股份有限公司
地址	新北市汐止區大同路一段369號1樓
叢書主編電話	(02)86925588轉5310
台北聯經書房	台北市新生南路三段94號
電話	(02)23620308
台中辦事處	(04)22312023
台中電子信箱	e-mail:linking2@ms42.hinet.net
郵政劃撥帳戶第	0100559-3號
郵撥電話	(02)23620308
印刷者	世和印製企業有限公司
總經銷	聯合發行股份有限公司
發行所	新北市新店區寶橋路235巷6弄6號2F
電話	(02)29178022

總經理	陳芝宇
社長	羅國俊
發行人	林載爵

行政院新聞局出版事業登記證局版臺業字第0130號

本書如有缺頁，破損，倒裝請寄回台北聯經書房更換。

ISBN 978-957-08-6703-9 (平裝)

ISBN 978-957-08-6704-6 (精裝)

聯經網址 http://www.linkingbooks.com.tw

電子信箱 e-mail:linking@udngroup.com

國家圖書館出版品預行編目資料

中國知識階層史論：古代篇／余英時著．三版．
新北市．聯經．2023.01．408面．14.8×21公分．　含索引
ISBN　978-957-08-6703-9（平裝）
ISBN　978-957-08-6704-6（精裝）
[2023年1月三版]

1. CST:知識分子　2. CST:歷史　3. CST:中國

546.1135　　111021600